毛詩正古音

永嘉馬輔著

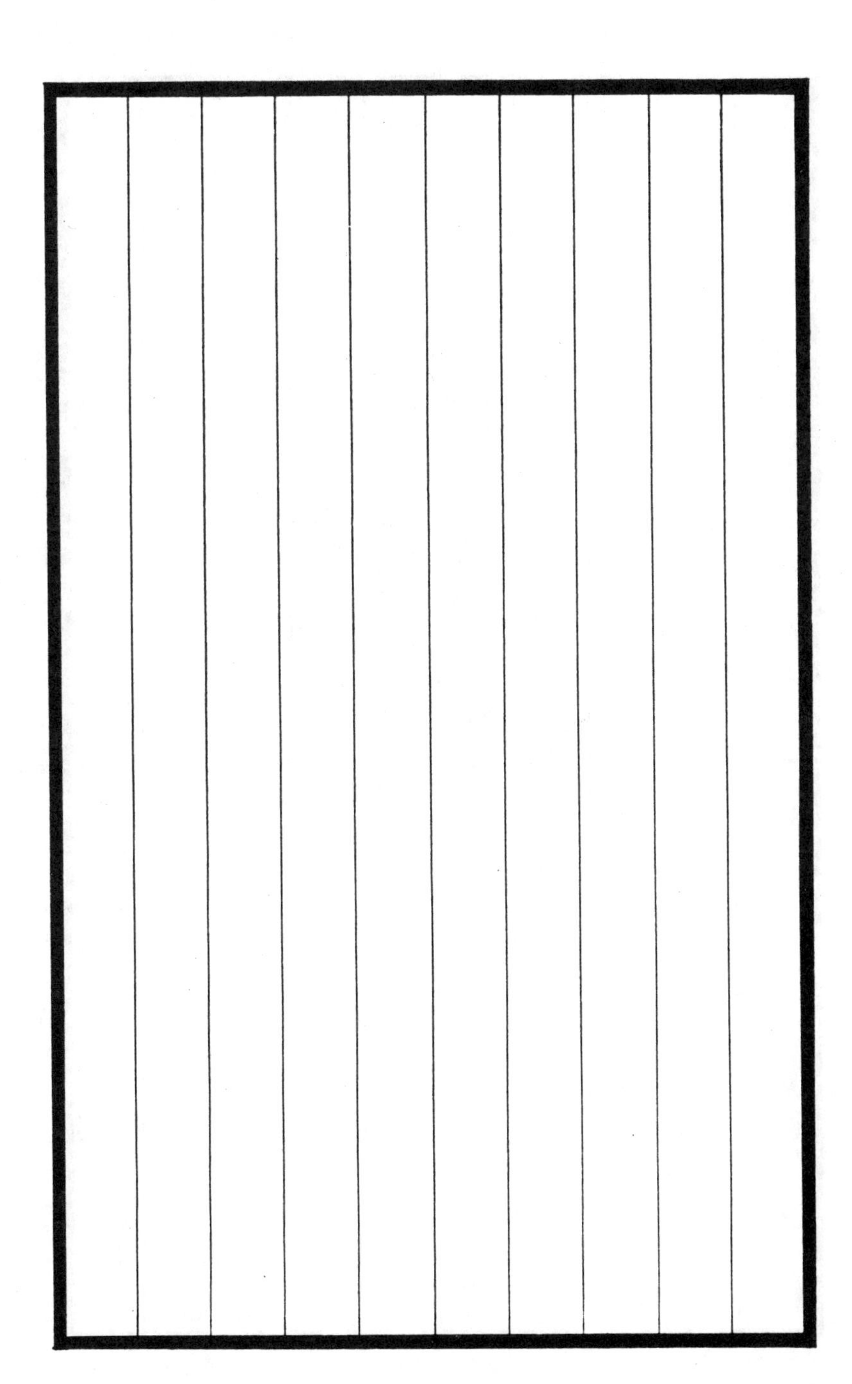

本書獻於

亡妻錢蘭香之靈

聊表紀念之忱

薇廎馬輔

毛詩正古音註

淛江永嘉薇廎馬輔著

前言

古音之研究始自宋代，宋吳才老作韻補，雜採各代各家之韻文於一起，沒有時代地方之別，与本音方音之分，致一字數音，孰為古本音，無從辨悉。顧亭林作韻補正，評其五支一韻，合於古音者僅十二字，不合者四十一字，可見其取材之乱，不足據為標準。明陳季立繼之，作毛詩古音考，以毛詩之音，為古音之標準，且以多見之字，定為本音而廢叶音。例如「行」讀ㄏㄤˊ，於毛詩中凡三十一見，「母」讀ㄇㄧˇ，凡十六見，「馬」讀ㄇㄨˇ，凡十四見。有這許多人讀同一之音，其為詩本音而非叶音無疑也。明顧亭林作音学五書，考據更博，惟審音未嚴。江永評其「攷古之功多，審音之功淺」是也。清江永作古韻標準，其所注古音均用反切，但半屬今音，例如知的古音注陟移切，讀ㄓ，今音也，古音為ㄉㄧ，讀ㄓ誤也。兮的古音注胡雞切，讀ㄒㄧ，今音也，古音為ㄈ，讀ㄒㄧ誤也。魚注音語居切，讀ㄬㄩ，今音也，古音為兀ㄨ，讀ㄬㄩ誤也。聞注音無分切，讀ㄪㄩㄣ，今音也，古音為ㄇㄨㄣ，讀ㄪㄩㄣ誤也。諸如此類，不勝枚舉。江氏只知攷其韻母，以叶詩韻，而不知再攷声母以合古音。因声母亦有古今之分。唐僧守溫三十六字母中，非敷奉微知徹澄孃照穿牀審禪日十四字為今音，幫滂並明端透定泥精清從心邪見溪群疑影喻曉匣來二十二字為原有之古音，且當時更未有ㄐㄑㄐㄬㄒㄒ六音之產生。江氏仍用今音注古音，故其所謂標準古音，只能算是半古音，實非真正之古音也。不僅如此，古無ㄩ音，只有ㄨ音，江氏亦未加更改。ㄩ音自秦開始。於，古讀ㄨ，如於戲，於邑，於皇，於皆讀ㄨ，秦幽中讀ㄨ為ㄩ，於是盡改ㄨ讀ㄩ，ㄩ音才由此出現。ㄩ與ㄨ乃不同之二音，應分作二部，但分部之後，又與毛詩不叶，故仍混為一起。凡詩一韻，只有一音，而ㄨ韻竟有ㄨㄩ二音，此不倫不類之韻也。

近世音韻學家考明古音僅有十九紐而無「喻」「群」「邪」三紐，而此三紐則分別併列於「影」「見」「心」三紐中。其所依據，係為廣韻二百六韻中三十二韻之古本韻，並無此「喻」「群」「邪」三紐故也。筆者曾將曳ㄧˋ羊ㄧㄤ其ㄍㄧ祈ㄍㄧ祀ㄙˋ祥ㄙㄧㄤ等字，遍查於三十二韻之「影」

「見」「心」紐中而無所得、而此等七字並非古之所無、在甲骨文、金文、毛詩中均屢見不鮮、而獨廣韻中無之何哉、蓋因古本音之三十二韻、決非古韻之全部、必有所殘缺、故無此等字也。音韻學家不察、竟以殘缺之古音為依據、斷言古無「喻」「群」「邪」三紐、顯屬錯誤也、故本書仍認古音有二十二紐而不信十九紐也。

本書除改正韻母及介音之ㄩ為古音外、並改今音之声母為古音、由此三種改革、則可達於純正之古音。如將本書再與吳陳顧江四氏之書相比較、当更可顯明四氏之古音為半古音也。用敢不揣淺薄、寫成此書以求正於先進賢達、幸不吝珠玉、賜予指教。

中華民國八十一年三月九六叟薇廎馬輔序於台北內湖之愚廬

凡例

本書所用注音符号、大半取自國音符号、其自造者悉依守温字母之音訂定之。

声母表

	脣音		舌音	
守温字母：	幫滂並明	非敷奉微	端透定泥來	知徹澄孃日
本書符号：	ㄅ ㄆ ㄅ′ ㄇ	ㄈ 扌 ㄈ′ 扌′	ㄉ ㄊ ㄉ′ ㄋ ㄌ	ㄓ ㄔ ㄓ′ 广 日
國際音標：	p p' b' m	f f' v ɱ	t t' d' n l	tɕ tɕ' dʑ ȵ ȵʑ

	齒音		牙音	喉音
守温字母：	精清從心邪	照穿牀審禪	見溪群疑	曉匣影喻

本書符号：ㄗ ㄘ ㄗ̋ ㄙ ㄙ̋　ㄓ ㄨ ㄓ ㄕ ㄕ̋　ㄍ ㄎ ㄍ̋ ㄫ ㄏ ㄏ̋ 陰 陽

國際音標：tS tS' dZ S Z　tɕ tɕ' dʑ ɕ ʑ　K K' g ŋ x ɣ ʔ o

韻母表

一 ㄛ ㄨ ㄡ ㄠ ㄣ ㄢ ㄥ ㄨㄥ ㄤ 等悉依國音符号

發音外，其為國音符号所無者如下：

侵韻 一ㄇ̌（ĭm）　覃韻 ㄛ（ǎm）　江韻 ㄛ̆（ŏng）

ㄩㄧ· ㄨㄧ·＝國音ㄨㄟ　一ㄨ̀＝國音一ㄡ

四声的符号

平声□　上声□̀　去声□̀　入声□·　陰声□　陽声□̣

目錄

第一部「一」韻

違ㄨㄧ 霏ㄆㄨㄧ 騑ㄆㄨㄧ 飛ㄅㄨㄧ 腓ㄅㄨㄧ 威ㄨㄧ 祈ㄍㄧ 旂ㄍㄧ 頎ㄍㄧ 畿ㄍㄧ

幾ㄍㄧ 晞ㄏㄧ 衣ㄧ 依ㄧ 歸ㄍㄨㄧ 【齊】 齊ㄗㄝ 蠐ㄗㄝ 妻ㄘㄝ 萋ㄘㄝ

淒ㄘㄝ 氐ㄉㄝ 荑ㄉㄝ 棲ㄙㄝ 犀ㄙㄝ 躋ㄗㄝ 隮ㄗㄝ 懠ㄗㄝ 迷ㄇㄝ 圭ㄍㄨㄝ

攜ㄏㄨㄝ 【皆】 皆ㄍㄞ 偕ㄍㄞ 階ㄍㄞ 喈ㄍㄞ 湝ㄍㄞ 懷ㄏㄨㄞ 霾ㄅㄞ 【灰】

虺ㄏㄨㄝ 回ㄏㄨㄝ 枚ㄇㄨㄝ 梅ㄇㄨㄝ 媒ㄇㄨㄝ 鋂ㄇㄨㄝ 雷ㄌㄨㄧ 罍ㄌㄨㄧ 隤ㄉㄨㄧ 穨ㄉㄨㄧ

崔ㄘㄨㄧ 摧ㄗㄨㄧ 嵬ㄫㄨㄧ 推ㄊㄨㄧ 【咍】 哀ㄞ 來ㄌㄞ 萊ㄌㄞ 臺ㄉㄞ 哉ㄗㄞ

偲ㄙㄞ 才ㄗㄞ 能ㄋㄞ 【尤】 尤ㄧㄨ 訧ㄧㄨ 郵ㄧㄨ 牛ㄫㄧㄨ 丘ㄎㄧㄨ 裘ㄍㄧㄨ

俅ㄍㄧㄨ 仇ㄍㄧㄨ 紑ㄆㄧㄨ 謀ㄇㄛ 【灰】 敦ㄉㄨㄧ 【紙】 砥ㄉㄧ 氐ㄉㄧ 燬ㄏㄨㄧ

泚ㄘㄧ（玼ㄘㄧ） 爾ㄋㄧ 邇ㄋㄧ 瀰ㄇㄧ 濔ㄇㄧ 訿ㄗㄧ 【旨】 旨ㄐㄧ 指ㄐㄧ 視ㄙㄧ

美ㄇㄧ 否ㄆㄧ 兕ㄙㄧ 几ㄍㄧ 姊ㄗㄧ 秭ㄗㄧ 匕ㄅㄧ 妣ㄅㄧ 矢ㄙㄧ 洧ㄨㄧ

鮪死履水藟秠唯鷕【止】止

沚趾恃喜紀以已苡似耜

祀汜史使耳里理李鯉裏

始起芑杞屺士仕俟涘子

梓耔齒矣嶷恥祉【尾】尾豈

菲韡煒葦【薺】薺禮醴鱧體

濟泲弟禰泥瀰【賄】悔罪【海】

海宰殆怠采在【有】有右友

久玖婦負【厚】母畝【軫】敏【準】

隼【隱】近【獮】鮮【果】火【麌】膴【寘】

辟ㄅㄧˋ 詈ㄌㄧˋ 積ㄗˋ 柴ㄗˋ 刺ㄘˋ 易ㄧˋ 【至】 至ㄉㄧˋ 位ㄨㄟˋ 遂ㄙㄨㄟˋ

隧ㄙㄨㄟˋ 檖ㄙㄨㄟˋ 穟ㄙㄨㄟˋ 穗ㄙㄨㄟˋ 醉ㄗㄨㄟˋ 誶ㄙㄨㄟˋ 類ㄌㄨㄟˋ 閟ㄅㄧˋ 毖ㄅㄧˋ 匱ㄍㄨㄟˋ

備ㄅㄧˋ 利ㄌㄧˋ 棄ㄑㄧˋ 穊ㄍㄧˋ 寐ㄇㄧˋ 悸ㄍㄧˋ 佽ㄘˋ 四ㄙˋ 駟ㄙˋ 季ㄍㄧˋ

比ㄅㄧˋ 畀ㄅㄧˋ 萃ㄗㄨㄟˋ 瘁ㄗㄨㄟˋ 肄ㄧˋ 勩ㄧˋ 懟ㄉㄨㄟˋ 【志】 識ㄉㄧˋ 寺ㄙˋ

嗣ㄙˋ 試ㄉㄧˋ 字ㄗˋ 異ㄧˋ 事ㄗˋ 忌ㄍㄧˋ 熾ㄊㄧˋ 饎ㄊㄧˋ 意ㄧˋ 【未】

謂ㄨㄟˋ 渭ㄨㄟˋ 蔚ㄨㄟˋ 溉ㄍㄧˋ 塈ㄏㄧˋ 【霽】 濟ㄗㄧˋ 穧ㄗㄧˋ 髢ㄊㄧˋ 替ㄊㄧˋ

帝ㄉㄧˋ 嚏ㄉㄧˋ 棣ㄉㄧˋ 翳ㄧˋ 曀ㄧˋ 惠ㄏㄨㄟˋ 嘒ㄏㄨㄟˋ 戾ㄌㄧˋ 【祭】 歲ㄙㄨㄟˋ

衛ㄨㄟˋ 帨ㄉㄨㄟˋ 說ㄉㄨㄟˋ 蹶ㄍㄨㄟˋ 晢ㄉㄧˋ 晣ㄉㄧˋ 逝ㄉㄧˋ 泄ㄧˋ 厲ㄌㄧˋ 栵ㄌㄧˋ

憩ㄎㄧˋ 愒ㄎㄧˋ 揭ㄎㄧˋ 世ㄉㄧˋ 揥ㄊㄧˋ 渒ㄆㄧˋ 【泰】 艾ㄫㄞˋ 大ㄉㄞˋ 害ㄏㄞˋ

帶ㄉㄞˋ 肺ㄆㄨㄞˋ 旆ㄅㄨㄞˋ 茷ㄅㄞˋ 兌ㄉㄨㄞˋ 噦ㄏㄨㄞˋ 外ㄫㄨㄞˋ 祋ㄉㄨㄞˋ 薈ㄨㄞˋ 脫ㄊㄨㄞˋ

【卦】解ㄍㄞˋ 粺ㄅㄞˋ 【怪】瘵ㄓㄞˋ 屆ㄍㄞˋ 介ㄍㄞˋ 戒ㄍㄞˋ 拜ㄅㄞˋ 【夬】

邁ㄇㄞˋ 敗ㄅㄞˋ 蠆ㄊㄞˋ 【隊】駾ㄊㄨㄟˋ 佩ㄅㄨㄟˋ 悖ㄅㄨㄟˋ 拔ㄅㄨㄟˋ 妹ㄇㄨㄟˋ 痗ㄇㄨㄟˋ

誨ㄏㄨㄟˋ 晦ㄏㄨㄟˋ 對ㄉㄨㄟˋ 退ㄊㄨㄟˋ 潰ㄏㄨㄟˋ 內ㄋㄨㄟˋ 背ㄅㄨㄟˋ 【代】逮ㄉㄞˋ 載ㄗㄞˋ

愛ㄞˋ 僾ㄞˋ 【廢】吠ㄅㄨㄟˋ 喙ㄏㄨㄟˋ 【宥】又ㄧˋ 侑ㄧˋ 囿ㄧˋ 疚ㄍㄧˋ

富ㄅㄨㄟˋ 舊ㄍㄧˋ

第二部「ㄛ」韻

【歌】歌ㄍㄛ 磋ㄘㄛ 傞ㄘㄛ 多ㄉㄛ 娑ㄙㄛ 佗ㄉㄛ 紽ㄉㄛ 沱ㄉㄛ 瘥ㄗㄛ

莪ㄫㄛ 俄ㄫㄛ 他ㄊㄛ 羅ㄌㄛ 那ㄋㄛ 難ㄋㄛ 何ㄏㄛ 荷ㄏㄛ 河ㄏㄛ 阿ㄛ

【戈】過ㄍㄨㄛ 媻ㄅㄨㄛ 磨ㄇㄨㄛ 吪ㄫㄨㄛ 訛ㄫㄨㄛ 波ㄅㄨㄛ 薖ㄎㄨㄛ 【麻】麻ㄇㄨㄛ

嗟ㄗㄨㄛ 蛇ㄉㄨㄛ 嘉ㄍㄛ 加ㄍㄛ 珈ㄍㄛ 差ㄘㄛ 沙ㄙㄛ 鯊ㄙㄛ 【支】為ㄫㄛ

陂ㄆㄨㄛ 罷ㄆㄨㄛ 錡ㄍㄛ 犧ㄏㄛ 宜ㄫㄛ 儀ㄫㄛ 皮ㄅㄛ 離ㄌㄛ 罹ㄌㄛ 施ㄉㄛ

椅ㄛ 猗ㄛ 池ㄉㄛ 馳ㄉㄛ 【紙】 靡ㄇㄛ 【寘】 議ㄫㄛ 【哿】 瑳ㄘㄛˇ

我ㄫㄛˇ 儺ㄋㄛˇ 可ㄎㄛˇ 左ㄗㄛˇ 【果】 禍ㄏㄨㄛˇ 【馬】 瓦ㄫㄨㄛ 【紙】 掎ㄍㄛˇ

扡ㄉㄛˇ 【箇】 賀ㄏㄛˋ 佐ㄗㄛˋ 【過】 破ㄆㄨㄛˋ 【禡】 駕ㄍㄨㄛˋ

第三部「ㄨ」韻

【魚】 魚ㄫㄨ 書ㄉㄨ 舒ㄉㄨ 紓ㄉㄨ 居ㄍㄨ 琚ㄍㄨ 据ㄍㄨ 椐ㄍㄨ 車ㄍㄨ

渠ㄍㄨ 餘ㄉㄨ 輿ㄉㄨ 旟ㄉㄨ 畬ㄉㄨ 胥ㄙㄨ 苴ㄘㄨ 砠ㄘㄨ 沮ㄘㄨ 樗ㄊㄨ

邪ㄙㄨ 廬ㄌㄨ 藘ㄌㄨ 除ㄉㄨ 且ㄗㄨ 袪ㄎㄨ 虛ㄎㄨ 菹ㄗㄨ 【虞】 虞ㄫㄨ

娛ㄫㄨ 吁ㄏㄨ 訏ㄏㄨ 盱ㄏㄨ 芋ㄏㄨ 夫ㄅㄨ 膚ㄅㄨ 【模】 蒲ㄅㄨ 胡ㄏㄨ

乎ㄏㄨ 壺ㄏㄨ 狐ㄏㄨ 辜ㄍㄨ 呱ㄍㄨ 徒ㄉㄨ 塗ㄉㄨ 圖ㄉㄨ 屠ㄉㄨ 瘏ㄉㄨ

荼ㄉㄨ 笯ㄋㄨ 幠ㄏㄨ 租ㄗㄨ 徂ㄗㄨ 蘇ㄙㄨ 烏ㄨ 都ㄉㄨ 鋪ㄆㄨ 痡ㄆㄨ

【麻】 罝ㄗㄨ 華ㄏㄨ 家ㄍㄨ 葭ㄍㄨ 瓜ㄍㄨ 瑕ㄏㄨ 騢ㄏㄨ 豝ㄅㄨ 牙ㄫㄨ

闍ㄉㄨ 【語】 語ㄫㄨ 圉ㄫㄨ 禦ㄫㄨ 旅ㄌㄨ 紵ㄉㄨ 羜ㄉㄨ 予ㄏㄨ 與ㄏㄨ

渚ㄉㄨ 女ㄋㄨ 茹ㄋㄨ 暑ㄉㄨ 鼠ㄉㄨ 黍ㄉㄨ 處ㄊㄨ 湑ㄙㄨ 女ㄋㄨ 許ㄏㄨ

虡ㄍㄨ 秬ㄍㄨ 所ㄙㄨ 楚ㄘㄨ 阻ㄗㄨ 沮ㄗㄨ 舉ㄍㄨ 筥ㄍㄨ 緒ㄙㄨ 鱮ㄙㄨ

藇ㄙㄨ 【麌】 麌ㄫㄨ 噳ㄫㄨ 俁ㄫㄨ 羽ㄏㄨ 雨ㄏㄨ 宇ㄏㄨ 甫ㄅㄨ 父ㄅㄨ

脯ㄅㄨ 黼ㄅㄨ 武ㄇㄨ 舞ㄇㄨ 務ㄇㄨ 父ㄅㄨ 釜ㄅㄨ 輔ㄅㄨ 冔ㄏㄨ 栩ㄏㄨ

訏ㄏㄨ 踽ㄍㄨ 【姥】 土ㄊㄨ 吐ㄊㄨ 杜ㄉㄨ 魯ㄌㄨ 虜ㄌㄨ 堵ㄉㄨ 鼓ㄍㄨ

瞽ㄍㄨ 罟ㄍㄨ 酤ㄍㄨ 盬ㄍㄨ 股ㄍㄨ 羖ㄍㄨ 五ㄫㄨ 午ㄫㄨ 祖ㄗㄨ 組ㄗㄨ

虎ㄏㄨ 滸ㄏㄨ 許ㄏㄨ 苦ㄎㄨ 戶ㄏㄨ 祜ㄏㄨ 岵ㄏㄨ 怙ㄏㄨ 扈ㄏㄨ 浦ㄆㄨ

補ㄅㄨˇ【馬】馬ㄇㄨˇ者ㄉㄨˇ野ㄉㄨˇ斝ㄍㄨˇ嘏ㄍㄨˇ夏ㄏㄨˇ下ㄏㄨˇ寫ㄙㄨˇ

且ㄘㄨˇ舍ㄉㄨˇ寡ㄍㄨˇ【厚】垢ㄍㄨˇ【東】戎ㄋㄨˇ【御】御ㄫㄨˋ據ㄍㄨˋ

去ㄎㄨˋ庶ㄉㄨˋ箸ㄉㄨˋ除ㄉㄨˋ助ㄗㄨˋ飫ㄏㄨˋ洳ㄋㄨˋ豫ㄏㄨˋ譽ㄏㄨˋ【遇】

附ㄅㄨˋ畀ㄅㄨˋ瞿ㄍㄨˋ孺ㄋㄨˋ具ㄍㄨˋ【暮】莫ㄇㄨˋ度ㄉㄨˋ數ㄉㄨˋ路ㄉㄨˋ

露ㄌㄨˋ顧ㄍㄨˋ故ㄍㄨˋ固ㄍㄨˋ愬ㄙㄨˋ素ㄙㄨˋ怒ㄋㄨˋ圃ㄅㄨˋ惡ㄨˋ作ㄗㄨˋ

【禡】禡ㄇㄨˋ稼ㄍㄨˋ暇ㄏㄨˋ夜ㄏㄨˋ射ㄉㄨˋ柘ㄉㄨˋ【候】豆ㄉㄨˋ【鐸】

穫ㄏㄨˋ

第四部「ㄡ」韻

【尤】憂ㄧㄡ優ㄧㄡ流ㄌㄧㄡ旒ㄌㄧㄡ劉ㄌㄧㄡ秋ㄘㄧㄡ猶ㄧㄡ悠ㄧㄡ滺ㄧㄡ

游ㄧㄡ遊ㄧㄡ揄ㄧㄡ酋ㄗㄧㄡ遒ㄗㄧㄡ脩ㄙㄧㄡ抽ㄊㄧㄡ妯ㄊㄧㄡ瘳ㄊㄧㄡ周ㄉㄧㄡ

洲ㄉㄧㄡ 舟ㄉㄧㄡ 讎ㄉㄧㄡˊ 疇ㄉㄧㄡˊ 柔ㄋㄧㄡˊ 蹂ㄋㄧㄡˊ 收ㄉㄧㄡ 鳩ㄍㄧㄡ 搜ㄙㄡ 休ㄏㄧㄡ

囚ㄙㄧㄡˊ 裯ㄉㄧㄡˊ 求ㄍㄧㄡˊ 絿ㄍㄧㄡˊ 觩ㄍㄧㄡˊ 球ㄍㄧㄡˊ 銶ㄍㄧㄡˊ 逑ㄍㄧㄡˊ 仇ㄍㄧㄡˊ 浮ㄅㄧㄡˊ

罦ㄅㄧㄡˊ 矛ㄇㄧㄡ 髦ㄇㄧㄡ 【侯】 侯ㄏㄡˊ 婁ㄌㄡ 諏ㄗㄡ 裒ㄅㄡˊ 【虞】 愚ㄫㄡ

隅ㄫㄡ 芻ㄘㄡ 濡ㄋㄧㄡ 株ㄉㄧㄡ 殳ㄉㄡˊ 渝ㄧㄡˊ 榆ㄧㄡˊ 愉ㄧㄡˊ 驅ㄎㄧㄡ 趨ㄘㄧㄡ

蔞ㄌㄡ 孚ㄅㄧㄡ 樞ㄊㄧㄡ 姝ㄊㄧㄡ 躕ㄉㄧㄡˊ 駒ㄍㄡ 【蕭】 蕭ㄙㄧㄡ 瀟ㄙㄧㄡ 條ㄉㄧㄡˊ

聊ㄌㄡˊ 【宵】 陶ㄧㄡˊ 儦ㄅㄧㄡ 【肴】 膠ㄍㄧㄡ 怓ㄋㄡ 呶ㄋㄡ 茅ㄇㄡ 包ㄅㄡ

苞ㄅㄡ 匏ㄅㄡˊ 炮ㄅㄡˊ 【豪】 牢ㄌㄡ 鼛ㄍㄡ 櫜ㄍㄡ 滔ㄊㄡ 慆ㄊㄡ 騷ㄙㄡ

袍ㄅㄡˊ 陶ㄉㄡˊ 綯ㄉㄡˊ 翿ㄉㄡˊ 敖ㄫㄡ 曹ㄗㄡˊ 漕ㄗㄡˊ 【厚】 叟ㄙㄡˋ 【有】

柳ㄌㄧㄡˋ 罶ㄌㄧㄡˋ 懰ㄌㄧㄡˋ 杻ㄋㄧㄡˋ 狃ㄋㄧㄡˋ 朽ㄏㄧㄡˋ 韭ㄍㄧㄡˋ 首ㄉㄧㄡˋ 手ㄉㄧㄡˋ 醜ㄊㄧㄡˋ

魗ㄊㄧㄡ 阜ㄅㄧㄡ 缶ㄅㄧㄡ 舅ㄍㄧㄡ 咎ㄍㄧㄡ 誘ㄧㄡ 莠ㄧㄡ 槱ㄧㄡ 受ㄉㄧㄡ 壽ㄉㄧㄡ

酒ㄗㄧㄡˇ【厚】厚ㄏㄡˇ 后ㄏㄡˇ 後ㄏㄡˇ 牡ㄇㄡˇ 斗ㄉㄡˇ 耇ㄍㄡˇ 笱ㄍㄡˇ 枸ㄍㄡˇ

藪ㄙㄡˇ 口ㄎㄡˇ 趣ㄘㄡˇ 取ㄘㄡˇ【麌】侮ㄇㄡˇ 愈ㄧㄡˇ 瘉ㄧㄡˇ 楰ㄧㄡˇ 主ㄉㄡˇ

醹ㄋㄡˇ 數ㄙㄡˇ【巧】飽ㄅㄡˇ 卯ㄇㄡˇ 茆ㄇㄡˇ 昴ㄇㄡˇ【晧】昊ㄏㄡˇ 晧ㄏㄡˇ

老ㄌㄡˇ 道ㄉㄡˇ 稻ㄉㄡˇ 埽ㄙㄡˇ 禱ㄉㄡˇ 擣ㄉㄡˇ 草ㄘㄡˇ 愺ㄘㄡˇ 蚤ㄗㄡˇ 棗ㄗㄡˇ

阜ㄗㄡˇ 造ㄗㄡˇ 好ㄏㄡˇ 寶ㄅㄡˇ 保ㄅㄡˇ 鴇ㄅㄡˇ 考ㄎㄧㄡˇ 栲ㄎㄧㄡˇ【旨】軌ㄍㄧㄡˇ

簋ㄍㄡˇ【候】戊ㄇㄡˋ 茂ㄇㄡˋ【宥】救ㄍㄧㄡˋ 究ㄍㄧㄡˋ 疚ㄍㄧㄡˋ 狩ㄉㄧㄡˋ 咮ㄉㄧㄡˋ

臭ㄊㄧㄡˋ 祝ㄉㄧㄡˋ 秀ㄙㄧㄡˋ 繡ㄙㄧㄡˋ 褎ㄙㄧㄡˋ 售ㄉㄧㄡˋ【候】鍭ㄏㄡˋ 逅ㄏㄡˋ 豆ㄉㄡˋ

句ㄍㄡˋ 媾ㄍㄡˋ 覯ㄍㄡˋ 漏ㄌㄡˋ【遇】傴ㄡˋ 樹ㄉㄧㄡˋ 附ㄍㄧㄡˋ 裕ㄧㄡˋ【嘯】

嗽ㄙㄧㄡˋ【號】蹈ㄉㄡˋ 翿ㄉㄡˋ 冒ㄇㄡˋ 報ㄅㄡˋ 好ㄏㄡˋ【效】覺ㄍㄡˋ 孝ㄏㄡˋ

第五部「ㄠ」韻

【蕭】恌ㄊㄧㄠ 苕ㄉ'ㄧㄠ 蜩ㄉ'ㄧㄠ 僚ㄌㄧㄠ 嘵ㄏㄧㄠ 【宵】消ㄙㄧㄠ 翛ㄙㄧㄠ 朝ㄉㄧㄠ

朝ㄉ'ㄧㄠ 嘐ㄏㄧㄠ 驕ㄏㄧㄠ 譙ㄗㄧㄠ 驕ㄍㄧㄠ 鷮ㄍㄧㄠ 椒ㄗㄧㄠ 蕘ㄋㄧㄠ 遙ㄧㄠ 搖ㄧㄠ

謠ㄧㄠ 瑤ㄧㄠ 昭ㄉㄧㄠ 鑣ㄅㄧㄠ 麃ㄅㄧㄠ 瀌ㄅㄧㄠ 苗ㄇㄧㄠ 要ㄧㄠ 葽ㄧㄠ 喬ㄍㄧㄠ

夭ㄧㄠ 漂ㄆㄧㄠ 飄ㄆㄧㄠ 嘌ㄆㄧㄠ 翹ㄍ'ㄧㄠ 荍ㄍ'ㄧㄠ 燎ㄌㄧㄠ 【肴】殽ㄏ'ㄠ 郊ㄍㄠ

巢ㄗ'ㄠ 【豪】號ㄏ'ㄠ 勞ㄌㄠ 高ㄍㄠ 膏ㄍㄠ 蒿ㄏㄠ 毛ㄇㄠ 旄ㄇㄠ 刀ㄉㄠ

忉ㄉㄠ 桃ㄉ'ㄠ 敖ㄫㄠ 嗷ㄫㄠ 嚻ㄫㄠ 【篠】皎ㄍㄧㄠ 鳥ㄉㄧㄠ 僚ㄌㄧㄠ 蓼ㄌㄧㄠ

【小】小ㄙㄧㄠ 旐ㄉ'ㄧㄠ 趙ㄉ'ㄧㄠ 沼ㄉㄧㄠ 少ㄉㄧㄠ 摽ㄆ'ㄧㄠ 紹ㄉ'ㄧㄠ 蹻ㄍㄧㄠ 悄ㄘㄧㄠ

【晧】鎬ㄏ'ㄠ 潦ㄌㄧㄠ 藻ㄗㄠ 懆ㄘㄠ 【嘯】弔ㄉㄧㄠ 【笑】笑ㄙㄧㄠ 照ㄉㄧㄠ

焰ㄉㄠ 曜ㄧㄠ 召ㄉ'ㄧㄠ 【效】傚ㄏ'ㄠ 教ㄍㄠ 罩ㄉㄠ 【號】盜ㄉ'ㄠ 悼ㄉ'ㄠ

到ㄉㄠ 倒ㄉㄠ 膏ㄍㄠ 敖ㄫㄠ 芼ㄇㄠ 耄ㄇㄠ 勞ㄌㄠ 暴ㄅㄠ

第六部「ㄣ」韻

【真】振ㄉㄧㄣ 姻ㄧㄣ 駰ㄧㄣ 禋ㄧㄣ 新ㄙㄧㄣ 薪ㄙㄧㄣ 辰ㄉ゛ㄧㄣ 晨ㄉ゛ㄧㄣ 臣ㄉ゛ㄧㄣ

人ㄋㄧㄣ 仁ㄋㄧㄣ 神ㄉ゛ㄧㄣ 親ㄘㄧㄣ 申ㄊㄧㄣ 身ㄉㄧㄣ 信ㄉㄧㄣ 賓ㄅㄧㄣ 濱ㄅㄧㄣ 鄰ㄌㄧㄣ

陳ㄉ゛ㄧㄣ 填ㄉ゛ㄧㄣ 塵ㄉ゛ㄧㄣ 頻ㄅ゛ㄧㄣ 蘋ㄅ゛ㄧㄣ 巾ㄍㄧㄣ 麕ㄍㄨㄣ 囷ㄎㄨㄣ 民ㄇㄧㄣ 泯ㄇㄧㄣ

緡ㄇㄧㄣ 痻ㄇㄧㄣ 貧ㄅ゛ㄧㄣ 【諄】詢ㄙㄨㄣ 洵ㄙㄨㄣ 鶉ㄉ゛ㄨㄣ 漘ㄉ゛ㄨㄣ 春ㄊㄨㄣ 淪ㄌㄨㄣ

輪ㄌㄨㄣ 旬ㄙ゛ㄨㄣ 鈞ㄍㄨㄣ 均ㄍㄨㄣ 【臻】臻ㄗㄣ 榛ㄗㄣ 蓁ㄗㄣ 溱ㄗㄣ 莘ㄙㄣ

詵ㄙㄣ 【文】聞ㄇㄨㄣ 雲ㄧㄣ 云ㄧㄣ 耘ㄧㄣ 員ㄧㄣ 焚ㄅ゛ㄨㄣ 羣ㄍ゛ㄨㄣ 熏ㄏㄨㄣ

君ㄍㄨㄣ 芬ㄆㄧㄣ 雰ㄆㄧㄣ 【殷】殷ㄧㄣ 慇ㄧㄣ 勤ㄍ゛ㄧㄣ 芹ㄍ゛ㄧㄣ 欣ㄏㄧㄣ 【魂】

昆ㄍㄨㄣ 門ㄇㄨㄣ 璊ㄇㄨㄣ 亹ㄇㄨㄣ 孫ㄙㄨㄣ 飧ㄙㄨㄣ 存ㄗ゛ㄨㄣ 錞ㄉㄨㄣ 啍ㄉ゛ㄨㄣ 奔ㄅㄨㄣ

【先】先ㄙㄧㄣ 千ㄘㄧㄣ 天ㄊㄧㄣ 堅ㄍㄧㄣ 賢ㄏ゛ㄧㄣ 田ㄉ゛ㄧㄣ 闐ㄉ゛ㄧㄣ 年ㄋㄧㄣ 顛ㄉㄧㄣ

巔ㄉㄧㄣ 淵ㄧㄣ 玄ㄏㄧㄣˊ 【僊】 翩ㄆㄧㄣ 川ㄊㄨㄣ 鳶ㄧㄣ 【山】 鰥ㄍㄧㄣ 艱ㄍㄧㄣ

【微】 煇ㄏㄨㄣ 旂ㄍㄧㄣˊ 【齊】 囟ㄙㄧㄣ 【青】 令ㄌㄧㄣ 苓ㄌㄧㄣ 零ㄌㄧㄣ 【蒸】

矜ㄍㄧㄣ 【軫】 眕ㄉㄧㄣ 【軫】 忍ㄖㄣˇ 盡ㄗㄧㄣˇ 引ㄧㄣˇ 閔ㄇㄧㄣˇ 隕ㄧㄣˇ 【混】

壼ㄎㄨㄣˋ 【阮】 苑ㄨㄣˇ 【震】 信ㄙㄧㄣˋ 胤ㄧㄣˋ 燼ㄙㄧㄣˋ 墐ㄍㄧㄣˋ 【稕】 順ㄕㄨㄣˋ

【問】 問ㄇㄨㄣˋ 訓ㄏㄨㄣˋ 慍ㄨㄣˋ 【慁】 遯ㄉㄨㄣˋ 【霰】 倩ㄘㄧㄣˋ 電ㄉㄧㄣˋ 甸ㄉㄧㄣˋ

【襉】 盼ㄆㄧㄣˋ 【映】 命ㄇㄧㄣˋ 【勁】 令ㄌㄧㄣˋ

第七部「ㄢ」韻

【元】 原ㄫㄨㄢˊ 園ㄏㄨㄢˊ 垣ㄏㄨㄢˊ 燔ㄅㄨㄢˊ 樊ㄅㄨㄢˊ 繁ㄅㄨㄢˊ 袢ㄅㄨㄢˊ 番ㄆㄨㄢ 蕃ㄅㄨㄢ

幡ㄆㄨㄢ 藩ㄅㄨㄢ 諼ㄏㄨㄢ 貆ㄏㄨㄢ 言ㄫㄧㄢ 軒ㄏㄢ 【寒】 翰ㄏㄢˊ 單ㄉㄢ 安ㄢ

難ㄋㄢ 餐ㄘㄢ 嘆ㄊㄢ 嘽ㄊㄢ 檀ㄉㄢ 殘ㄗㄢ 干ㄍㄢ 乾ㄍㄢ 【桓】 丸ㄏㄨㄢˊ

完ㄏㄨㄢˊ 漙ㄉㄨㄢˊ 慱ㄉㄨㄢˊ 冠ㄍㄨㄢ 欒ㄌㄨㄢˊ 寬ㄎㄨㄢ 【刪】 關ㄍㄨㄢ 環ㄏㄨㄢˊ 蠻ㄇㄨㄢˊ

顏ㄫㄢˊ 菅ㄍㄢ 【山】 山ㄙㄢ 閒ㄍㄢ 蕑ㄍㄢ 閑ㄏㄢˊ 【先】 肩ㄍㄧㄢ 【僊】

僊ㄙㄧㄢ 遷ㄘㄧㄢ 然ㄋㄧㄢˊ 旃ㄉㄧㄢ 梴ㄊㄧㄢ 廛ㄉㄧㄢˊ 連ㄌㄧㄢˊ 漣ㄌㄧㄢˊ 泉ㄗㄧㄢˊ 宣ㄙㄨㄢ

儇ㄏㄨㄢ 還ㄙㄨㄢˊ 悁ㄧㄢ 虔ㄍㄧㄢˊ 愆ㄎㄧㄢ 卷ㄍㄨㄢˊ 鬈ㄍㄨㄢˊ 焉ㄧㄢ 【願】 憲ㄏㄧㄢˋ

【阮】 遠ㄏㄨㄢˇ 反ㄅㄨㄢˇ 阪ㄅㄨㄢˇ 婉ㄨㄢˇ 綣ㄎㄨㄢˇ 咺ㄏㄨㄢˇ 【旱】 亶ㄉㄢˇ 癉ㄉㄢˇ

罕ㄏㄢˇ 【緩】 管ㄍㄨㄢˇ 館ㄍㄨㄢˇ 痯ㄍㄨㄢˇ 【潸】 板ㄅㄨㄢˇ 僩ㄏㄢˇ 【產】 簡ㄍㄢˇ

【銑】 殄ㄉㄧㄢˇ 【獮】 衍ㄧㄢˇ 展ㄉㄧㄢˇ 踐ㄗㄧㄢˇ 墠ㄗㄧㄢˇ 幝ㄊㄧㄢˇ 巘ㄫㄧㄢˇ 孌ㄌㄨㄢˇ

轉ㄉㄨㄢˇ 卷ㄍㄨㄢˇ 選ㄙㄨㄢˇ 熯ㄏㄢˇ 【賄】 洒ㄙㄧㄢˇ 浼ㄇㄧㄢˇ 【願】 願ㄫㄨㄢˋ 怨ㄨㄢˋ

獻ㄏㄧㄢˋ 【翰】 旦ㄉㄢˋ 岸ㄫㄢˋ 衎ㄎㄧㄢˋ 漢ㄏㄢˋ 爛ㄌㄢˋ 粲ㄘㄢˋ 【換】 渙ㄏㄨㄢˋ

貫ㄍㄨㄢˋ 亂ㄌㄨㄢˋ 鍛ㄅㄨㄢˋ 泮ㄆㄨㄢˋ 【諫】 諫ㄍㄢˋ 澗ㄍㄢˋ 晏ㄢˋ 鴈ㄫㄢˋ 汕ㄙㄢˋ

慢ㄇㄢˋ 丱ㄍㄨㄢˋ 【霰】 霰ㄙㄧㄢˋ 駽ㄏㄨㄢˋ 見ㄍㄧㄢˋ 宴ㄧㄢˋ 燕ㄧㄢˋ 【線】 彥ㄫㄧㄢˋ

援ㄏㄨㄢˋ 媛ㄏㄨㄢˋ 弁ㄅㄧㄢˋ 羨ㄙㄧㄢˋ

第八部「ㄥ」韻之一

【庚】 平ㄅㄧㄥ 苹ㄅㄧㄥ 鳴ㄇㄧㄥ 驚ㄍㄧㄥ 瑩ㄧㄥ 生ㄙㄥ 甥ㄙㄥ 牲ㄙㄥ 笙ㄙㄥ

【耕】 丁ㄉㄥ 嚶ㄥ 爭ㄗㄥ 【清】 清ㄘㄧㄥ 菁ㄗㄧㄥ 旌ㄗㄧㄥ 盈ㄧㄥ 楹ㄧㄥ

贏ㄧㄥ 營ㄧㄥ 楨ㄉㄧㄥ 禎ㄉㄧㄥ 成ㄉㄧㄥ 城ㄉㄧㄥ 程ㄉㄧㄥ 酲ㄉㄧㄥ 聲ㄉㄧㄥ 正ㄉㄧㄥ

征ㄉㄧㄥ 名ㄇㄧㄥ 傾ㄎㄧㄥ 瓊ㄍㄧㄥ 縈ㄧㄥ 【青】 青ㄘㄧㄥ 經ㄍㄧㄥ 涇ㄍㄧㄥ 刑ㄏㄧㄥ

庭ㄉㄧㄥ 霆ㄉㄧㄥ 馨ㄏㄧㄥ 星ㄙㄧㄥ 靈ㄌㄧㄥ 寧ㄋㄧㄥ 聽ㄊㄧㄥ 冥ㄇㄧㄥ 屏ㄉㄧㄥ 【迥】

頸ㄍㄧㄥˋ 【靜】 騁ㄊㄧㄥˋ 領ㄌㄧㄥˋ 【敬】 敬ㄍㄧㄥˋ 【勁】 政ㄉㄧㄥˋ 姓ㄙㄧㄥˋ 聘ㄆㄧㄥ

【徑】 定ㄉㄧㄥˋ

第九部「ㄥ」韻之二

【登】登ㄉㄥ 豋ㄉㄥ 崩ㄅㄥ 增ㄗㄥ 憎ㄗㄥ 朋ㄅㄥ 弘ㄏㄥ 肱ㄍㄥ 薨ㄏㄥ

螣ㄉㄥ 縢ㄉㄥ 恆ㄏㄥ 【東】弓ㄍㄥ 夢ㄇㄥ 【蒸】蒸ㄉㄧㄥ 烝ㄉㄧㄥ 承ㄉㄧㄥ

徵ㄉㄧㄥ 陵ㄌㄧㄥ 膺ㄧㄥ 馮ㄅㄧㄥ 冰ㄅㄧㄥ 掤ㄅㄧㄥ 繩ㄉㄧㄥ 乘ㄉㄧㄥ 升ㄉㄧㄥ 勝ㄉㄧㄥ

陾ㄋㄧㄥ 兢ㄍㄧㄥ 興ㄏㄧㄥ 【東】雄ㄧㄥ 熊ㄧㄥ 融ㄧㄥ 【鍾】容ㄧㄥ 庸ㄧㄥ

墉ㄧㄥ 鏞ㄧㄥ 雝ㄧㄥ 廱ㄧㄥ 饔ㄧㄥ 【鹽】緵ㄘㄧㄥ 【腫】勇ㄧㄥˇ 【用】

用ㄧㄥˋ 誦ㄙㄧㄥˋ 訟ㄙㄧㄥˋ

第十部「ㄨㄥ」韻

【東】東ㄉㄨㄥ 同ㄉㄨㄥ 童ㄉㄨㄥ 僮ㄉㄨㄥ 中ㄉㄨㄥ 蟲ㄉㄨㄥ 沖ㄉㄨㄥ 忡ㄊㄨㄥ 終ㄉㄨㄥ

螽ㄉㄨㄥ 崇ㄗㄨㄥ 戎ㄋㄨㄥ 躬ㄍㄨㄥ 宮ㄍㄨㄥ 窮ㄍㄨㄥ 豐ㄆㄨㄥ 充ㄊㄨㄥ 空ㄎㄨㄥ 公ㄍㄨㄥ

工ㄍㄨㄥ 功ㄍㄨㄥ 攻ㄍㄨㄥ 蒙ㄇㄨㄥ 濛ㄇㄨㄥ 龐ㄌㄨㄥ 訌ㄏㄨㄥ 潨ㄗㄨㄥ 聰ㄘㄨㄥ 恫ㄊㄨㄥ

豵ㄗㄨㄥ 蓬ㄆㄨㄥ 逢ㄆㄨㄥ 菶ㄆㄨㄥ 【冬】冬ㄉㄨㄥ 宗ㄗㄨㄥ 【鍾】鍾ㄉㄨㄥ 松ㄙㄨㄥ

衝ㄘㄨㄥ 罿ㄘㄨㄥ 葑ㄅㄨㄥ 凶ㄏㄨㄥ 訩ㄏㄨㄥ 顒ㄫㄨㄥ 傭ㄊㄨㄥ 濃ㄋㄨㄥ 穠ㄋㄨㄥ 重ㄉㄨㄥ

從ㄗㄨㄥ 縫ㄆㄨㄥ 蜂ㄆㄨㄥ 丰ㄆㄨㄥ 邛ㄍㄨㄥ 恭ㄍㄨㄥ 共ㄍㄨㄥ 樅ㄘㄨㄥ 【江】厖ㄇㄨㄥ

邦ㄅㄨㄥ 降ㄏㄨㄥ 雙ㄙㄨㄥ 【侵】臨ㄌㄨㄥ 【董】懞ㄇㄨㄥˇ 總ㄗㄨㄥˇ 唪ㄅㄨㄥˇ 動ㄉㄨㄥˇ

【腫】龍ㄊㄨㄥˇ ⿺辶重ㄉㄨㄥˇ 竦ㄙㄨㄥˇ 【送】送ㄙㄨㄥˋ 控ㄎㄨㄥˋ 仲ㄉㄨㄥˋ 【宋】宋ㄙㄨㄥˋ

【絳】巷ㄏㄨㄥˋ

第十一部「ㄤ」韻

【唐】唐ㄉㄤ 螗ㄉㄤ 堂ㄉㄤ 狼ㄌㄤ 稂ㄌㄤ 倉ㄘㄤ 蒼ㄘㄤ 岡ㄍㄤ 剛ㄍㄤ

綱ㄍㄤ 桑ㄙㄤ 喪ㄙㄤ 康ㄎㄤ 荒ㄏㄨㄤ 黃ㄏㄨㄤ 簧ㄏㄨㄤ 皇ㄏㄨㄤ 煌ㄏㄨㄤ 遑ㄏㄨㄤ

光ㄍㄨㄤ 洸ㄍㄨㄤ 湯ㄊㄤ 鏜ㄊㄤ 杭ㄏㄤ 頏ㄏㄤ 芒ㄇㄤ 臧ㄗㄤ 牂ㄗㄤ 囊ㄋㄤ
雱ㄆㄤ 旁ㄅㄤ 傍ㄅㄤ 卬ㄫㄤ 藏ㄗㄤ 【陽】 陽ㄧㄤ 楊ㄧㄤ 揚ㄧㄤ 鍚ㄧㄤ
羊ㄧㄤ 洋ㄧㄤ 痒ㄧㄤ 詳ㄙㄧㄤ 祥ㄙㄧㄤ 翔ㄙㄧㄤ 良ㄌㄧㄤ 梁ㄌㄧㄤ 粱ㄌㄧㄤ 糧ㄌㄧㄤ
涼ㄌㄧㄤ 香ㄏㄧㄤ 鄉ㄏㄧㄤ 商ㄉㄧㄤ 傷ㄉㄧㄤ 湯ㄉㄧㄤ 房ㄅㄧㄤ 魴ㄅㄧㄤ 防ㄅㄧㄤ 章ㄉㄧㄤ
璋ㄉㄧㄤ 昌ㄊㄧㄤ 羌ㄎㄧㄤ 姜ㄍㄧㄤ 韁ㄍㄧㄤ 彊ㄍㄧㄤ 長ㄉㄧㄤ 腸ㄉㄧㄤ 場ㄉㄧㄤ 張ㄉㄧㄤ
粻ㄉㄧㄤ 穰ㄋㄧㄤ 瀼ㄋㄧㄤ 方ㄅㄧㄤ 襄ㄙㄧㄤ 相ㄙㄧㄤ 箱ㄙㄧㄤ 將ㄗㄧㄤ 漿ㄗㄧㄤ 亡ㄇㄧㄤ
忘ㄇㄧㄤ 望ㄇㄧㄤ 牀ㄗㄤ 常ㄉㄧㄤ 裳ㄉㄧㄤ 嘗ㄉㄧㄤ 霜ㄙㄤ 牆ㄗㄧㄤ 鏘ㄘㄧㄤ 將ㄘㄧㄤ
蹌ㄘㄧㄤ 瑲ㄘㄧㄤ 鶬ㄘㄤ 斨ㄘㄧㄤ 筐ㄎㄨㄤ 王ㄏㄨㄤ 央ㄧㄤ 狂ㄍㄨㄤ 【庚】 庚ㄍㄤ
羹ㄍㄤ 蝱ㄇㄤ 喤ㄏㄨㄤ 祊ㄅㄤ 觥ㄍㄨㄤ 彭ㄅㄤ 英ㄧㄤ 亨ㄆㄤ 京ㄍㄧㄤ 明ㄇㄤ
盟ㄇㄤ 兵ㄅㄤ 兄ㄏㄨㄤ 卿ㄎㄧㄤ 衡ㄏㄤ 行ㄏㄤ 珩ㄏㄤ 【鹽】 瞻ㄉㄧㄤ 【蕩】

蕩ㄉㄤˋ 廣ㄍㄨㄤˇ 【養】 養ㄧㄤˇ 兩ㄌㄧㄤˇ 仰ㄫㄧㄤˇ 掌ㄉㄧㄤˇ 爽ㄙㄤˇ 罔ㄇㄧㄤˇ 往ㄏㄨㄤˇ
王ㄏㄨㄤˇ 享ㄏㄧㄤˇ 饗ㄏㄧㄤˇ 【梗】 梗ㄍㄤˇ 柄ㄅㄤˇ 景ㄍㄧㄤˇ 永ㄧㄤˇ 【宕】 抗ㄎㄤˋ
伉ㄎㄤˋ 【漾】 讓ㄋㄧㄤˋ 向ㄉㄧㄤˋ 上ㄉㄧㄤˋ 尚ㄉㄧㄤˋ 望ㄇㄧㄤˋ 貺ㄏㄨㄤˋ 相ㄙㄧㄤˋ 【映】
慶ㄎㄧㄤˋ 【敬】 競ㄍㄧㄤˋ 泳ㄧㄤˋ

第十二部「ㄧㆬ」韻

【侵】 駸ㄘㄧㆬ 鬵ㄙㄧㆬ 林ㄌㄧㆬ 琛ㄊㄧㆬ 煁ㄉㄧㆬ 諶ㄉㄧㆬ 深ㄉㄧㆬ 心ㄙㄧㆬ 琴ㆣㄧㆬ
芩ㆣㄧㆬ 欽ㄎㄧㆬ 衾ㄎㄧㆬ 參ㄙㆬ 歆ㄏㄧㆬ 今ㄍㄧㆬ 金ㄍㄧㆬ 衿ㄍㄧㆬ 音ㄧㆬ 陰ㄧㆬ
【覃】 驂ㄙㆬ 南ㄋㄧㆬ 男ㄋㄧㆬ 湛ㄉㄧㆬ 耽ㄉㄧㆬ 【談】 三ㄙㆬ 【東】 風ㄅㄧㆬ
終ㄉㄧㆬ 【[illegible]】 僭ㄗㄧㆬ 【寢】 寢ㄘㄧㆬˇ 枕ㄉㄧㆬˇ 諗ㄉㄧㆬ 甚ㄉㄧㆬˇ 葚ㄉㄧㆬ 黮ㄉㄧㆬ
錦ㄍㄧㆬˇ 【感】 萏ㄉㄧㆬˇ 【忝】 簟ㄉㄧㆬˇ 【儼】 儼ㄫㄧㆬˇ 【沁】 譖ㄗㄧㆬˋ

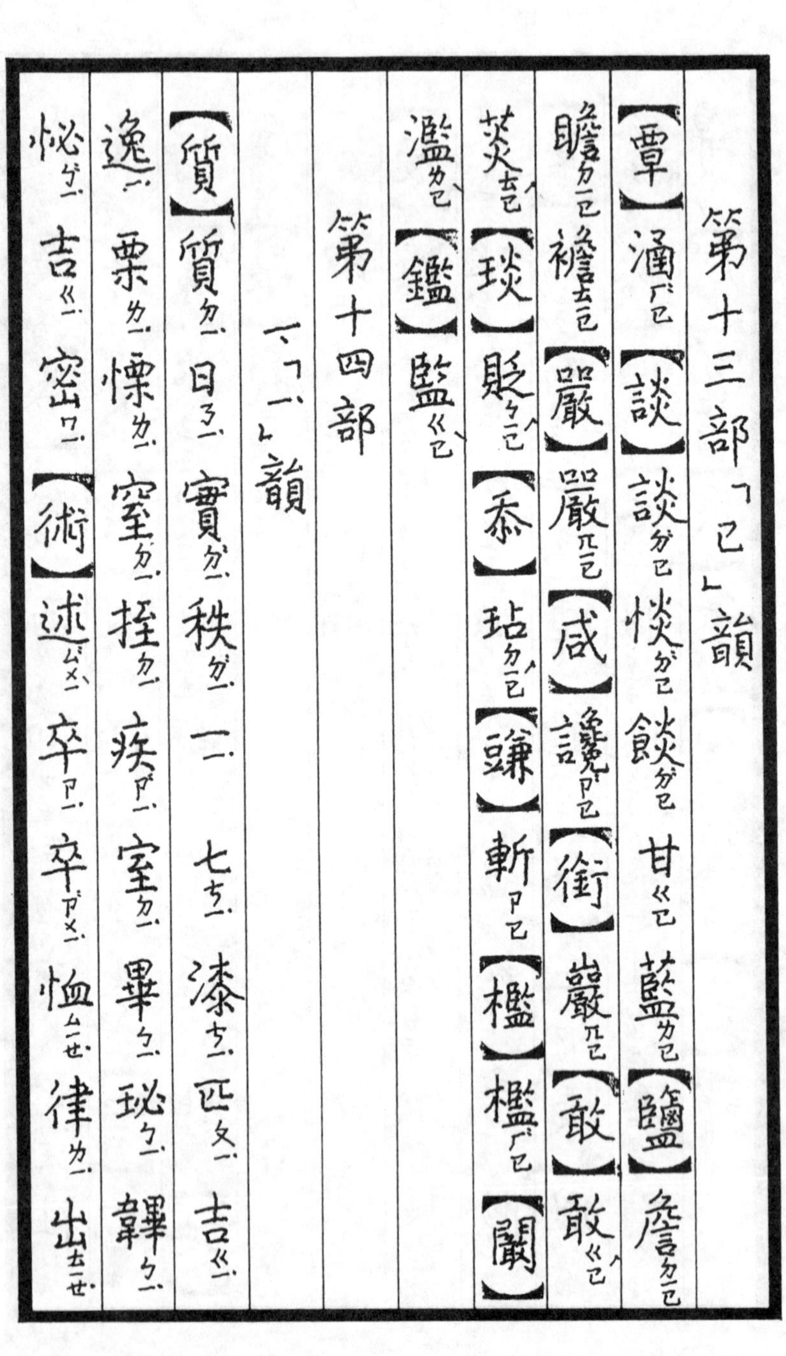

第十三部「ㆰ」韻

【覃】涵ㄏㆰ【談】談ㄉㆰ惔ㄉㆰ錟ㄉㆰ甘ㄍㆰ藍ㄌㆰ【鹽】詹ㄉㄧㆰ

瞻ㄉㄧㆰ襜ㄊㄧㆰ【嚴】嚴ㄫㆰ【咸】讒ㄗㆰ【銜】巖ㄫㆰ【敢】敢ㄍㆰ

菼ㄊㆰ【琰】髧ㄉㆰ【忝】玷ㄉㄧㆰ【豏】斬ㄗㆰ【檻】檻ㄏㆰ【闞】

濫ㄌㆰ【鑑】監ㄍㆰ

第十四部

「ㄧ」韻

【質】質ㄉㄧ日ㄋㄧ實ㄉㄧ秩ㄉㄧ一ㄧ七ㄘㄧ漆ㄘㄧ匹ㄆㄧ吉ㄍㄧ

逸ㄧ栗ㄌㄧ慄ㄌㄧ窒ㄉㄧ挃ㄉㄧ疾ㄗㄧ室ㄒㄧ畢ㄅㄧ珌ㄅㄧ韠ㄅㄧ

㤕ㄒㄧ吉ㄍㄧ密ㄇㄧ【術】述ㄙㄨㄧ卒ㄗㄧ卒ㄗㄨㄧ恤ㄙㄧㄝ律ㄌㄧ出ㄊㄧㄝ

【櫛】櫛ㄗㄧ 瑟ㄙㄧ 【物】物ㄇㄧ 弗ㄅㄧ 拂ㄅㄧ 茀ㄅㄧ 芾ㄅㄧ 【迄】

仡ㄫㄧ 【沒】沒ㄇㄨㄧ 忽ㄏㄨㄧ 【屑】結ㄍㄧ 節ㄗㄧ 噎ㄧ 血ㄏㄧ 闋ㄎㄨㄧ

穴ㄏㄧ 垤ㄉㄧ 耋ㄉㄧ 跌ㄉㄧ 【薛】設ㄉㄧ 徹ㄊㄧ 【職】即ㄗㄧ 【麥】

簀ㄗㄧ 讁ㄉㄧ 適ㄉㄧ 戹ㄧ 【昔】脊ㄗㄧ 蹐ㄗㄧ 益ㄧ 易ㄧ 蜴ㄧ

適ㄉㄧ 辟ㄅㄧ 甓ㄆㄧ 螫ㄉㄧ 【錫】錫ㄙㄧ 晳ㄙㄧ 蹢ㄉㄧ 弔ㄉㄧ 鷊ㄫㄧ

狄ㄉㄧ 翟ㄉㄧ 剔ㄊㄧ 績ㄗㄧ 幭ㄇㄧ [illegible]ㄍㄧ 鶪ㄍㄧ 【燭】局ㄍㄧ 【麥】

麥ㄇㄧ 馘ㄍㄧ 革ㄍㄧ 【職】織ㄉㄧ 直ㄉㄧ 力ㄌㄧ 敕ㄊㄧ 飭ㄊㄧ 食ㄉㄧ

息ㄙㄧ 識ㄉㄧ 飾ㄉㄧ 式ㄉㄧ [illegible]ㄉㄧ 極ㄍㄧ 暱ㄋㄧ 億ㄧ 色ㄙㄧ 穡ㄙㄧ

棘ㄍㄧ 襋ㄍㄧ 亟ㄍㄧ 弋ㄧ 翼ㄧ 稷ㄗㄧ 蜮ㄧ 域ㄧ 緎ㄧ 淢ㄏㄧ

側ㄗㄧ 嶷ㄫㄧ 【德】德ㄉㄧ 得ㄉㄧ 則ㄗㄧ 忒ㄊㄧ 慝ㄊㄧ 克ㄎㄧ 特ㄉㄧ

惕ㄊㄧ

螣ㄉㄧ 黑ㄏㄧ 賊ㄗㄧ 塞ㄙㄧ 北ㄅㄧ 匐ㄈㄧ 國ㄧ 【屋】福ㄅㄧ 輻ㄅㄧ
蔔ㄅㄧ 伏ㄈㄧ 服ㄈㄧ 穋ㄌㄧ 彧ㄧ 牧ㄇㄧ 【沃】告ㄍㄧ 【緝】隰ㄙ
輯ㄗㄧ 集ㄗㄧ 入ㄋㄧ 濕ㄌㄧ 揖ㄗㄧ 及ㄍㄧ 蟄ㄉㄧ 笠ㄌㄧ 急ㄍㄧ 泣ㄎㄧ
翕ㄏㄧ 濈ㄗㄧ 邑ㄧ 【合】合ㄏㄧ 軜ㄋㄧ 【葉】楫ㄗㄧ 【洽】洽ㄏㄧ

二、「ㄧㄝ」韻

【月】月ㄫㄧㄝ 伐ㄈㄧㄝ 越ㄧㄝ 鉞ㄧㄝ 蕨ㄍㄧㄝ 闕ㄎㄧㄝ 髮ㄅㄧㄝ 發ㄅㄧㄝ 揭ㄍㄧㄝ
竭ㄍㄧㄝ 朅ㄎㄧㄝ 害ㄏㄧㄝ 褐ㄏㄧㄝ 怛ㄉㄧㄝ 闥ㄊㄧㄝ 達ㄊㄧㄝ 曷ㄏㄧㄝ 渴ㄎㄧㄝ 蘖ㄫㄧㄝ
葛ㄍㄧㄝ 【末】秣ㄇㄧㄝ 撥ㄅㄧㄝ 括ㄍㄧㄝ 佸ㄍㄧㄝ 活ㄍㄧㄝ 闊ㄎㄧㄝ 活ㄏㄧㄝ 奪ㄉㄧㄝ
濊ㄏㄧㄝ 撮ㄗㄧㄝ 說ㄊㄧㄝ 捋ㄌㄧㄝ 掇ㄉㄧㄝ 茇ㄈㄧㄝ 軷ㄈㄧㄝ 【轄】舝ㄏㄧㄝ 【屑】
結ㄍㄧㄝ 袺ㄍㄧㄝ 節ㄗㄧㄝ 烕ㄏㄧㄝ 襭ㄏㄧㄝ 截ㄗㄧㄝ 【嶭】烈ㄌㄧㄝ 桀ㄍㄧㄝ 傑ㄍㄧㄝ

舌ㄉㄧㄝ 孽ㄫㄧㄝ 滅ㄇㄧㄝ 雪ㄙㄧㄝ 說ㄧ 閱ㄧ 說ㄉㄧㄝ 惙ㄉㄧㄝ 偈ㄍㄧㄝ

三、「ㄛ」韻

【藥】藥ㄧㄛ 籥ㄧㄛ 躍ㄧㄛ 蹻ㄍㄧㄛ 若ㄋㄧㄛ 綽ㄊㄧㄛ 虐ㄫㄧㄛ 削ㄙㄧㄛ 爵ㄗㄧㄛ

臄ㄍㄧㄛ 謔ㄏㄧㄛ 度ㄉㄛ 莫ㄇㄛ 落ㄌㄛ 樂ㄌㄛ 駱ㄌㄛ 雒ㄌㄛ 橐ㄊㄛ 𣝗ㄊㄛ

作ㄗㄛ 鑿ㄗㄛ 錯ㄘㄛ 閣ㄍㄛ 恪ㄎㄛ 咢ㄫㄛ 惡ㄛ 薄ㄅㄛ 壑ㄏㄛ 熇ㄏㄛ

貉ㄏㄛ 酢ㄗㄛ 博ㄅㄛ 襮ㄅㄛ 諾ㄋㄛ 藿ㄏㄛ 穫ㄏㄛ 濩ㄏㄛ 廓ㄎㄛ 鞹ㄎㄛ

【沃】沃ㄨㄛ 【覺】較ㄍㄛ 駮ㄅㄛ 白ㄅㄛ 伯ㄅㄛ 柏ㄅㄛ 戟ㄍㄛ 柞ㄗㄛ

綌ㄎㄧㄛ 逆ㄫㄧㄛ 客ㄎㄛ 赫ㄏㄛ 格ㄍㄛ 宅ㄉㄛ 澤ㄉㄛ 【麥】獲ㄏㄛ 【昔】

昔ㄘㄧㄛ 舄ㄘㄧㄛ 踖ㄘㄧㄛ 繹ㄧㄛ 奕ㄧㄛ 懌ㄧㄛ 斁ㄧㄛ 射ㄧㄛ 尺ㄊㄧㄛ 石ㄊㄧㄛ

碩ㄊㄧㄛ 炙ㄉㄧㄛ 席ㄙㄧㄛ 蓆ㄙㄧㄛ 夕ㄙㄧㄛ 籍ㄗㄧㄛ 【錫】櫟ㄌㄧㄛ 的ㄉㄧㄛ 翟ㄉㄧㄛ

溺ㄋㄧㄛ˙ 庶ㄌㄧㄛ˙ 夜ㄧㄛ˙

四、「ㄨ˙」韻

【屋】屋ㄨ˙ 讀ㄉㄨ˙ 獨ㄉㄨ˙ 轂ㄍㄨ˙ 穀ㄍㄨ˙ 榖ㄍㄨ˙ 谷ㄍㄨ˙ 樕ㄙㄨ˙ 祿ㄌㄨ˙

鹿ㄌㄨ˙ 族ㄗㄨ˙ 僕ㄅㄨ˙ 卜ㄅㄨ˙ 木ㄇㄨ˙ 沐ㄇㄨ˙ 霂ㄇㄨ˙ 育ㄧㄨ˙ 腹ㄅㄨ˙ 復ㄅㄨ˙

覆ㄅㄨ˙ 六ㄌㄧㄨ˙ 陸ㄌㄧㄨ˙ 軸ㄉㄧㄨ˙ 蓫ㄉㄧㄨ˙ 匊ㄍㄧㄨ˙ 鞠ㄍㄧㄨ˙ 淑ㄉㄧㄨ˙ 俶ㄊㄧㄨ˙ 祝ㄉㄧㄨ˙

菽ㄉㄧㄨ˙ 畜ㄏㄧㄨ˙ 慉ㄏㄧㄨ˙ 蹙ㄗㄧㄨ˙ 燠ㄧㄨ˙ 奧ㄧㄨ˙ 薁ㄧㄨ˙ 肅ㄙㄧㄨ˙ 夙ㄙㄧㄨ˙ 宿ㄙㄧㄨ˙

穆ㄇㄧㄨ˙ 【沃】毒ㄉㄨ˙ 篤ㄉㄨ˙ 告ㄍㄨ˙ 【燭】屬ㄉㄨ˙ 玉ㄫㄨ˙ 獄ㄫㄨ˙ 蠋ㄉㄨ˙

辱ㄋㄨ˙ 束ㄉㄨ˙ 欲ㄧㄨ˙ 綠ㄌㄨ˙ 曲ㄎㄨ˙ 局ㄍㄨ˙ 足ㄗㄨ˙ 續ㄙㄨ˙ 藚ㄙㄨ˙ 粟ㄙㄨ˙

【覺】角ㄍㄨ˙ 椓ㄉㄨ˙ 濁ㄉㄨ˙ 渥ㄨ˙ 【錫】迪ㄉㄨ˙ 戚ㄘㄨ˙ 【候】奏ㄘㄨ˙

補遺目錄在四三九頁

穋ㄌㄧ˙

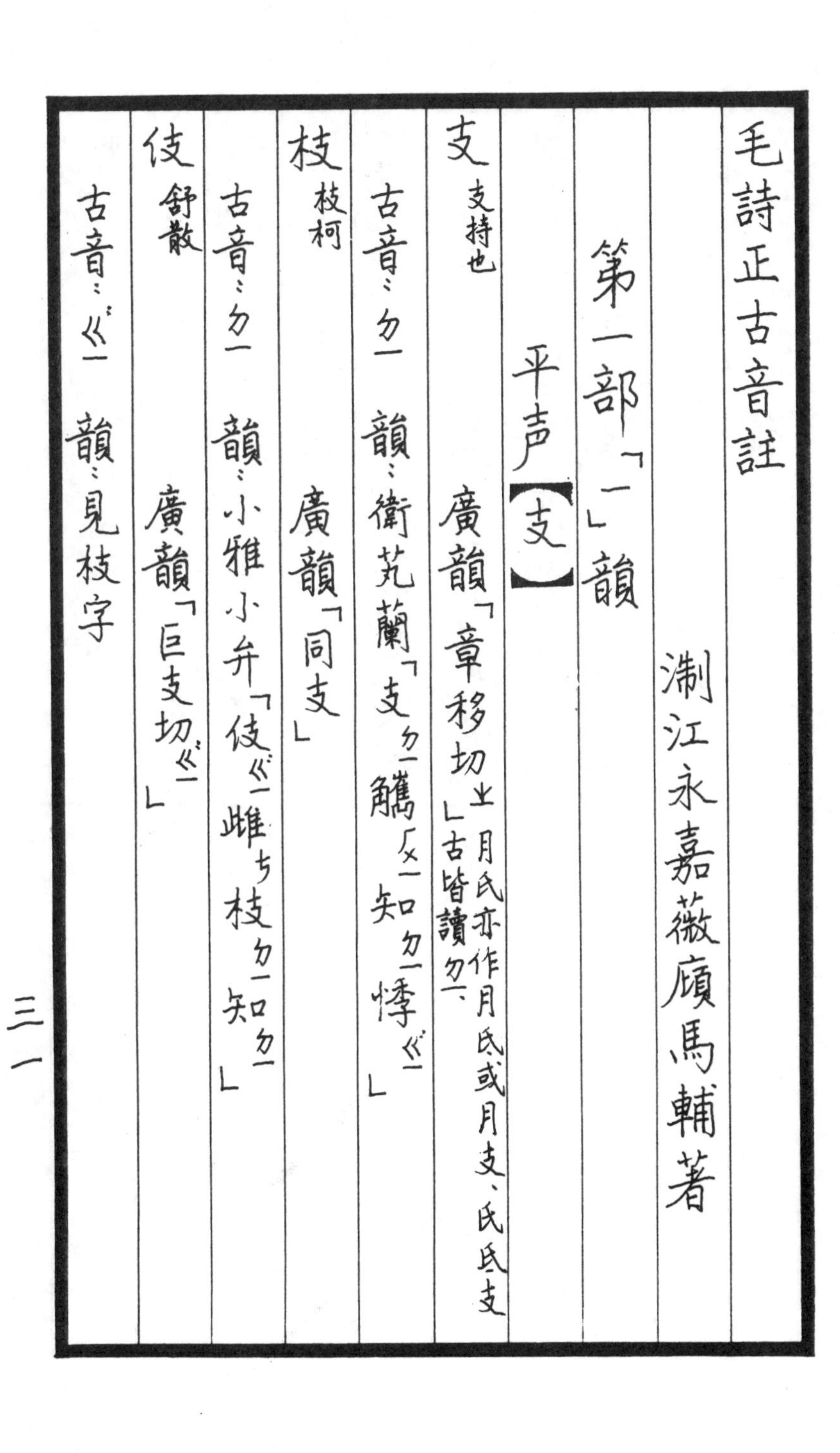

毛詩正古音註

浙江永嘉薇廎馬輔著

第一部「一」韻

平声【支】

支 支持也 廣韻「章移切ㄓ」月氏亦作月氐或月支、氏氐支古皆讀ㄉ一、

古音：ㄉ一 韻：衛芄蘭「支ㄉ一 觿ㄒ一 知ㄉ一 悸ㄍ一」

枝 枝柯 廣韻「同支」

古音：ㄉ一 韻：小雅小弁「伎ㄍ一 雌ㄘ 枝ㄉ一 知ㄉ一」

伎 舒散 廣韻「巨支切ㄍ一」

古音：ㄍ一 韻：見枝字

疧 病也 廣韻「同伎」
古音：ㄍㄧ 韻：小雅白華「卑ㄅㄧ疧ㄍㄧ」

觹 角錐 廣韻「許規切ㄏㄩㄧ」
古音：ㄏㄨㄧ 韻：見支字

萎 蔫也 廣韻「於為切ㄩㄧ」
古音：ㄨㄧ 韻：小雅谷風「嵬ㄫㄨㄧ萎ㄨㄧ」

提 提提羣飛貌 廣韻「是支切ㄉ゛ㄧ」
古音：ㄉ゛ㄧ 韻：小雅小弁「斯ㄙ提ㄉ゛ㄧ」

卑 下也 廣韻「府移切ㄅㄧ」
古音：ㄅㄧ 韻：見疧字

紕 飾緣邊也 廣韻「符支切ㄈㄧˊ」

古音：ㄅㄧ 韻：鄘干旄「紕ㄅㄧ四ㄙˋ子ㄗˇ畀ㄅㄧˋ」

斯 析也 廣韻「息移切ㄙ」

古音：ㄙ 韻：陳墓門「斯ㄙ知ㄉㄧ已ㄧˇ矣ㄧˇ」

小雅何人斯「箎ㄉㄧˊ知ㄉㄧ斯ㄙ」

雌 牝也 廣韻「此移切ㄘ」

古音：ㄘ 韻：小雅小弁「伎ㄍㄧˊ雌ㄘ枝ㄉㄧ知ㄉㄧ」

知 覺也 廣韻「陟離切ㄓ」閩南漳州知讀ㄉㄧ

古音：ㄉㄧ 韻：見支及雌字

箎 樂器 廣韻「直離切ㄓˊ」

古音ㄉㄧ　韻：大雅板「篪ㄉㄧ圭ㄍㄨㄧ攜ㄏㄨㄧ」又見斯字

【脂】

脂 脂膏　廣韻「旨夷切ㄓ」

古音ㄉㄧ　韻：衛碩人「荑ㄉㄧ脂ㄉㄧ蠐ㄗㄧ犀ㄙㄧ眉ㄇㄧ」

祗 敬也　廣韻「旨夷切ㄓ」

古音ㄉㄧ　韻：商頌長發「違ㄨㄧ齊ㄗㄧ遲ㄉㄧ躋ㄗㄧ祗ㄉㄧ圍ㄨㄧ」

夷 平也　廣韻「以脂切ㄧ」

古音ㄧ　韻：召南草蟲「薇ㄇㄨㄧ悲ㄅㄧ夷ㄧ」

姨 母之姊妹 妻之姊妹　廣韻「同夷」

古音ㄧ　韻：衛碩人「頎ㄍㄧ衣ㄧ子ㄗㄧ妻ㄘㄧ妹ㄇㄨㄧ姨ㄧ私ㄙ」

桋 木名 廣韻「同夷」

古音：ㄧ 韻：小雅四月「薇ㄇㄨㄧ桋ㄧ哀ㄧ」

師 衆也 廣韻「疏夷切ㄕ」

古音：ㄙ 韻：曹下泉「蓍ㄉㄧ師ㄙ」

毗 輔也 廣韻「房脂切ㄅㄧ」

古音：ㄅㄧ 韻：小雅節南山「師ㄙ氐ㄉㄧ維ㄨㄧ毗ㄅㄧ迷ㄇㄧ師ㄙ」

膍 厚重 廣韻「同毗」

古音：ㄅㄧ 韻：小雅采菽「維ㄨㄧ葵ㄍㄨㄧ膍ㄅㄧ戾ㄉㄧ」

資 助也 廣韻「即夷切ㄗ」

古音：ㄗ 韻：大雅板「懠ㄗ毗ㄅㄧ迷ㄇㄧ尸ㄉㄧ屎ㄏㄧ葵ㄍㄨㄧ資ㄗ師ㄙ」

飢 饑 飢饑 廣韻「居夷切ㄍㄧ」

古音：ㄍㄧ 韻：曹侯人「薈ㄨㄟ蔚ㄨㄟ隮ㄗㄧ飢ㄍㄧ」

鴟 鴟鴞 廣韻「處脂切ㄔ」

古音：ㄊㄧ 韻：大雅瞻卬「鴟ㄊㄧ階ㄍㄧ」

茨 茅茨 廣韻「疾資切ㄘˊ」

古音：ㄗˊ 韻：小雅瞻彼洛矣「茨ㄗˊ師ㄙ」

遲 徐也 廣韻「直尼切ㄓˊ」

古音：ㄉㄧ 韻：邶谷風「遲ㄉㄧ違ㄨㄟ邇ㄋㄧˇ畿ㄍㄧˊ薺ㄗㄧˇ弟ㄉㄧˇ」

坻 小渚 廣韻「同遲」

古音：ㄉㄧ 韻：秦蒹葭「淒ㄘㄧ晞ㄏㄧ躋ㄗㄧ坻ㄉㄧ」

私 不公也

古音：ㄙ

廣韻「息夷切ㄙ」

韻：小雅大田「萋ㄘㄧ 祁ㄍㄧˊ 私ㄙ 穉ㄉㄧˊ 穧ㄗㄧˊ 穗ㄙㄨㄧˊ 利ㄌㄧˋ」

尸 主也

廣韻「式脂切帀」

古音：ㄉㄧ

韻：大雅板「懠ㄗㄧˊ 毗ㄅㄧˊ 迷ㄇㄧ 尸ㄉㄧ 屎ㄒㄧ 葵ㄍㄨㄧˊ 資ㄗ 師ㄙ」

蓍 占筮之草

廣韻「同尸」

古音：ㄉㄧ

韻：曹下泉「蓍ㄉㄧ 師ㄙ」

祁 盛也

廣韻「渠脂切ㄍㄧˊ」

古音：ㄍㄧ

韻：小雅出車「遲ㄉㄧ 萋ㄘㄧ 喈ㄍㄧ 祁ㄍㄧˊ 歸ㄍㄨㄧ 夷ㄧˊ」

黎 衆也

廣韻「力脂切ㄌㄧ」

古音：ㄌㄧ

韻：大雅桑柔「騤ㄍㄨㄧˊ 夷ㄧˊ 黎ㄌㄧ 哀ㄧ」

葵 菜也 廣韻「渠追切ㄍㄩㄧ」

古音：ㄍㄨˊㄧ 韻：小雅采菽「維ㄨㄧ葵ㄍㄨˊㄧ膍ㄅˊㄧ戾ㄌㄧˋ」

追 逐也 廣韻「陟隹切ㄓㄩㄧ」

古音：ㄉㄨㄧ 韻：周頌有客「追ㄉㄨㄧ綏ㄙㄨㄧ˙威ㄨㄧ夷ㄧ˙」

龜 甲虫之長 廣韻「居追切ㄍㄩㄧ」

古音：ㄍㄨㄧ 韻：大雅綿「飴ㄧ˙謀ㄇㄧ龜ㄍㄨㄧ時ㄉˊㄧ茲ㄗ」

維 綱紀 廣韻「以追切ㄩㄧ」

古音：ㄨㄧ 韻：小雅采菽「維ㄨㄧ葵ㄍㄨㄧ膍ㄅˊㄧ戾ㄌㄧˋ」

惟 謀也 廣韻「同維」

古音：ㄨㄧ 韻：大雅生民「惟ㄨㄧ脂ㄉㄧ軷ㄅㄧˋ烈ㄌㄧˋ歲ㄙㄨㄧˋ」

遺 失也　廣韻「同維」

古音：ㄨㄧ　韻：小雅谷風「頹ㄉㄨㄧ懷ㄏㄨㄧ遺ㄨㄧ」

纍 纏繞也　廣韻「力追切ㄌㄩㄧ」

古音：ㄌㄨㄧ　韻：周南樛木「纍ㄌㄨㄧ綏ㄙㄨㄧ」

綏 安也　廣韻「息遺切ㄙㄩㄧ」

古音：ㄙㄨㄧ　韻：見追字

逵 九達道　廣韻「渠追切ㄍㄩㄧ」

古音：ㄍㄨㄧ　韻：周南兔罝「逵ㄍㄨㄧ仇ㄍㄧ」

騤 彊也　廣韻「同逵」

古音：ㄍㄨㄧ　韻：小雅采薇「騤ㄍㄨㄧ依ㄧ腓ㄅㄨㄧ」

眉 目上毛

廣韻「武悲切ㄇㄧ」

古音：ㄇㄧ　韻：見脂字

湄 水的邊岸

廣韻「同眉」

古音：ㄇㄧ　韻：秦蒹葭「淒ㄘㄧ晞ㄏㄧ湄ㄇㄧ躋ㄗㄧ坻ㄉㄧ」

郿 縣名

廣韻「同眉」

古音：ㄇㄧ　韻：大雅崧高「邁ㄇㄧ郿ㄇㄧ歸ㄍㄨㄧ」

麋 麋鹿

廣韻「同眉」

古音：ㄇㄧ　韻：小雅巧言「斯ㄙ麋ㄇㄧ階ㄍㄧ」

悲 痛也

廣韻「卜眉切ㄅㄧ」

古音：ㄅㄧ　韻：豳七月「遲ㄉㄧ祁ㄍㄧ悲ㄅㄧ歸ㄍㄨㄧ」

騅 鳥名 廣韻「職追切ㄓㄩㄧ」

古音：ㄉㄨㄧ 韻：小雅四牡「騅ㄉㄨㄧ 止ㄉㄧˇ 杞ㄎㄧˇ 母ㄇㄧˇ」

小雅南有嘉魚「騅ㄉㄨㄧ 思ㄙ 思ㄙ」

伾 有力也 廣韻「敷悲切ㄆㄧ」

古音：ㄆㄧ 韻：魯頌駉「駓ㄆㄧ 騏ㄍㄧˊ 伾ㄆㄧ 期ㄍㄧˊ 才ㄗˊ」

駓 桃花色馬 廣韻「同伾」

古音：ㄆㄧ 韻：見伾字

屎 呻吟声 廣韻「喜夷切ㄏㄧ」

古音：ㄏㄧ 韻：見資字

之 往也 他也 廣韻「止而切ㄓ」

古音ㄉㄧ 韻 邶北門「哉ㄗ之ㄉㄧ哉ㄗ」

鄘載馳「子ㄗˇ憂ㄧ思ㄙ之ㄉㄧ」

飴 餳也 廣韻「與之切ㄧˊ」

古音ㄧˊ 韻 大雅綿「飴ㄧˊ謀ㄇㄧˊ龜ㄍㄨㄧ時ㄉㄧˊ茲ㄗ」

貽 貺也 廣韻「同飴」

古音ㄧ 韻 邶靜女「荑ㄉㄧˊ異ㄧˋ美ㄇㄧˇ貽ㄧˊ」

時 辰也 善也 廣韻「市之切ㄕˊ」

古音ㄉㄧ 韻 小雅頍弁「期ㄍㄧˊ旨ㄉㄧˇ時ㄉㄧˊ來ㄌㄧˊ」

塒 牆洞 廣韻「同時」

古音：ㄌㄧˊ　韻：王風君子于役「期ㄍㄧˊ哉ㄗ塒ㄌㄧˊ來ㄌㄧ思ㄙ」

疑　惑也　廣韻「語其切ㄧˊ」

古音：ㄫㄧ　韻：大雅桑柔「資ㄗ疑ㄫㄧ維ㄨㄧ階ㄍㄧ」

思　念也　廣韻「息茲切ㄙ」

古音：ㄙ　韻：邶終風「霾ㄌㄧ來ㄌㄧ思ㄙ」

絲　蠶絲　廣韻「同思」

古音：ㄙ　韻：衛氓「蚩ㄊㄧ絲ㄙ謀ㄇㄧ淇ㄍㄧˊ丘ㄎㄧ期ㄍㄧˊ媒ㄇㄧ」

期　時日　廣韻「渠之切ㄍㄧˊ」

古音：ㄍㄧˊ　韻：見塒字

淇　水名　廣韻「同期」

古音：ㄍㄧ　韻：邶泉水「水ㄙㄨㄟ淇ㄍㄧ衛ㄨㄟ思ㄙ姬ㄍㄧ謀ㄇㄧ」

騏騏驥　廣韻「同期」

古音：ㄍㄧ　韻：小雅皇皇者華「騏ㄍㄧ絲ㄙ謀ㄇㄧ」

祺吉也　廣韻「同期」

古音：ㄍㄧ　韻：大雅行葦「背ㄅㄨㄟ翼ㄧ祺ㄍㄧ福ㄅㄧ」

詩志也　廣韻「書之切ㄕ」

古音：ㄉㄧ　韻：小雅巷伯「丘ㄎㄧ詩ㄉㄧ之ㄉㄧ」

僛醉舞貌　廣韻「去其切ㄎㄧ」

古音：ㄎㄧ　韻：小雅賓之初筵「僛ㄎㄧ醉ㄗㄨㄟ郵ㄧ」

姬王妻別名　廣韻「居之切ㄍㄧ」

古音：ㄍㄧ　韻：見淇字

其 語詞　廣韻「居之切ㄍㄧ」

古音：ㄍㄧ　韻：魏園有桃「哉ㄗ其ㄍㄧ矣ㄧ知ㄉㄧ思ㄙ」

基 根基　廣韻「同姬」

古音：ㄍㄧ　韻：小雅南山有臺「臺ㄉㄧ萊ㄌㄧ基ㄍㄧ期ㄍㄧ」

箕 箕帚　廣韻「同姬」

古音：ㄍㄧ　韻：小雅巷伯「箕ㄍㄧ謀ㄇㄧ」

狸 野貓　廣韻「里之切ㄌㄧ」

古音：ㄌㄧ　韻：豳七月「狸ㄌㄧ裘ㄍㄧ」

熙 和也　廣韻「許其切ㄏㄧ」

古音：ㄏㄧ　韻：周頌酌「師ㄙㄧ晦ㄏㄨㄧ熙ㄏㄧ介ㄍㄧ」

蚩 輕侮

廣韻「赤之切ㄔ」

古音：ㄊㄧ　韻：衛氓「蚩ㄊㄧ絲ㄙㄧ謀ㄇㄧ淇ㄍㄧ丘ㄎㄧ期ㄍㄧ媒ㄇㄧ」

茲 此也

廣韻「子之切ㄗ」

古音：ㄗ　韻：大雅緜「飴ㄧ謀ㄇㄧ龜ㄍㄨㄧ時ㄉㄧ茲ㄗ」

鼒 小鼎

廣韻「子之切ㄗ」

古音：ㄗ　韻：周頌絲衣「紑ㄆㄧ俅ㄍㄧ基ㄍㄧ牛ㄫㄧ鼒ㄗ」

【微】

微 衰微

廣韻「無非切ㄑㄩㄧ」

古音：ㄇㄨㄧ　韻：邶式微「微ㄇㄨㄧ歸ㄍㄨㄧ」

邶柏舟「微ㄇㄨㄧ衣ㄧ飛ㄅㄨㄧ」

薇 菜也 廣韻「同微」

古音ㄇㄨㄧ 韻召南草虫「薇ㄇㄨㄧ悲ㄅㄧ夷ㄧ」

圍 守也 廣韻「雨非切ㄩㄧ」

古音ㄨㄧ 韻商頌長發「違ㄨㄧ齊ㄗㄧ遲ㄉㄧ躋ㄗㄧ祇ㄉㄧ圍ㄨㄧ」

違 背也 廣韻「同圍」

古音ㄨㄧ 韻見圍字

霏 雪貌 廣韻「芳非切ㄈㄩㄧ」

古音ㄆㄨㄧ 韻邶北風「喈ㄍㄧ霏ㄆㄨㄧ歸ㄍㄨㄧ」

騑 騑騑馬行也 廣韻「同霏」

古音ㄆㄨㄧ　韻：小雅四牡「騑ㄆㄨㄧ遲ㄉ̈ㄧ歸ㄍㄨㄧ悲ㄅㄧ」

飛 飛翔　廣韻「甫微切ㄅㄩㄧ」

古音ㄅㄨㄧ　韻：周南葛覃「萋ㄘㄧ飛ㄅㄨㄧ喈ㄍㄧ」

腓 病也　廣韻「符非切ㄅ̈ㄩㄧ」

古音ㄅ̈ㄨㄧ　韻：小雅四月「淒ㄘㄧ腓ㄅ̈ㄨㄧ歸ㄍㄨㄧ」

威 威儀，通畏　廣韻「於非切ㄩㄧ」

古音ㄨㄧ　韻：小雅常棣「威ㄨㄧ懷ㄏ̈ㄨㄧ」

祈 祈々，眾多貌　廣韻「渠希切ㄍ̈ㄧ」

古音ㄍ̈ㄧ　韻：商頌玄鳥「里ㄌㄧ^止ㄗ^海ㄏㄧ^祈ㄍ̈ㄧ」

旂 有鈴旗　廣韻「同祈」

古音：ㄍㄧ　韻：魯頌泮水「芹ㄍㄧˊ止ㄉㄧˇ旂ㄍㄧˊ茷ㄅㄧˋ噦ㄨㄧˋ大ㄉㄧˋ邁ㄉㄧˋ」

頎　長貌　廣韻「同祈」

古音：ㄍㄧ　韻：衛碩人「頎ㄍㄧˊ衣ㄧ子ㄗˇ妻ㄘㄧ妹ㄇㄨㄧˋ姨ㄧˊ私ㄙ」

畿　王畿　廣韻「同祈」

古音：ㄍㄧ　韻：邶谷風「遲ㄉㄧˊ違ㄨㄧˊ邇ㄋㄧˇ畿ㄍㄧˊ薺ㄗㄧˇ弟ㄉㄧˋ」

幾　庶幾　廣韻「居依切ㄍㄧ」

古音：ㄍㄧ　韻：大雅瞻卬「幾ㄍㄧ悲ㄅㄧ」

晞　朝日始升　廣韻「香衣切ㄏㄧ」

古音：ㄏㄧ　韻：齊東方未明「晞ㄏㄧ衣ㄧ之ㄉㄧ」

衣　上衣下裳　廣韻「於希切ㄧ」

古音：一　韻：見晞字

依　倚也　廣韻「同衣」

古音：一　韻：小雅采薇「依一思ㄙ霏ㄆㄨ一遲ㄉ一飢ㄍ一悲ㄅ一哀一」

歸　還也　廣韻「舉違切ㄍㄨㄟ」

古音：ㄍㄨ一　韻：小雅采薇「薇ㄇㄨ一歸ㄍㄨ一」

【齊】

齊　整也　廣韻「徂奚切ㄗ一」

古音：ㄗ一　韻：商頌長發「違ㄨ一齊ㄗ一遲ㄉ一躋ㄗ一祇ㄉ一圍ㄨ一」

蠐　蠐螬虫　廣韻「同齊」

古音：ㄗ一　韻：衛碩人「荑ㄉ一脂ㄉ一蠐ㄗ一犀ㄙ一眉ㄇ一」

妻 齊也 廣韻「七稽切ㄘㄧ」

古音ㄘㄧ 韻見傾字

萋 草盛貌 廣韻「同妻」

古音ㄘㄧ 韻周南葛覃「萋ㄘㄧ飛ㄅㄨㄧ喈ㄍㄧ」

淒 寒凉也 廣韻「同妻」

古音ㄘㄧ 韻鄭風風雨「淒ㄘㄧ喈ㄍㄧ夷ㄧ」

氐 根本 廣韻「都奚切ㄉㄧ」

古音ㄉㄧ 韻小雅節南山「師ㄙ氐ㄉㄧ維ㄨㄧ毗ㄅㄧ迷ㄇㄧ師ㄙ」

荑 始生茅也 廣韻「杜奚切ㄉㄧ」

古音ㄉㄧ 韻邶靜女「荑ㄉㄧ異ㄧˋ美ㄇㄧˋ貽ㄧˊ」

棲 遑急 廣韻「先稽切ㄙㄧ」

古音：ㄙㄧ 韻：小雅六月「棲ㄙㄧ騤ㄍ゛ㄨㄧ」

犀 瓠犀瓠瓣也 廣韻「同棲」

古音：ㄙㄧ 韻：見蠐字

躋 登也 廣韻「祖稽切ㄗㄧ」

古音：ㄗㄧ 韻：見齊字

隮 升也 廣韻「同躋」

古音：ㄗㄧ 韻：曹侯人「薈ㄨㄟˋ蔚ㄨㄟˋ隮ㄗㄧ飢ㄍㄧ」

懠 怒也 廣韻「徂奚切ㄗ゛ㄧ」

古音：ㄗ゛ㄧ 韻：見資字

迷 惑也

古音：ㄇㄧ

廣韻「莫兮切ㄇㄧ」

韻：見懠字

圭 圭璧

廣韻「古攜切ㄍㄩㄧ」

古音：ㄍㄨㄧ

韻：大雅板「篪ㄉㄧˊ 圭ㄍㄨㄧ 攜ㄏㄨㄧˊ」

攜 提也

廣韻「戶圭切ㄏㄩㄧˊ」

古音：ㄏㄨㄧˊ

韻：見圭字

【皆】

皆 俱也

廣韻「古諧切ㄍㄞ」

古音：ㄍㄧ

韻：周頌豐年「秭ㄗˇ 醴ㄌㄧˇ 妣ㄅㄧˇ 禮ㄌㄧˇ 皆ㄍㄧ」

偕 俱也

廣韻「同皆」

古音：ㄍㄧ　韻：魏陟岵「偕ㄍㄧ哉ㄗ死ㄙˇ」

階 階級　廣韻「同皆」

古音：ㄍㄧ　韻：大雅瞻卬「鴟ㄊㄧ階ㄍㄧ」

喈 鳥声　廣韻「同階」

古音：ㄍㄧ　韻：小雅鼓鍾「喈ㄍㄧ湝ㄍㄧ悲ㄅㄧ回ㄏㄨㄧ」

湝 沸騰貌　廣韻「同階」

古音：ㄍㄧ　韻：見喈字

懷 思也　廣韻「户乖切ㄏㄨㄞ」

古音：ㄏㄨㄧ　韻：周南卷耳「嵬ㄫㄨㄧ隤ㄉㄨㄧ壘ㄌㄨㄧ懷ㄏㄨㄧ」

霾 風而雨土　廣韻「莫皆切ㄇㄞ」

古音：ㄌㄧ　韻：邶終風「霾ㄌㄧ來ㄌㄧ思ㄙ」

【灰】

虺　虺隤，馬病　廣韻「呼恢切ㄏㄨㄞ」

古音：ㄏㄨㄧ　韻：周南卷耳「虺ㄏㄨㄧ隤ㄉㄨㄧ」

回　轉也　廣韻「戶恢切ㄏㄨㄞ」

古音：ㄏㄨㄧ　韻：大雅常武「回ㄏㄨㄧ歸ㄍㄨㄧ」

枚　枝也　廣韻「莫杯切ㄇㄨㄞ」

古音：ㄇㄨㄧ　韻：周南汝墳「枚ㄇㄨㄧ飢ㄍㄧ」

梅　果名　廣韻：「同枚」

古音：ㄇㄨㄧ　韻：秦終南「有ㄧ梅ㄇㄨㄧ止ㄉㄧ裘ㄍㄧ哉ㄗ」

媒 謀合二姓　廣韻「同枚」

古音：ㄇㄨㄧ　韻：衛氓「蚩ㄊㄧ絲ㄙ謀ㄇㄧ淇ㄍㄧˊ丘ㄎㄧ期ㄍㄧˊ媒ㄇㄨㄧ」

鋂 一環貫二　廣韻「同枚」

古音：ㄇㄨㄧ　韻：齊盧令「鋂ㄇㄨㄧ偲ㄙ」

靁 雷電　廣韻「魯回切ㄌㄨㄞ」

古音：ㄌㄨㄧ　韻：邶終風「靁ㄌㄨㄧ寐ㄇㄨㄧ懷ㄏㄨㄧ」

罍 酒尊　廣韻「同靁」

古音：ㄌㄨㄧ　韻：周南卷耳「嵬ㄫㄨㄧ隤ㄉㄨㄧ罍ㄌㄨㄧ懷ㄏㄨㄧ」

隤 虺隤馬病　廣韻「杜回切ㄉㄨㄞ」

古音：ㄉㄨㄧ　韻：見罍字

頹　頹風，迴風也　廣韻「同隤」

古音：ㄉˊㄨㄧ　韻：小雅谷風「頹ㄉˊㄨㄧ懷ㄏˊㄨㄧ遺ㄨˊㄧ」

崔　高大也　廣韻「倉回切ㄘㄨㄞ」

古音：ㄘㄨㄧ　韻：齊南山「崔ㄘㄨㄧ綏ㄙㄨㄧ歸ㄍㄨㄧ懷ㄏˊㄨㄧ」

摧　折也　廣韻「昨回切ㄗˊㄨㄞ」

古音：ㄗˊㄨㄧ　韻：邶北門「敦ㄉㄨㄧ遺ㄨˊㄧ摧ㄗˊㄨㄧ」

嵬　崔嵬　廣韻「五灰切ㄫˊㄨㄞ」

古音：ㄫㄨㄧ　韻：見罍字

推　排也　廣韻「他回切ㄊㄨㄞ」

古音：ㄊㄨㄧ　韻：大雅雲漢「推ㄊㄨㄧ雷ㄌˊㄨㄧ遺ㄨˊㄧ畏ㄨˋㄧ摧ㄗˊㄨㄧ」

【咍】

哀 悲也
廣韻「烏開切ㄞ」
古音：一 韻：小雅采薇「依一思ㄙ霏ㄆㄨ一遲ㄉ一飢ㄍ一悲ㄅ一哀一」

來 至也
廣韻「落哀切ㄌㄞ」
古音：ㄌ一 韻：小雅采薇「疚ㄍ一來ㄌ一」

萊 藜草
廣韻「同來」
古音：ㄌ一 韻：小雅南山有臺「臺ㄉ一萊ㄌ一基ㄍ一期ㄍ一」

臺 上高四方曰臺
廣韻「徒哀切ㄉㄞ」
古音：ㄉ一 韻：見萊字

哉 語助
廣韻「祖才切ㄗㄞ」

古音：ㄗ　韻：邶北門「哉ㄗ之ㄉ一哉ㄗ」

偲 多鬚貌　廣韻「蘇來切ㄙㄞ」

古音：ㄙ一　韻：齊盧令「鋂ㄇㄨ一偲ㄙ一」

才 質也　廣韻「昨哉切ㄗˊㄞ」

古音：ㄗˊ　韻：魯頌駉「駓ㄆ一騏ㄍˊ一伾ㄆ一期ㄍˊ一才ㄗˊ」

能 工善也　廣韻「奴來切ㄋㄞ」

古音：ㄋ一　韻：小雅賓之初筵「能ㄋ一仇ㄍˊ一又一ˋ時ㄉˊ一」

【尤】

尤 過也　廣韻「羽求切一ㄡ」

古音：一　韻：鄘載馳「尤一思ㄙ之ㄉ一」

訧 過也 廣韻「同尤」
古音：一、 韻：邶綠衣「絲ㄙ治ㄉ一ˊ訧一ˊ」

郵 過尤 廣韻：「同尤」
古音：一、 韻：小雅賓之初筵「傲ㄎ一醉ㄗㄨ一郵一ˊ」

牛 大牲也 廣韻「語求切ㄫˊ一ㄡ」
古音：ㄫ一 韻：周頌絲衣「紑ㄆ一俅ㄍˊ一基ㄍ一牛ㄫ一鼒ㄗ」

丘 丘陵 廣韻「去鳩切ㄎ一ㄡ」
古音：ㄎ一 韻：小雅巷伯「丘ㄎ一詩ㄉ一之ㄉ一」

裘 皮衣 廣韻「巨鳩切ㄍˊ一ㄡ」
古音：ㄍˊ一 韻：秦終南「有一ˇ梅ㄇㄨ一止ㄉ一ˇ裘ㄍˊ一哉ㄗ」

俅 俅俅恭順貌 廣韻「同裘」

古音ㄍ一 韻見牛字

仇 讎也 廣韻「同裘」

古音ㄍ一 韻小雅賓之初筵「能ㄋ一仇ㄍ一又一時ㄉ一」

紑 鮮潔貌 廣韻「甫鳩切ㄅ一ㄡ」

古音ㄅ一 韻周頌絲衣「紑ㄅ一俅ㄍ一基ㄍ一牛ㄫ一鼒ㄗ」

謀 計也 廣韻「莫浮切ㄇ一ㄡ」

古音ㄇ一 韻衛氓「蚩ㄊ一絲ㄙ謀ㄇ一淇ㄍ一丘ㄎ一期ㄍ一媒ㄇㄨ一」

【灰】

敦 迫也 廣韻「都回切ㄉㄨㄞ」

古音：ㄉㄨㄟ 韻：邶北門「敦ㄉㄨㄟ遺ㄨㄟ摧ㄗㄨㄟ」

上聲【紙】

砥 平也 廣韻「諸氏切ㄓˇ」

古音：ㄉㄧˇ 韻：小雅大東「匕ㄅㄧˇ砥ㄉㄧˇ矢ㄉㄧˇ履ㄉㄧˇ視ㄉㄧˋ涕ㄊㄧˋ」

氏 姓之支系 廣韻「承紙切ㄕˇ」

古音：ㄉㄧˇ 韻：周南葛覃「氏ㄉㄧˇ歸ㄍㄨㄟ私ㄙ衣ㄧ」

燬 火盛 廣韻「許委切ㄏㄨㄟˋ」

古音：ㄏㄨㄟˇ 韻：周南汝墳「尾ㄇㄨㄟˇ燬ㄏㄨㄟˇ邇ㄋㄧˇ」

玼

泚 水清 廣韻「雌氏切ㄘˇ」

古音：ㄘˇ 韻：邶新臺「泚ㄘˇ瀰ㄇㄧˇ求ㄍㄧˊ鮮ㄙㄧˇ」

爾 通邇 廣韻「兒氏切 ㄖˇ」

古音：ㄋㄧˇ 韻：大雅行葦「葦ㄨㄟˇ 履ㄌㄧˇ 体ㄊㄧˇ 泥ㄋㄧˇ 弟ㄉㄧˇ 爾ㄋㄧˇ 几ㄐㄧˇ」

邇 近也 廣韻「同爾」

古音：ㄋㄧˇ 韻：見燬字

瀰 水盛貌 廣韻「綿婢切 ㄇㄧˇ」

古音：ㄇㄧˇ 韻：邶新臺「泚ㄘㄧˇ 瀰ㄇㄧˇ 鮮ㄙㄧˇ」

濔 同瀰、柔貌 廣韻「同瀰」

古音：ㄇㄧˇ 韻：齊載驅「濟ㄗㄧˇ 濔ㄇㄧˇ 弟ㄉㄧˇ」

訿 訿毀 廣韻「將此切 ㄗˇ」

古音：ㄗˇ 韻：小雅小旻「訿ㄗˇ 哀ㄧ 違ㄨㄟˇ 底ㄉㄧˇ」

旨 美也　廣韻「職雉切ㄓˇ」
古音：ㄉㄧˇ　韻：小雅魚麗「旨ㄉㄧˇ偕ㄍㄧ・」又魚麗「鱧ㄌㄧˇ旨ㄉㄧˇ」

指 手指　廣韻「同旨」
古音：ㄉㄧˇ　韻：鄘蝃蝀「指ㄉㄧˇ弟ㄉㄧˇ」

視 瞻也　廣韻「承矢切ㄕˋ」
古音：ㄉㄧˇ　韻：小雅大東「匕ㄅㄧˇ砥ㄉㄧˇ矢ㄉㄧˇ履ㄌㄧˇ視ㄉㄧˇ涕ㄊㄧˋ」

美 好色　廣韻「無鄙切ㄇㄧˇ」
古音：ㄇㄧˇ　韻：邶靜女「煒ㄨㄧˇ美ㄇㄧˇ」

否 不也 古或作不　廣韻「方久切ㄅㄧˇ」

古音：ㄉㄧˇ　韻：周南葛覃「氏ㄉㄧˇ歸ㄍㄨㄧ私ㄙ衣ㄧ否ㄅㄧˇ母ㄇㄧˇ」

兕　犀牛　廣韻「徐姊切ㄙˇ」

古音：ㄙˇ　韻：小雅吉日「矢ㄉㄧˇ兕ㄙˇ醴ㄌㄧˇ」

几　几々、案重　廣韻「居履切ㄍㄧˇ」

古音：ㄍㄧˇ　韻：豳狼跋「尾ㄇㄨㄧˇ几ㄍㄧˇ」

姊　女兄　廣韻「將几切ㄗˇ」

古音：ㄗˇ　韻：邶泉水「泲ㄗㄧˇ禰ㄋㄧˇ弟ㄉㄧˇ姊ㄗˇ」

秭　千億　廣韻「同姊」

古音：ㄗˇ　韻：周頌豐年「秭ㄗˇ醴ㄌㄧˇ妣ㄅㄧˇ禮ㄌㄧˇ皆ㄍㄧ」

匕　匕匙　廣韻「卑履切ㄅㄧˇ」

古音：ㄅㄧˇ　韻：小雅大東「匕ㄅㄧˇ砥ㄉㄧˇ矢ㄉㄧˇ履ㄌㄧˇ視ㄉㄧˇ涕ㄊㄧˇ」

妣 母歿曰妣　　廣韻「同匕」

古音：ㄅㄧˇ　韻：見秭字

矢 弓矢　　廣韻「式視切ㄕˇ」

古音ㄉㄧˇ　韻：見匕字

洧 水名　　廣韻「羽軌切ㄩㄧˇ」

古音：ㄨㄧˇ　韻：鄭褰裳「洧ㄨㄧˇ士ㄗˇ」

鮪 魚名　　廣韻「同洧」

古音：ㄨㄧˇ　韻：周頌潛「鮪ㄨㄧˇ鯉ㄌㄧˇ祀ㄙˇ福ㄅㄧˋ」

死 死亡　　廣韻「息姊切ㄙˇ」

古音ㄙˇ　韻：邶谷風「体ㄊㄧˇ違ㄨㄧˇ死ㄙˇ」

履踐也　廣韻「力几切ㄌㄧˇ」

古音ㄌㄧˇ　韻：見匕字

水準也　廣韻「式軌切ㄕㄩㄧˇ」

古音ㄙㄨㄧˇ　韻：齊敝笱「唯ㄨㄧˇ水ㄙㄨㄧˇ」

藟葛藟　廣韻「力軌切ㄌㄩㄧˇ」

古音ㄌㄨㄧˇ　韻：王葛藟「藟ㄌㄨㄧˇ弟ㄉㄧˇ母ㄇㄧˇ有ㄧˇ」

秠一稃二米　廣韻「匹鄙切ㄆㄧˇ」

古音ㄆㄧˇ　韻：大雅生民「秠ㄆㄧˇ芑ㄎㄧˇ畝ㄇㄧˇ負ㄅㄨㄧˇ祀ㄙˇ」

唯諾也　廣韻「以水切ㄩㄧˇ」

古音：ㄨㄧ^ 韻：齊敝笱「唯ㄨㄧ^水ㄙㄨㄧ^」

鷕 雉鳴声 廣韻「羊水切ㄩㄧ^」

古音：ㄨㄧ^ 韻：邶匏有苦葉「有瀰濟盈、有鷕雉鳴、」瀰

與鷕韻。

【止】

止 停也 廣韻「諸市切ㄓ^」

古音：ㄉㄧ^ 韻：魯頌泮水「水ㄙㄨㄧ^止ㄉㄧ^」

沚 小渚 廣韻「同止」

古音：ㄉㄧ^ 韻：召南采蘩「沚ㄉㄧ^事ㄕ^」

趾 足也 廣韻「同止」

古音：ㄉㄧˆ　韻：周南麟之趾「趾ㄉㄧˆ子ㄗˆ」

恃　賴也　廣韻「時止切ㄕˋ」

古音：ㄉㄧˆ　韻：小雅蓼莪「恥ㄊㄧˆ久ㄍㄧˆ恃ㄉㄧˋ至ㄉㄧˋ」

喜　喜樂　廣韻「虛里切ㄏㄧˆ」

古音：ㄏㄧˆ　韻：小雅彤弓「載ㄗˆ喜ㄏㄧˆ右ㄧˆ」

紀　基也　廣韻「居里切ㄍㄧˆ」

古音：ㄍㄧˆ　韻：大雅假樂「紀ㄍㄧˆ友ㄧˆ士ㄕˆ子ㄗˆ位ㄨㄧˋ塈ㄏㄧˋ」

以　通與　廣韻「羊己切ㄧˆ」

古音：ㄧˆ　韻：召南江有汜「汜ㄙˆ以ㄧˆ悔ㄏㄨㄧˆ」

已　止也　廣韻「同以」

古音：ㄧˆ 韻：鄭風雨「晦ㄏㄨㄧˆ已ㄧˆ子ㄗˆ喜ㄏㄧˆ」

苡 薏苡 廣韻「同以」

古音：ㄧˆ 韻：周南芣苡「苡ㄧˆ采ㄘˆ有ㄧˆ」

似 象也 廣韻「詳里切ㄙˆ」

古音：ㄙˆ 韻：大雅江漢「子ㄗˆ似ㄙˆ祉ㄊㄧˆ」

耜 耒耜 廣韻「同似」

古音：ㄙˆ 韻：小雅大田「戒ㄍㄧˆ事ㄉㄧˆ耜ㄙˆ畝ㄇㄧˆ」

祀 祭也 廣韻「同似」

古音：ㄙˆ 韻：大雅生民「祀ㄙˆ子ㄗˆ敏ㄇㄧˆ止ㄉㄧˆ」

汜 水流復還本水 廣韻「同似」

古音：ㄙˇ　韻：見以字

史 史籍　廣韻「踈士切ㄕˇ」

古音：ㄙˇ　韻：小雅賓之初筵「否ㄅㄧˇ史ㄙˇ恥ㄊㄧˇ怠ㄉㄧˇ」

使 役也　廣韻「同史」

古音：ㄙˇ　韻：小雅雨無正「仕ㄗˇ殆ㄉㄧˇ使ㄙˇ子ㄗˇ友ㄧˇ」

小雅卷阿「飛ㄅㄨㄧ止ㄉㄧˇ士ㄗˇ使ㄙˇ子ㄗˇ」

耳 主聽　廣韻「而止切ㄖˇ」

古音：ㄋㄧˇ　韻：魯頌閟宮「子ㄗˇ祀ㄙˇ耳ㄋㄧˇ解ㄍㄧˇ忒ㄊㄧ帝ㄉㄧˋ

稷ㄗㄧ」

里 五十家為里　廣韻「良士切ㄌㄧˇ」

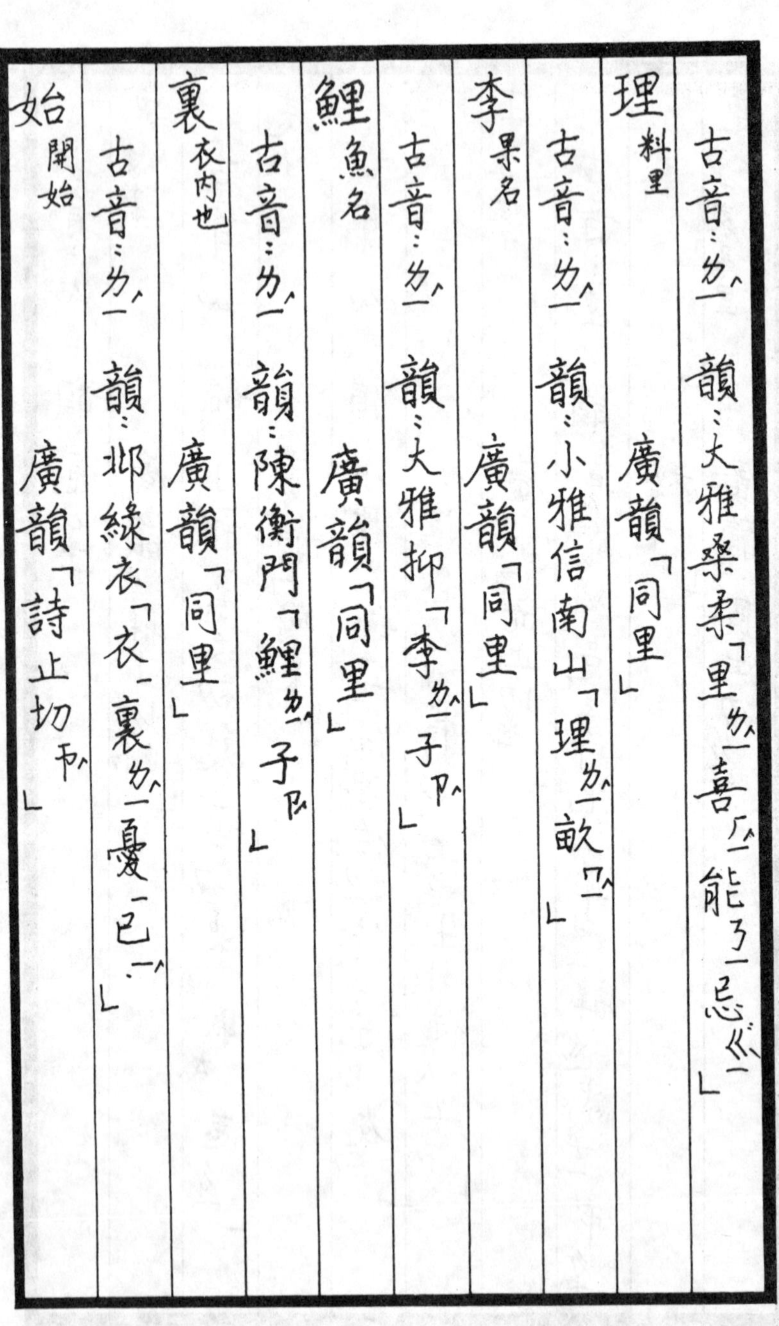

古音：ㄌㄧˇ 韻：大雅桑柔「里ㄌㄧˇ喜ㄏㄧˇ能ㄋㄧ忌ㄍㄧˇ」

理 料里

古音：ㄌㄧˇ 韻：小雅信南山「理ㄌㄧˇ畝ㄇㄧˇ」 廣韻「同里」

李 果名

古音：ㄌㄧˇ 韻：大雅抑「李ㄌㄧˇ子ㄗˇ」 廣韻「同里」

鯉 魚名

古音：ㄌㄧˇ 韻：陳衡門「鯉ㄌㄧˇ子ㄗ」 廣韻「同里」

裏 衣內也

古音：ㄌㄧˇ 韻：邶綠衣「衣ㄧ裏ㄌㄧˇ憂ㄧ已ㄧˇ」 廣韻「同里」

始 開始

廣韻「詩止切ㄕˇ」

古音：ㄉㄧˇ　韻：魯頌有駜「始ㄉㄧˇ有ㄧˇ子ㄗˇ」

起　興也　廣韻「墟里切ㄎㄧˇ」

古音：ㄎㄧˇ　韻：小雅楚茨「備ㄅㄧˇ戒ㄍㄧˇ位ㄨㄧˇ止ㄉㄧˇ起ㄎㄧˇ尸ㄉㄧ歸ㄍㄨㄧ

婦ㄅㄨㄧˇ遲ㄉㄧˇ弟ㄉㄧˇ私ㄙ」

芑　白粱粟也　廣韻「同起」

古音：ㄎㄧˇ　韻：小雅采芑「芑ㄎㄧˇ畝ㄇㄧˇ止ㄉㄧˇ」

杞　木名　廣韻「同起」

古音：ㄎㄧˇ　韻：鄭將仲子「里ㄌㄧˇ杞ㄎㄧˇ母ㄇㄧˇ」

屺　山無草木　廣韻「同起」

古音：ㄎㄧˇ　韻：魏陟岵「屺ㄎㄧˇ母ㄇㄧˇ」

士事也　廣韻：「鉏里切ㄓˋ」

古音：ㄗˆ　韻：鄭褰裳「洧ㄨㄧˆ士ㄗˆ」

仕仕宦　廣韻「同士」

古音：ㄗˆ　韻：小雅節南山「仕ㄗˆ子ㄗˆ已ㄧˆ殆ㄉㄧˆ仕ㄗˆ」

俟待也　廣韻「牀史切ㄓˋ」

古音：ㄉㄧˆ　韻：鄘相鼠「齒ㄊㄧˆ止ㄉㄧˆ俟ㄉㄧˆ」

涘水岸涯也　廣韻「同俟」

古音：ㄉㄧˆ　韻：王國葛藟「涘ㄉㄧˆ弟ㄉㄧˆ母ㄇㄧˆ有ㄧˆ」

子子息　廣韻「即里切ㄗˆ」

古音：ㄗˆ　韻：周南麟之趾「趾ㄉㄧˆ子ㄗˆ」

梓 木名 廣韻「即里切ㄗˇ」

古音ㄗˇ 韻：小雅小弁「梓ㄗˇ止ㄉㄧˇ母ㄇㄧˇ裏ㄌㄧˇ在ㄗˇ」

秄 壅禾根也 廣韻「同子」

古音ㄗˇ 韻：小雅甫田「畝ㄇㄧˇ秄ㄗˇ薿ㄫㄧˇ止ㄉㄧˇ士ㄗˇ」

齒 牙齒 廣韻「昌里切义ˇ」

古音ㄊㄧˇ 韻：魯頌閟宮「喜ㄏㄧˇ母ㄇㄧˇ士ㄗˇ有ㄧˇ祉ㄊㄧˇ齒ㄊㄧˇ」

矣 語已詞 廣韻「于紀切ㄧˇ」

古音ㄧˇ 韻：小雅六月「喜ㄏㄧˇ祉ㄊㄧˇ久ㄍㄧˇ友ㄧˇ鯉ㄌㄧˇ矣ㄧˇ友ㄧˇ」

薿 草盛貌 廣韻「魚紀切广ˇ」

古音ㄫㄧˇ 韻：見秄字

恥 羞愧 廣韻「敕里切 彳ˇ」

古音：ㄊㄧˇ 韻：小雅蓼莪「恥ㄊㄧˇ久ㄍㄧˇ恃ㄉㄧˇ至ㄉㄧˋ」

祉 福也 廣韻「同恥」

古音：ㄊㄧˇ 韻：見矣字

【尾】

尾 末尾 廣韻「無匪切 キㄩㄧˇ」

古音：ㄇㄨㄧˇ 韻：邶旄丘「尾ㄇㄨㄧˇ子ㄗˇ耳ㄋㄧˇ」

豈 安也 廣韻「袪豨切 ㄎㄧˇ」

古音：ㄎㄧˇ 韻：小雅蓼蕭「斯ㄙ泥ㄋㄧˇ子ㄗˇ弟ㄉㄧˇ豈ㄎㄧˇ」

菲 薄也 廣韻「敷尾切 キㄩㄧˇ」

古音：ㄆㄨㄧˇ　韻：邶谷風「菲ㄆㄨㄧˇ體ㄊㄧˇ死ㄙˇ」

韡 華盛貌　廣韻「于鬼切ㄩㄧˇ」

古音：ㄨㄧˇ　韻：小雅常棣「韡ㄨㄧˇ弟ㄉㄧˇ」

煒 光煒　廣韻「同韡」

古音：ㄨㄧˇ　韻：邶靜女「煒ㄨㄧˇ美ㄇㄧˇ」

葦 蘆葦　廣韻「同韡」

古音：ㄨㄧˇ　韻：大雅行葦「葦ㄨㄧˇ履ㄌㄧˇ体ㄊㄧˇ泥ㄋㄧˇ弟ㄉㄧˇ爾ㄋㄧˇ几ㄍㄧˇ」

【薺】

薺 甘草　廣韻「徂禮切ㄗㄧˇ」

古音：ㄗㄧˇ　韻：邶谷風「薺ㄗㄧˇ弟ㄉㄧˇ」

禮履也　廣韻「盧啟切ㄌㄧˇ」

古音：ㄌㄧˇ　韻：周頌載芟「濟ㄗㄧˇ積ㄗㄧˋ秭ㄗㄧˇ醴ㄌㄧˇ妣ㄅㄧˇ禮ㄌㄧˇ」

醴酒一宿孰也　廣韻「同禮」

古音：ㄌㄧˇ　韻：見禮字

鱧鱯也　廣韻「同禮」

古音：ㄌㄧˇ　韻：小雅魚麗「鱧ㄌㄧˇ有ㄧˇ旨ㄌㄧˇ」

體身也　廣韻「他禮切ㄊㄧˇ」

古音：ㄊㄧˇ　韻：見葦字

濟濟々毛色美麗　廣韻「子禮切ㄗㄧˇ」

古音：ㄗㄧˇ　韻：齊載驅「濟ㄗㄧˇ瀰ㄋㄧˇ弟ㄉㄧˇ」

泲 古濟字 廣韻「同濟」

古音：ㄗㄧˇ 韻：邶泉水「泲ㄗㄧˇ禰ㄋㄧˇ弟ㄉㄧˇ姊ㄗˇ」

弟 兄弟、豈弟 廣韻「徒禮切ㄉㄧˇ」

古音：ㄉㄧˇ 韻：見泲字

禰 親廟 廣韻「奴禮切ㄋㄧˇ」

古音：ㄋㄧˇ 韻：見泲字

泥 沾濕 廣韻「同禰」

古音：ㄋㄧˇ 韻：小雅蓼蕭「斯ㄙ泥ㄋㄧˇ子ㄗˇ弟ㄉㄧˇ豈ㄎㄧˇ」

濔 濔濔柔貌 廣韻「同禰」

古音：ㄋㄧˇ 韻：齊載驅「濟ㄗㄧˇ濔ㄋㄧˇ弟ㄉㄧˇ」

【賄】廣韻「呼罪切ㄏㄨㄞˇ」

悔遺恨 古音：ㄏㄨㄧˇ 韻：大雅皇矣「悔ㄏㄨㄧˇ祉ㄊㄧˇ子ㄗˇ」

罪罪過 廣韻「徂賄切ㄗㄨㄞˋ」

古音：ㄗㄨㄧˋ 韻：小雅巧言「威ㄨㄧ罪ㄗㄨㄧˋ」

【海】廣韻「呼改切ㄏㄞˇ」

海海洋 古音：ㄏㄧˇ 韻：小雅沔水「水ㄙㄨㄧˇ海ㄏㄧˇ隼ㄉㄨㄧˇ止ㄉㄧˇ弟ㄉㄧˇ友ㄧˇ母ㄇㄧˇ」

宰冢宰 廣韻「作亥切ㄗㄞˇ」

古音：ㄗˇ 韻：小雅十月之交「士ㄗˋ宰ㄗˇ史ㄙˇ氏ㄉㄧˇ」

殆 危也 廣韻「徒亥切ㄉㄞˋ」

古音：ㄉㄧˋ 韻：小雅節南山「仕ㄕˋ子ㄗˇ已ㄧˇ殆ㄉㄧˋ仕ㄕˋ」

怠 懈怠 廣韻「同殆」

古音：ㄉㄧˋ 韻：小雅賓之初筵「否ㄅㄧˇ史ㄙˇ恥ㄊㄧˇ怠ㄉㄧˋ」

采 取也 廣韻「倉宰切ㄘㄞˇ」

古音：ㄘˇ 韻：周南關雎「采ㄘˇ友ㄧˇ」

在 居也 廣韻「昨宰切ㄗㄞˋ」

古音：ㄗˋ 韻：小雅小弁「梓ㄗˇ止ㄓˇ母ㄇㄧˇ裏ㄌㄧˇ在ㄗˋ」

【有】

有 有無 廣韻「云久切ㄧㄡˇ」

古音ㄧˇ　韻：周南芣苢「苢ㄧˇ采ㄘㄞˇ有ㄧˇ」

右 左右　廣韻「同有」

古音ㄧˇ　韻：衛竹竿「右ㄧˇ弟ㄉㄧˇ」

友 朋友　廣韻「同有」

古音ㄧˇ　韻：見采字

久 長久　廣韻「舉有切ㄍㄡˇ」

古音ㄍㄧˇ　韻：小雅六月「喜ㄏㄧˇ祉ㄊㄧˇ久ㄍㄧˇ友ㄧˇ鯉ㄌㄧˇ友ㄧˇ」

玖 玉名　廣韻「同久」

古音ㄍㄧˇ　韻：王邱中有麻「李ㄌㄧˇ子ㄗˇ玖ㄍㄧˇ」

婦 服也　廣韻「房久切ㄈㄧㄡˇ」

古音：ㄅㄨㄧˇ 韻：周頌載芟「以（ㄧˇ）饁（ㄧˋ）婦（ㄅㄨㄧˇ）士（ㄕˇ）耜（ㄙˇ）畝（ㄇㄧˇ）」

負 擔也 廣韻「同婦」

古音：ㄅㄨㄧˇ 韻：小雅小宛「采（ㄘˇ）子（ㄗˇ）負（ㄅㄨㄧˇ）似（ㄙˇ）」

【厚】

母 父母 廣韻「莫厚切（ㄇㄡˇ）」

古音：ㄇㄧˇ 韻：鄭將仲子「里（ㄌㄧˇ）杞（ㄑㄧˇ）母（ㄇㄧˇ）」

畝 步百為畝 廣韻「同母」

古音：ㄇㄧˇ 韻：見婦字

【軫】

敏 敬也 廣韻「眉殞切（ㄇㄧㄣˇ）」

古音ㄇㄧˇ　韻：小雅甫田「止ㄉㄧˇ子ㄗˇ畝ㄇㄧˇ喜ㄏㄧˇ右ㄧˇ否ㄅㄧˇ畝ㄇㄧˇ有ㄧˇ敏ㄇㄧˇ」

【準】

隼 鷙鳥也　廣韻「思尹切ㄙㄩㄣˇ」

古音ㄙㄧˇ　韻：小雅沔水「水ㄙㄧˇ海ㄏㄧˇ隼ㄙㄧˇ止ㄉㄧˇ弟ㄉㄧˇ友ㄧˇ母ㄇㄧˇ」

【隱】

近 幾也　廣韻「其謹切ㄍㄧㄣˇ」

古音ㄍㄧˇ　韻：小雅杕杜「近ㄍㄧˇ邇ㄋㄧˇ」

【獮】

鮮 少也　廣韻「息淺切ㄙㄧㄢˇ」

古音ㄙㄧˇ　韻：邶新臺「泚ㄘㄧˇ瀰ㄋㄧˇ鮮ㄙㄧˇ」

【果】

火 燬也

廣韻「呼果切ㄏㄨㄛˇ」

古音：ㄏㄨㄧˇ

韻：幽七月「火ㄏㄨㄧˇ衣ㄧ」

【麌】

膴 土地腴美

廣韻「文甫切ㄨˇ」

古音：ㄇㄧˇ

韻：大雅緜「膴ㄇㄧˇ飴ㄧˊ謀ㄇㄧˊ龜ㄍㄨㄧ時ㄕㄧˊ茲ㄗ」

小雅小旻「止ㄓㄧˇ否ㄆㄧˇ膴ㄇㄧˇ謀ㄇㄧˊ艾ㄫㄧˇ敗ㄅㄧˋ」

去聲

【寘】

辟 通避

廣韻「毗義切ㄅㄧˋ」

古音：ㄅㄧˋ

韻：魏葛屨「提ㄉㄧˊ辟ㄅㄧˋ揥ㄊㄧˋ刺ㄘˋ」

詈 罵詈 廣韻「力智切ㄌㄧˋ」

古音：ㄌㄧˋ 韻：大雅桑柔「戾ㄌㄧˋ詈ㄌㄧˋ」

積 儲蓄也 故入入声昔下 廣韻「子智切ㄗˋ」

古音：ㄗㄧˋ 韻：周頌載芟「濟ㄗㄧˇ積ㄗㄧˋ秭ㄗˇ醴ㄌㄧˇ妣ㄅㄧˇ禮ㄌㄧˇ」

柴 柴，堆積的禽獸 廣韻「疾智切ㄗˋ」

古音：ㄗˇ 韻：小雅車攻「佽ㄘˋ柴ㄗˇ」

刺 責也 廣韻「七賜切ㄘˋ」

古音：ㄘˋ 韻：大雅瞻卬「刺ㄘˋ富ㄅㄧˋ忌ㄍㄧˋ類ㄌㄨㄧˋ瘁ㄗㄨㄧˋ」

易 難易 廣韻「以豉切ㄧˋ」

古音：ㄧˋ 韻：小雅何人斯「易ㄧˋ知ㄉㄧ來ㄌㄧ祇ㄉㄧ」

至

至 到也 廣韻「脂利切ㄓˋ」

古音：ㄉㄧˋ 韻：謚東山「垤ㄉㄧㄝ˙ 室ㄉㄧ˙ 窒ㄉㄧㄝ˙ 至ㄉㄧˋ」

位 中庭之左右 廣韻「于愧切ㄩㄧˋ」

古音：ㄨㄧˋ 韻：大雅假樂「紀ㄍㄧˇ 友ㄧˇ 士ㄗˇ 子ㄗˇ 位ㄨㄧˋ 塈ㄏㄧˋ」

遂 達也 廣韻「徐醉切ㄙㄩㄧˋ」

古音：ㄙㄨㄧˋ 韻：衛芄蘭「支ㄉㄧ 觿ㄏㄨㄧ 知ㄉㄧ 遂ㄙㄨㄧˋ 悸ㄍㄧˋ」

隧 墓道 廣韻「同遂」

古音：ㄙㄨㄧˋ 韻：大雅桑柔「隧ㄙㄨㄧˋ 類ㄌㄨㄧˋ 對ㄉㄨㄧˋ 醉ㄗㄨㄧˋ 悖ㄅㄨㄧˋ」

檖 木名 廣韻「同遂」

古音：ㄙㄨㄟˋ 韻：秦晨風「棣ㄉㄧˋ檖ㄙㄨㄟˋ醉ㄗㄨㄟˋ」

檖 禾秀 廣韻「同遂」

古音：ㄙㄨㄟˋ 韻：大雅生民「匐ㄅㄧˋ嶷ㄫㄧˋ食ㄉㄧˋ旆ㄅㄧˋ檖ㄙㄨㄟˋ」

穗 禾成秀 廣韻「同遂」

古音：ㄙㄨㄟˋ 韻：王黍離「穗ㄙㄨㄟˋ醉ㄗㄨㄟˋ」

醉 酒酣 廣韻「將遂切ㄗㄨㄟˋ」

古音：ㄗㄨㄟˋ 韻：小雅賓之初筵「醉ㄗㄨㄟˋ抑ㄧˋ怭ㄅㄧˋ醉ㄗㄨㄟˋ秩ㄉㄧˋ」

誶 告也，俗作訊 廣韻「雖遂切ㄙㄨㄟˋ」

古音：ㄙㄨㄟˋ 韻：陳墓門「梅ㄇㄧˊ萃ㄗㄨㄟˋ誶ㄙㄨㄟˋ」

小雅雨無正「退ㄊㄨㄟˋ遂ㄙㄨㄟˋ瘁ㄗㄨㄟˋ子ㄗˇ誶ㄙㄨㄟˋ退ㄊㄨㄟˋ」

類 種也 廣韻「力遂切ㄌㄩㄧˋ」

古音：ㄌㄨㄧˋ 韻：大雅瞻卬「刺ㄘˋ富ㄅㄨㄧˋ忌ㄍ́ㄧˋ類ㄌㄨㄧˋ瘁ㄗ́ㄨㄧˋ」

閟 閟閉 廣韻「兵媚切ㄅㄧˋ」

古音：ㄅㄧˋ 韻：鄘載馳「濟ㄗ́ㄧ閟ㄅㄧˋ」

毖 慎也 廣韻「同閟」

古音：ㄅㄧˋ 韻：周頌小毖「毖ㄅㄧˋ螫ㄉㄧ˙」

大雅桑柔「毖ㄅㄧˋ恤ㄏㄧ˙」

匱 竭也 廣韻「求位切ㄍ́ㄩㄧˋ」

古音：ㄍ́ㄨㄧˋ 韻：大雅既醉「時ㄉ́ㄧ子ㄗ́匱ㄍ́ㄨㄧˋ類ㄌㄨㄧˋ」

備 具也 廣韻「平祕切ㄅ́ㄧˋ」

治

古音ㄅㄧˋ　韻：小雅楚茨「備ㄅㄧˋ戒ㄍㄧˋ位ㄨㄧˋ告ㄍㄧˋ」

利 吉也　廣韻「力至切ㄌㄧˋ」

古音ㄌㄧˋ　韻：大雅桑柔「極ㄍㄧˋ背ㄅㄧˋ利ㄌㄧˋ克ㄎㄧˋ力ㄌㄧˋ」

棄 捐也　廣韻「詰利切ㄎㄧˋ」

古音ㄎㄧˋ　韻：周南汝墳「肄ㄧˋ棄ㄎㄧˋ」

穉 晚禾　廣韻「直利切ㄓˋ」

古音ㄉㄧˋ　韻：小雅大田「穉ㄉㄧˋ火ㄏㄨㄧˋ」

寐 寢也　廣韻「彌二切ㄇㄧˋ」

古音ㄇㄧˋ　韻：大雅抑「寐ㄇㄧˋ內ㄋㄨㄧˋ」

悸 心動也　廣韻「其季切ㄍㄧˋ」

古音：ㄍㄧˋ　韻：衛芄蘭「支ㄉㄧ　觿ㄏㄨㄧ　知ㄉㄧ　遂ㄙㄨㄧˋ　悸ㄍㄧˋ」

佽 手指相助　廣韻「七四切ㄘˋ」

古音：ㄘˋ　韻：小雅車攻「佽ㄘ　柴ㄗˋ」

四 數名　廣韻「息利切ㄙˋ」

古音：ㄙˋ　韻：鄘干旄「紕ㄅㄧˋ　四ㄙ　子ㄗˋ　畀ㄅㄧˋ」

駟 一乘四馬　廣韻「同四」

古音：ㄙˋ　韻：小雅采菽「淠ㄆㄧˋ　嘒ㄏㄨㄧˋ　駟ㄙ　屆ㄍㄧˋ」

季 小稱也　廣韻「居悸切ㄍㄧˋ」

古音：ㄍㄧˋ　韻：大雅皇矣「拔ㄅㄨㄧˋ　兌ㄊㄨㄧˋ　對ㄉㄨㄧˋ　季ㄍㄧˋ」

比 相親　廣韻「毗至切ㄅㄧˋ」

古音：ㄅㄧˋ　韻：大雅皇矣「類ㄌㄨㄧˋ比ㄅㄧˋ悔ㄏㄨㄧˋ祉ㄊㄧˋ子ㄗˇ」

畀與也　廣韻「必至切ㄅㄧˋ」

古音：ㄅㄧˋ　韻：鄘干旄「紕ㄅㄧˋ四ㄙˋ子ㄗˇ畀ㄅㄧˋ」

萃集也　廣韻「秦醉切ㄗㄩˋ」

古音：ㄗㄨㄧˋ　韻：陳墓門「萃ㄗㄨㄧˋ訊ㄙㄨㄧˋ」

瘁病也　廣韻「同萃」

古音：ㄗㄨㄧˋ　韻：大雅瞻卬「刺ㄘˋ富ㄅㄧˋ忌ㄍㄧˋ類ㄌㄨㄧˋ瘁ㄗㄨㄧˋ」

肄斬而復生的枝條　廣韻「羊至切ㄧˋ」

古音：ㄧˋ　韻：周南汝墳「肄ㄧˋ棄ㄎㄧˋ」

勩勞也　廣韻「同肄」

古音：ㄧˋ　韻：小雅雨無正「戾ㄌㄧˋ　勩ㄧˋ」

懟 怨也　廣韻「直類切ㄓㄨㄟˋ」

古音：ㄉㄨㄟˋ　韻：大雅蕩「類ㄌㄨㄟˋ　懟ㄉㄨㄟˋ　對ㄉㄨㄟˋ　內ㄋㄨㄟˋ」

【志】

識 記憶　廣韻「職吏切ㄓˋ」

古音：ㄉㄧˋ　韻：小雅賓之初筵「識ㄉㄧˋ　又ㄧˋ」

寺 嗣也　廣韻「祥利切ㄙˋ」

古音：ㄙˋ　韻：大雅瞻卬「誨ㄏㄨㄟˋ　寺ㄙˋ」

嗣 繼也　廣韻「同寺」

古音：ㄙˋ　韻：周頌酌「嗣ㄙˋ　師ㄙ」

試用也　廣韻「式吏切ㄕˋ」

古音：ㄉㄧˋ　韻：小雅大東「來ㄌㄧ服ㄅㄧˊ裘ㄍㄧˊ試ㄉㄧˋ」

字乳也　廣韻「疾置切ㄗˋ」

古音：ㄗˋ　韻：大雅生民「字ㄗˋ翼ㄧˋ」

異奇也　廣韻「羊吏切ㄧˋ」

古音：ㄧˋ　韻：小雅我行其野「葍ㄅㄧˊ特ㄉㄧˊ富ㄅㄨㄧˋ異ㄧˋ」

事使也　廣韻「鉏吏切ㄓˋ」

古音：ㄗˋ　韻：小雅北山「杞ㄎㄧˇ子ㄗˇ事ㄗˋ母ㄇㄧˇ」

忌憎惡也　廣韻「渠記切ㄍㄧˋ」

古音：ㄍㄧˋ　韻：大雅桑柔「里ㄌㄧˇ喜ㄏㄧˇ忌ㄍㄧˋ」

熾盛也　廣韻「昌志切ㄔˋ」

古音：ㄊㄧˋ　韻：小雅六月「棲ㄙㄧ飭ㄊㄧˋ騤ㄍㄨㄟ服ㄅㄧˋ熾ㄊㄧˋ急ㄍㄧˋ國ㄍㄧˋ」

饎酒食也　廣韻「同熾」

古音：ㄊㄧˋ　韻：大雅泂酌「茲ㄗ饎ㄊㄧˋ母ㄇㄧˇ」

意注意　廣韻「於記切ㄧˋ」

古音：ㄧˋ　韻：小雅正月「輻ㄅㄧˋ載ㄗㄧˋ意ㄧˋ」

【未】

謂言也　廣韻「于貴切ㄨㄟˋ」

古音：ㄨㄟˋ　韻：名南摽有梅「塈ㄏㄧˋ謂ㄨㄟˋ」

渭水名　廣韻「同謂」

古音：ㄨㄧˋ　韻：大雅大明「子ㄗˇ妹ㄇㄨㄟˋ渭ㄨㄟˋ」

蔚 芜蔚

廣韻「於胃切ㄩˋ」

古音：ㄨㄧˋ　韻：小雅蓼莪「蔚ㄨㄧˋ母ㄇㄧˇ瘁ㄗㄨㄟˋ」

溉 溉灌

廣韻「居毅切ㄍㄧˋ」

古音：ㄍㄧˋ　韻：大雅泂酌「溉ㄍㄧˋ塈ㄏㄧˋ」

塈 息也

廣韻「許既切ㄏㄧˋ」

古音：ㄏㄧˋ　韻：大雅假樂「紀ㄍㄧˇ友ㄧˇ士ㄕˇ子ㄗˇ位ㄨㄧˋ塈ㄏㄧˋ」

【霽】

濟 渡河

廣韻「子計切ㄗㄧˋ」

古音：ㄗㄧˋ　韻：鄘載馳「濟ㄗㄧˋ閟ㄅㄧˋ」

穧 刈禾把數　廣韻「在詣切ㄗˋ」

古音：ㄗˋ　韻：小雅大田「萋ㄘㄧ祁ㄍㄧˊ私ㄙ穉ㄉㄧˊ穧ㄗˋ穗ㄙㄨㄧˋ利ㄌㄧˋ」

髢 鬄也　廣韻「他計切ㄊㄧˋ」

古音：ㄊㄧˋ　韻：鄘君子偕老「翟ㄉㄧˊ髢ㄊㄧˋ揥ㄊㄧˋ帝ㄉㄧˋ」

替 代也　廣韻「同髢」

古音：ㄊㄧˋ　韻：大雅召旻「富ㄅㄨㄧˋ時ㄉㄧˊ疚ㄍㄨㄧˋ茲ㄗ粺ㄅㄧˋ替ㄊㄧˋ」

帝 帝王　廣韻「都計切ㄉㄧˋ」

古音：ㄉㄧˋ　韻：見髢字

嚏 鼻氣也　廣韻「同帝」

古音：ㄉㄧˋ　韻：邶終風「曀ㄧˋ寐ㄇㄧˋ嚏ㄉㄧˋ」

棣唐棣　廣韻「特計切ㄉㄧˋ」
古音：ㄉㄧˋ　韻：秦晨風「棣ㄉㄧˋ檖ㄙㄨㄟˋ醉ㄗㄨㄟˋ」
翳枯木　廣韻「於計切ㄧˋ」
古音：ㄧˋ　韻：大雅皇矣「翳ㄧˋ栵ㄌㄧˋ」
曀陰風　廣韻「同翳ㄧˋ」
古音：ㄧˋ　韻：邶終風「曀ㄧˋ寐ㄇㄧˋ嚏ㄉㄧˋ」
惠仁也　廣韻「胡桂切ㄏㄨㄟˋ」
古音：ㄏㄨㄧˋ　韻：大雅瞻卬「惠ㄏㄨㄧˋ厲ㄌㄧˋ瘵ㄗㄧˋ疾ㄗˊ屆ㄍㄧˋ」
嘒鳴聲　廣韻「呼惠切ㄏㄨㄟˋ」
古音：ㄏㄨㄧˋ　韻：小雅采菽「淠ㄆㄧˋ嘒ㄏㄨㄧˋ駟ㄙˋ屆ㄍㄧˋ」

戾 到也　廣韻「郎計切ㄌㄧˋ」

古音：ㄌㄧˋ　韻：小雅采菽「維ㄨㄧˊ葵ㄍㄨㄧˊ膍ㄆㄧˊ戾ㄌㄧˋ」

【祭】

歲 年也　廣韻「相銳切ㄙㄩˋ」

古音：ㄙㄨㄧˋ　韻：魯頌閟宮「大ㄉㄧˋ艾ㄫㄧˋ歲ㄙㄨㄧˋ害ㄏㄧˋ」

衛 國名　廣韻「于歲切ㄩˋ」

古音：ㄨㄧˋ　韻：邶泉水「水ㄙㄨㄧˊ淇ㄍㄧˊ衛ㄨㄧˋ思ㄙ姬ㄍㄧ謀ㄇㄧ」

帨 頭巾　廣韻「舒芮切ㄕㄩˋ」

古音：ㄉㄨㄧˋ　韻：召南野有死麕「脫ㄊㄨㄧˋ帨ㄉㄨㄧˋ吠ㄨㄧˋ」

說 稅駕　廣韻「同帨」

古音：ㄉㄨㄧˋ　韻：召南甘棠「拜ㄅㄨㄧˋ說ㄉㄨㄧˋ」

蹶 挫　廣韻「居衛切ㄍㄩㄧˋ」

古音：ㄍㄨㄧˋ　韻：大雅板「蹶ㄍㄨㄧˋ泄ㄧˋ」

晢 星光也　廣韻「征例切ㄓˋ」

古音：ㄉㄧˋ　韻：陳東門之楊「肺ㄆㄨㄧˋ晢ㄉㄧˋ」

晣 仝晢　廣韻「同晢」

古音：ㄉㄧˋ　韻：小雅庭燎「艾ㄫㄧˋ晣ㄉㄧˋ噦ㄏㄨㄧˋ」

逝 去也　廣韻「時制切ㄕˋ」

古音：ㄉㄧˋ　韻：大雅抑「舌ㄉㄧˋ逝ㄉㄧˋ」

泄 去也　廣韻「餘制切ㄧˋ」

古音：ㄧˋ　韻：大雅民勞「愒ㄎㄧˋ泄ㄧˋ厲ㄌㄧˋ敗ㆠㄧˋ大ㄉㄧˋ」

厲 和衣渡水　廣韻「力制切ㄌㄧˋ」

古音：ㄌㄧˋ　韻：大雅瞻卬「惠ㄏㄨㄧˋ厲ㄌㄧˋ瘵ㄗㄧˋ疾ㄗ屆ㄍㄧˋ」

栵 栭栗　廣韻「同厲」

古音：ㄌㄧˋ　韻：大雅皇矣「翳ㄧˋ栵ㄌㄧˋ」

憩 息也　廣韻「去例切ㄎㄧˋ」

古音：ㄎㄧˋ　韻：召南甘棠「敗ㆠㄧˋ憩ㄎㄧˋ」

愒 息也　廣韻「同憩」

古音：ㄎㄧˋ　韻：見泄字

揭 褰衣渡水　廣韻「同憩」

古音：ㄎ一ㄟ　韻：邶匏有苦葉「厲ㄌ一ㄟ揭ㄎ一ㄟ」

世代也

古音：ㄉ一ㄟ　韻：大雅蕩「揭ㄎ一ㄟ害ㄏ一ㄟ撥ㄅ一ㄟ世ㄉ一ㄟ」

廣韻「舒制切ㄕㄟ」

揥佩飾

古音：ㄊ一ㄟ　韻：鄘君子偕老「翟ㄉ一ㄟ髢ㄊ一ㄟ揥ㄊ一ㄟ帝ㄉ一ㄟ」

廣韻「丑例切ㄔㄧ」

淠動也

古音：ㄆ一ㄟ　韻：小雅采菽「淠ㄆ一ㄟ嘒ㄏㄨ一ㄟ駟ㄙ一ㄟ屆ㄍ一ㄟ」

廣韻「匹詣切ㄆ一」

【泰】

艾久也，治也

古音：ㄫ一ㄟ　韻：小雅庭燎「艾ㄫ一ㄟ晣ㄉ一ㄟ噦ㄏㄨ一ㄟ」

廣韻「五蓋切ㄫㄞ」

大 小大

廣韻「徒蓋切ㄉ'ㄞˋ」

古音：ㄉ'ㄧˋ

韻：大雅民勞「愒ㄎㄧˋ泄ㄧˋ厲ㄌㄧˋ敗ㄅ'ㄧˋ大ㄉ'ㄧˋ」

害 傷也

廣韻「胡蓋切ㄏ'ㄞˋ」

古音：ㄏ'ㄧˋ

韻：邶二子乘舟「逝ㄉ'ㄧˋ害ㄏ'ㄧˋ」

帶 衣帶

廣韻「當蓋切ㄉㄞˋ」

古音：ㄉㄧˋ

韻：衛有狐「綏ㄙㄨㄧ厲ㄌㄧˋ帶ㄉㄧˋ」

肺 茂貌

廣韻「芳廢切ㄈㄩㄧˋ」

古音：ㄆㄨㄧˋ

韻：陳東門之楊「肺ㄆㄨㄧˋ晢ㄉㄧˋ」

斾 旗也

廣韻「蒲蓋切ㄅ'ㄞˋ」

古音：ㄅ'ㄧˋ

韻：小雅出車「斾ㄅ'ㄧˋ瘁ㄗㄨㄧˋ」

茷 飛揚 廣韻「房越切ㄈㄩㄝ」
古音ㄅㄧˋ 韻：魯頌泮水「芹ㄍㄧˊ旂ㄍㄧˊ茷ㄅㄧˋ噦ㄨㄟˋ大ㄉㄧˋ邁ㄇㄧˋ」

兌 通也 廣韻「杜外切ㄉㄨㄞˋ」
古音ㄉㄨㄧˋ 韻：大雅緜「拔ㄅㄨㄧˋ兌ㄉㄨㄧˋ駾ㄊㄨㄧˋ喙ㄏㄨㄧˋ」

噦 和聲 廣韻「呼會切ㄏㄨㄞˋ」
古音ㄏㄨㄧˋ 韻：見茷字

外 表也 廣韻「五會切ㄫㄨㄞˋ」
古音ㄫㄨㄧˋ 韻：魏十畝之間「外ㄫㄨㄧˋ泄ㄧˋ逝ㄉㄧˋ」

祋 殳也 廣韻「丁外切ㄉㄨㄞˋ」
古音ㄉㄨㄧˋ 韻：曹候人「祋ㄉㄨㄧˋ芾ㄅㄧˋ」

薈　草盛　廣韻「烏外切ㄨㄞ」

古音：ㄨㄧˋ　韻：曹候人「薈ㄨㄧˋ蔚ㄨㄧˋ隮ㄗㄧ飢ㄍㄧ」

脫　脫脫：舒緩貌　廣韻「吐外切ㄊㄩˋ」

古音：ㄊㄨㄧˋ　韻：召南野有死麕「脫ㄊㄨㄧˋ悅ㄉㄨㄧˋ吠ㄅㄨㄧˋ」

【卦】

解　通懈　廣韻「古隘切ㄍㄞ」

古音：ㄍㄧˋ　韻：大雅韓奕「解ㄍㄧˋ位ㄨㄧˋ易ㄧˋ辟ㄅㄧ」

粺　精米　廣韻「傍卦切ㄅㄞ」

古音：ㄅㄧˋ　韻：大雅召旻「時ㄉㄧ茲ㄗ粺ㄅㄧˋ替ㄊㄧˋ」

【怪】

瘵 病也 廣韻「側界切ㄓㄞ」

古音：ㄗㄧˋ 韻：大雅瞻卬「惠ㄏㄨㄧˋ厲ㄌㄧˋ瘵ㄗㄧˋ疾ㄗˊ屆ㄍㄧˋ」

屆 至也 廣韻「古介切ㄍㄞ」

古音：ㄍㄧˋ 韻：小雅小弁「嘒ㄏㄨㄧˋ淠ㄆㄧˋ屆ㄍㄧˋ寐ㄇㄧˋ」

介 大也 廣韻「同屆」

古音：ㄍㄧˋ 韻：周頌酌「晦ㄏㄨㄧˋ介ㄍㄧˋ」

戒 警戒 廣韻「古介切ㄍㄞ」

古音：ㄍㄧˋ 韻：小雅采薇「翼ㄧˋ服ㄅㄧˋ戒ㄍㄧˋ棘ㄍㄧˋ」

拜 屈也 廣韻「博怪切ㄅㄨㄞ」

古音：ㄅㄨㄧˋ 韻：召南甘棠「拜ㄅㄨㄧˋ說ㄉㄨㄧˋ」

【夬】

邁 過分

廣韻「莫犗切ㄇㄞˋ」

古音：ㄇㄧˋ 韻：小雅菀柳「愒ㄎㄧˋ瘵ㄗㄧˋ邁ㄇㄧˋ」

敗 毀也

廣韻「薄邁切ㄅㄞˋ」

古音：ㄅㄧˋ 韻：召南甘棠「敗ㄅㄧˋ憩ㄎㄧˋ」

蠆 毒虫

廣韻「丑犗切ㄔㄞˋ」

古音：ㄊㄧˋ 韻：小雅都人士「厲ㄌㄧˋ蠆ㄊㄧˋ邁ㄇㄧˋ」

【隊】

駾 奔突也

廣韻「他外切ㄊㄨㄟˋ」

古音：ㄊㄨㄧˋ 韻：大雅緜「拔ㄅㄨㄧˋ兌ㄉㄨㄧˋ駾ㄊㄨㄧˋ喙ㄏㄨㄧˋ」

佩 大帶佩也 廣韻「蒲昧切ㄅ'ㄨㄞ」
古音ㄅ'ㄨㄧˋ 韻秦渭陽「氏ㄉ'ㄧˋ思ㄙ佩ㄅ'ㄨㄧˋ」
悖 心亂 廣韻「同佩」
古音ㄅ'ㄨㄧˋ 韻大雅桑柔「類ㄌㄨㄧˋ對ㄉㄨㄧˋ醉ㄗㄨㄧˋ悖ㄅ'ㄨㄧˋ」
拔 拔去 廣韻「同佩」
古音ㄅ'ㄨㄧˋ 韻見駁字
妹 姊妹 廣韻「莫佩切ㄇㄨㄞˋ」
古音ㄇㄨㄧˋ 韻衛碩人「頎ㄍ'ㄧ衣ㄧ子ㄗˇ妻ㄘㄧ妹ㄇㄨㄧˋ姨ㄧ私ㄙ」
痗 病也 廣韻「同妹」
古音ㄇㄨㄧˋ 韻衛伯兮「背ㄅ'ㄨㄧˋ痗ㄇㄨㄧˋ」

誨 教訓　廣韻：「荒內切ㄏㄨㄞˋ」

古音：ㄏㄨㄧˋ　韻：大雅瞻卬「誨ㄏㄨㄧˋ寺ㄙˋ」

晦 夜也　廣韻「同誨」

古音：ㄏㄨㄧˋ　韻：鄭風雨「晦ㄏㄨㄧˋ已ㄧˇ子ㄗˇ喜ㄏㄧˇ」

對 答也　廣韻「都隊切ㄉㄨㄞˋ」

古音：ㄉㄨㄧˋ　韻：大雅皇矣「拔ㄅㄨㄧˋ兌ㄉㄨㄧˋ對ㄉㄨㄧˋ季ㄍㄨㄧˋ友ㄧˇ」

退 卻也　廣韻「他內切ㄊㄨㄞˋ」

古音：ㄊㄨㄧˋ　韻：小雅雨無正「退ㄊㄨㄧˋ遂ㄙㄨㄧˋ瘁ㄗㄨㄧˋ訊ㄙㄨㄧˋ荅ㄉㄨㄧˋ退ㄊㄨㄧˋ」

潰 逃散　廣韻「胡對切ㄏㄨㄞˋ」

古音：ㄏㄨㄧˋ　韻：邶谷風「潰ㄏㄨㄧˋ肄ㄧˋ塈ㄏㄧˋ」

内（入也）　廣韻「奴對切ㄋㄨㄞ」

古音：ㄋㄨㄟˋ　韻：見懟字

背（脊背）　廣韻「補妹切ㄅㄨㄞ」

古音：ㄅㄨㄟˋ　韻：大雅行葦「背ㄅㄨㄟˋ翼ㄧˋ祺ㄍㄧˊ福ㄅㄧˋ」

【代】

逮（及也）　廣韻「徒耐切ㄉㄞ」

古音：ㄉㄧˋ　韻：大雅桑柔「僾ㄧˋ逮ㄉㄧˋ食ㄉㄧˋ」

載（乘也）　廣韻「作代切ㄗㄞ」

古音：ㄗㄧ　韻：小雅彤弓「載ㄗㄧ喜ㄏㄧˇ右ㄧˋ」

愛（憐也）　廣韻「烏代切ㄞ」

古音：ㄧˋ　韻：小雅隰桑「愛ㄧˋ謂ㄨㄧˋ」

僾嗚唈也　廣韻「同愛」

古音：ㄧˋ　韻：見逮字

【廢】

吠犬聲　廣韻「符廢切ㄈ̇ㄩㄧˋ」

古音：ㄅ̇ㄨㄧˋ　韻：召南野有死麕「脫ㄊㄨㄧˋ帨ㄅㄨㄧˋ吠ㄅ̇ㄨㄧˋ」

喙喘息　廣韻「許穢切ㄏㄩㄧˋ」

古音：ㄏㄨㄧˋ　韻：大雅緜「拔ㄅ̇ㄧˋ兌ㄉ̇ㄨㄧˋ駾ㄉ̇ㄨㄧˋ喙ㄏㄨㄧˋ」

【宥】

又更也　廣韻「于救切ㄧㄡˋ」

古音：一ˋ　韻：小雅小宛「克ㄎㄧˊ富ㄅㄨㄧˋ又ㄧˋ」

侑勸食　廣韻「同又」

古音：一ˋ　韻：小雅楚茨「茨ㄗˊ棘ㄍㄧˊ稷ㄗˊ翼ㄧˊ億ㄧˊ食ㄉㄧˊ祀ㄙˊ
侑一ˋ福ㄅㄧˊ」

囿苑有垣　廣韻「同又」

古音：一ˋ　韻：大雅靈臺「囿一ˋ伏ㄅㄧˊ」

疚病也　廣韻「居祐切ㄍㄧㄡˋ」

古音：ㄍㄧˋ　韻：小雅采薇「疚ㄍㄧˋ來ㄌㄧˊ」

富甚也　廣韻「方副切ㄈㄧㄡˋ」

古音：ㄅㄨㄧˋ　韻：小雅小宛「克ㄎㄧˊ富ㄅㄨㄧˋ又ㄧˋ」

舊 故也　廣韻「巨救切ㄍㄧㄡˋ」

古音：ㄍㄧˋ　韻：大雅蕩「時ㄉㄧ舊ㄍㄧˋ」

第二部「ㄛ」韻

平聲【歌】

歌 人聲　廣韻「古俄切ㄍㄛ」

古音：ㄍㄛ　韻：陳東門之池「池ㄉㄛ麻ㄇㄨㄛ歌ㄍㄛ」

磋 治象牙　廣韻「七何切ㄘㄛ」

古音：ㄘㄛ　韻：衛淇奧「猗ㄛ磋ㄘㄛ磨ㄇㄨㄛ」

傞 舞不止貌　廣韻「同磋」

古音：ㄘㄛ　韻：小雅賓之初筵「俄ㄫㄛ傞ㄘㄛ」

多 衆也 廣韻「得何切ㄉㄛ」
古音：ㄉㄛ 韻：大雅鳧鷖「沙ㄙㄛ宜ㄫㄛ多ㄉㄛ嘉ㄍㄛ爲ㄫㄛ」

娑 婆娑 廣韻「素何切ㄙㄛ」
古音：ㄙㄛ 韻：陳東門之枌「麻ㄇㄨㄛ娑ㄙㄛ」

佗 委々佗々，雍容自得之貌 廣韻「徒何切ㄉ゛ㄛ」
古音：ㄉ゛ㄛ 韻：鄘君子偕老「珈ㄍㄛ佗ㄉ゛ㄛ河ㄏ゛ㄛ宜ㄫㄛ何ㄏ゛ㄛ」

紽 絲數也 廣韻「同佗」
古音：ㄉ゛ㄛ 韻：召南羔羊「皮ㄅ゛ㄛ紽ㄉ゛ㄛ蛇ㄉ゛ㄛ」

沱 滂沱，多雨貌 廣韻「同佗」
古音：ㄉ゛ㄛ 韻：「波ㄅㄨㄛ沱ㄉ゛ㄛ他ㄊㄛ」

瘥病也 廣韻「昨何切ㄗˊㄛ」

古音：ㄗˊㄛ 韻：小雅節南山「猗ㄛ何ㄏˊㄛ瘥ㄗˊㄛ多ㄉㄛ嘉ㄍㄛ嗟ㄗㄨㄛ」

莪草名 廣韻「五何切ㄗˊㄛ」

古音：ㄫㄛ 韻：小雅菁菁者莪「莪ㄫㄛ阿ㄛ儀ㄫㄛ」

俄俄頃 廣韻「同莪」

古音：ㄫㄛ 韻：小雅賓之初筵「俄ㄫㄛ傞ㄘㄛ」

他非我也 廣韻「託何切ㄊㄛ」

古音：ㄊㄛ 韻：鄘柏舟「河ㄏˊㄛ儀ㄫㄛ它ㄊㄛ」

羅羅綺 廣韻「魯何切ㄌㄛ」

古音：ㄌㄛ 韻：王兔爰「羅ㄌㄛ為ㄫㄛ罹ㄌㄛ吪ㄫㄨㄛ」

那奈何　廣韻「奴可切ㄋㄛˇ」

古音：ㄋㄛ　韻：小雅桑扈「難ㄋㄛ那ㄋㄛ」

難謹慎　廣韻「同那」

古音：ㄋㄛ　韻：見那字

何辭也　廣韻「胡歌切ㄏㄛˊ」

古音：ㄏㄛ　韻：商頌玄鳥「河ㄏㄛˊ宜ㄫㄛ何ㄏㄛˊ」

荷芙蕖　廣韻「同何」

古音：ㄏㄛ　韻：陳澤陂「陂ㄅㄨㄛ荷ㄏㄛˊ何ㄏㄛˊ為ㄫㄛ沱ㄉㄛ」

河水名　廣韻「同何」

古音：ㄏㄛ　韻：見何字

阿 大陵 廣韻「烏何切ㄛ」

古音：ㄛ 韻：小雅菁々者莪「莪ㄫㄛ阿ㄛ儀ㄫㄛ」

【戈】

過 離也 廣韻「古禾切ㄍㄨㄛ」

古音：ㄍㄨㄛ 韻：衛考槃「阿ㄛ薖ㄎㄨㄛ歌ㄍㄛ過ㄍㄨㄛ」

媻 媻娑 廣韻「薄波切ㄅㄨㄛ」

古音：ㄅㄨㄛ 韻：媻娑雙聲

磨 磨礪 廣韻「莫婆切ㄇㄨㄛ」

古音：ㄇㄨㄛ 韻：衛淇奧「猗ㄛ磋ㄘㄛ磨ㄇㄨㄛ」

吪 謬也 廣韻「五禾切ㄫㄨㄛ」

古音：兀ㄨㄛ　韻：豳破斧「錡ㄍㄛ吪兀ㄨㄛ嘉ㄍㄛ」

訛　動作也　廣韻「同吪」

古音：兀ㄨㄛ　韻：小雅無羊「阿ㄛ池ㄉㄛ訛兀ㄨㄛ」

波　波浪　廣韻「博禾切ㄅㄨㄛ」

古音：ㄅㄨㄛ　韻：小雅漸漸之石「波ㄅㄨㄛ沱ㄉㄛ他ㄊㄛ」

薖　寬大貌　廣韻「苦禾切ㄎㄨㄛ」

古音：ㄎㄨㄛ　韻：衛考槃「阿ㄛ薖ㄎㄨㄛ歌ㄍㄛ過ㄍㄨㄛ」

【麻】

麻　麻紵　廣韻「莫霞切ㄇㄚ」

古音：ㄇㄨㄛ　韻：王丘中有麻「麻ㄇㄨㄛ嗟ㄗㄨㄛ施ㄉㄨㄛ」

嗟 咨也 廣韻「子邪切ㄗㄧㄚ」

古音：ㄗㄨㄛ 韻：見麻字

蛇 委蛇，從容自得之貌 廣韻「食遮切ㄓㄧㄚ」

古音：ㄉㄛ 韻：名南羔羊「皮ㄆㄨㄛ紽ㄉㄛ蛇ㄉㄛ」

嘉 善也 廣韻「古牙切ㄍㄧㄚ」

古音：ㄍㄛ 韻：豳東山「褵ㄌㄛ儀ㄫㄛ嘉ㄍㄛ何ㄏㄛ」

加 射中 廣韻「同嘉」

古音：ㄍㄛ 韻：鄭女曰雞鳴「加ㄍㄛ宜ㄫㄛ」

珈 婦人首飾 廣韻「同嘉」

古音：ㄍㄛ 韻：鄘君子偕老「珈ㄍㄛ佗ㄉㄛ河ㄏㄛ宜ㄫㄛ何ㄏㄛ」

差 差舛

古音：ㄘㄛ 韻：陳東門之枌「差ㄘㄛ麻ㄇㄨㄛ娑ㄙㄛ」

廣韻「初牙切ㄨ̇ㄚ」

沙 水散石也 廣韻「所加切ㄕㄚ」

古音：ㄙㄛ 韻：大雅鳧鷖「沙ㄙㄛ宜ㄫㄛ多ㄉㄛ嘉ㄍㄛ爲ㄫㄛ」

鯊 魚名 廣韻「同沙」

古音：ㄙㄛ 韻：小雅魚麗「鯊ㄙㄛ多ㄉㄛ」

【支】

爲 作爲 廣韻「薳支切ㄩㄧ」

古音：ㄫㄛ 韻：鄘相鼠「皮ㄅ́ㄨㄛ儀ㄫㄛ爲ㄫㄛ」

陂 澤障 廣韻「彼糜切ㄅㄧ」

古音ㄅㄨㄛ 韻：陳澤波「陂ㄅㄨㄛ荷ㄏㄛˊ何ㄏㄛˊ為ㄫㄛ沱ㄉㄛ」

羆 熊黃白文 廣韻「同陂」

古音ㄅㄨㄛ 韻：小雅斯干「何ㄏㄛˊ羆ㄅㄨㄛ蛇ㄉㄛ」

錡 釜屬 廣韻「居宜切ㄍㄧ」

古音ㄍㄛ 韻：豳破斧「錡ㄍㄛ吪ㄫㄨㄛ嘉ㄍㄛ」

犧 犧牲 廣韻「許羈切ㄏㄧ」

古音ㄏㄛ 韻：魯頌閟宮「犧ㄏㄛ宜ㄫㄛ多ㄉㄛ」

宜 所安也 廣韻「魚羈切ㄫㄧ」

古音ㄫㄛ 韻：鄘君子偕老「珈ㄍㄛ佗ㄉㄛ河ㄏㄛˊ宜ㄫㄛ何ㄏㄛˊ」

儀 儀容 廣韻「同宜」

古音：兀ㄛ　韻：小雅菁菁者莪「莪兀ㄛ阿ㄛ儀兀ㄛ」

皮 皮膚　廣韻「符羈切ㄆㄧ」

古音：ㄆㄛ　韻：鄘相鼠「皮ㄆㄛ儀兀ㄛ為兀ㄛ」

離 離別　廣韻「呂支切ㄌㄧ」

古音：ㄌㄛ　韻：小雅湛露「椅ㄛ離ㄌㄛ儀兀ㄛ」

罹 心憂　廣韻「同離」

古音：ㄌㄛ　韻：王兔爰「羅ㄌㄛ為兀ㄛ罹ㄌㄛ吪兀ㄨㄛ」

施 施設　廣韻「式支切ㄕ」

古音：ㄉㄛ　韻：王丘中有麻「麻ㄇㄨㄛ嗟ㄗㄨㄛ施ㄉㄛ」

椅 木名　廣韻「於離切ㄧ」

古音：ㄛ　韻：小雅湛露「椅ㄛ離ㄌㄛ儀ㄫㄛ」

猗　倚也　廣韻「同椅」

古音：ㄛ　韻：小雅車攻「駕ㄍㄛ猗ㄛ馳ㄉㄛ破ㄆㄨㄛˋ」

池　沼也　廣韻「直離切ㄓˊ」

古音：ㄉㄛ　韻：陳東門之池「池ㄉㄛ麻ㄇㄨㄛ歌ㄍㄛ」

馳　疾驅　廣韻「同池」

古音：ㄉㄛ　韻：見猗字

【紙】

靡　靡〻遲〻　廣韻「文彼切ㄇㄧˇ」

古音：ㄇㄛ　韻：王黍離「離ㄌㄛ靡ㄇㄛ」

【寘】

議謀也 廣韻「宜寄切兀ㄧˋ」

古音：兀ㄛ 韻：小雅斯干「瓦兀ㄨㄛˇ儀兀ㄛ議兀ㄛ羅ㄌㄛ」

上声【哿】

瑳玉色鮮白 廣韻「千可切ㄘㄛˇ」

古音：ㄘㄛˇ 韻：衛竹竿「左ㄗㄛˇ瑳ㄘㄛˇ儺ㄋㄛˇ」

我己稱 廣韻「五可切兀ㄛˇ」

古音：兀ㄛˇ 韻：小雅何人斯「禍ㄏㄨㄛˇ我兀ㄛˇ可ㄎㄛˇ」

儺裊娜有度 廣韻「乃可切ㄋㄛˇ」

古音：ㄋㄛˇ 韻：見瑳字

可許可　廣韻「枯我切ㄎㄜˇ」
古音：ㄎㄜˇ　韻：見我字
左左右　廣韻「臧可切ㄗㄜˇ」
古音：ㄗㄜˇ　韻：小雅裳裳者華「左ㄗㄜˇ宜ㄫㄜ」

【果】

禍禍害也　廣韻「胡果切ㄏㄨㄜˇ」
古音：ㄏㄨㄜˇ　韻：見我字

【馬】

瓦屋瓦　廣韻「五寡切ㄫㄨㄚˇ」
古音：ㄫㄨㄜˇ　韻：小雅斯干「瓦ㄫㄨㄜˇ儀ㄫㄜ議ㄫㄜ罹ㄌㄜ」

【紙】

掎用物靠其巔　廣韻「居宜切ㄍㄧ」

古音：ㄍㄛˇ　韻：小雅小弁「掎ㄍㄛˋ　扡ㄊㄛˇ　佗ㄊㄛ」

扡順也　廣韻「池爾切ㄓˇ」

古音：ㄉㄛˇ　韻：小雅小弁「掎ㄍㄛˋ　扡ㄉㄛˋ　佗ㄊㄛ」

去聲【箇】

賀慶也　廣韻「胡箇切ㄏㄛˋ」

古音：ㄏㄛˋ　韻：大雅下武「賀ㄏㄛˋ　佐ㄗㄛˋ」

佐助也　廣韻「則箇切ㄗㄛˋ」

古音：ㄗㄛˋ　韻：見賀字

地

【過】

破 破壞　廣韻「普過切ㄆㄨㄛ」

古音：ㄆㄨㄛ　韻：小雅車攻「駕ㄍㄨㄛ猗ㄛ馳ㄉㄛ破ㄆㄨㄛ」

【禡】

駕 乘也　廣韻「古訝切ㄍㄚ」

古音：ㄍㄨㄛ　韻：見破字

第三部「ㄨ」韻

平聲【魚】

魚 水虫　廣韻「語居切ㄩˊ」

古音：ㄫㄨ　韻：魯頌駉「騢ㄏˊㄨ魚ㄫㄨ祛ㄎㄨ邪ㄙˊㄨ徂ㄗˊㄨ」

書　著也　廣韻「傷魚切ㄕㄩ」

古音：ㄉㄨ　韻：小雅出車「華ㄏㄨ塗ㄉㄨˊ處ㄊㄨˋ書ㄉㄨ」

舒　緩也　廣韻「同書」

古音：ㄉㄨ　韻：大雅江漢「車ㄍㄨ旟ㄏㄨˇ舒ㄉㄨ鋪ㄆㄨ」

紓　緩也　廣韻「同書」

古音：ㄉㄨ　韻：小雅采菽「股ㄍㄨˇ下ㄏㄨˇ紓ㄉㄨ予ㄏㄨˇ」

居　處也　廣韻「九魚切ㄍㄩ」

古音：ㄍㄨ　韻：召南鵲巢「居ㄍㄨ御ㄫㄨˋ」

琚　玉名　廣韻「同居」

古音：ㄍㄨ　韻：衛木瓜「瓜ㄍㄨ琚ㄍㄨ」

据 拮据 廣韻「同居」

古音：ㄍㄨ 韻：豳鴟鴞「据ㄍㄨ荼ㄉㄨˊ租ㄗㄨ瘏ㄉㄨˊ家ㄍㄨ」

椐 木名 廣韻「同居」

古音：ㄍㄨ 韻：大雅皇矣「椐ㄍㄨ柘ㄉㄨ路ㄌㄨˋ固ㄍㄨˋ」

車 車輅 廣韻「同居」

古音：ㄍㄨ 韻：邶北風「狐ㄏㄨˊ烏ㄨ車ㄍㄨ且ㄗㄨ」

渠 溝渠 廣韻「强魚切ㄍㄩˊ」

古音：ㄍㄨˊ 韻：秦權輿「渠ㄍㄨˊ餘ㄏㄨˊ輿ㄏㄨˊ」

餘 殘也 廣韻「以諸切ㄩˊ」

古音：ㄏㄨˊ 韻：見渠字

輿 乘車也 廣韻「同餘」

古音：ㄏˊㄨ 韻：見渠字

旟 旗名 廣韻「同餘」

古音：ㄏˊㄨ 韻：小雅都人士「餘ㄏˊㄨ旟ㄏˊㄨ盱ㄏˊㄨ」

畬 田三歲 廣韻「同餘」

古音：ㄏˊㄨ 韻：周頌臣工「茹ㄋㄨˆ畬ㄏˊㄨ」

胥 相也 廣韻「相居切ㄙ」

古音：ㄙㄨ 韻：小雅桑扈「扈ㄏˊㄨˆ羽ㄏˊㄨˆ胥ㄙㄨ祜ㄏˊㄨˆ」

苴 履中籍 廣韻「七余切ㄘ」

古音：ㄘㄨ 韻：豳七月「瓜ㄍㄨ壺ㄏˊㄨ苴ㄘㄨ樗ㄊㄨ夫ㄅㄨ」

砠 山石戴土 廣韻「同苴」

古音：ㄘㄨ 韻：周南卷耳「砠ㄘㄨ瘏ㄉㄨ痡ㄆㄨ吁ㄏㄨ」

沮 止也 廣韻「同苴」

古音：ㄘㄨ 韻：小雅小旻「土ㄊㄨˇ沮ㄘㄨ」

樗 木名 廣韻「丑居切ㄔㄩ」

古音：ㄊㄨ 韻：豳七月「瓜ㄍㄨ壺ㄏㄨ苴ㄘㄨ樗ㄊㄨ夫ㄅㄨ」

邪 不正 廣韻「似嗟切ㄙㄧㄚˊ」

古音：ㄙㄨˊ 韻：邶北風「邪ㄙㄨˊ且ㄗㄨ」

廬 舍也 廣韻「力居切ㄌㄩ」

古音：ㄌㄨ 韻：小雅信南山「廬ㄌㄨ瓜ㄍㄨ菹ㄗㄨ祖ㄗㄨˇ祜ㄏㄨˋ」

蘧 茹蘧草　廣韻「同廬」

古音：ㄌㄨ　韻：鄭出其東門「闍ㄉㄨ荼ㄉㄨ且ㄗㄨ蘧ㄌㄨ娛ㄫㄨ」

除 去也　廣韻「直魚切ㄓ」

古音：ㄉㄨ　韻：唐蟋蟀「莫ㄇㄨ除ㄉㄨ居ㄍㄨ瞿ㄍㄨˋ」

且 語詞　廣韻「子魚切ㄗ」

古音：ㄗㄨ　韻：見邶「蘧」字

袪 袖也　廣韻「去魚切ㄎ」

古音：ㄎㄨ　韻：鄭遵大路「路ㄌㄨˋ袪ㄎㄨ惡ㄨˋ故ㄍㄨˋ」

虛 大丘　廣韻「去魚切ㄎ」

古音：ㄎㄨ　韻：鄘定之方中「虛ㄎㄨ楚ㄘㄨˇ」

葅 酢菜 廣韻「側魚切ㄓㄩ」

古音：ㄗㄨ 韻：見盧字

【虞】

虞 掌禽獸官 廣韻「遇俱切ㄩˊ」

古音：ㄫㄨ 韻：召南騶虞「葭ㄍㄨ 豝ㄅㄨ 虞ㄫㄨ」

娛 娛樂 廣韻「同虞」

古音：ㄫㄨ 韻：鄭出其東門「闍ㄉㄨ 荼ㄉㄨ 且ㄗㄨ 娛ㄫㄨ」

吁 歎息 廣韻「況于切ㄏㄩ」

古音：ㄏㄨ 韻：周南卷耳「砠ㄘㄨ 瘏ㄉㄨ 痡ㄊㄨ 吁ㄏㄨ」

訏 大也 廣韻「同吁」

古音：ㄏㄨ　韻：大雅韓奕「土ㄊㄨˇ訏ㄏㄨ甫ㄅㄨˇ噳ㄫㄨˇ虎ㄏㄨˇ譽ㄏㄨˋ」

盱　懷望　廣韻「同吁」

古音：ㄏㄨ　韻：小雅都人士「餘ㄏㄨˊ旟ㄏㄨˊ盱ㄏㄨ」

芋　優居　廣韻「王遇切ㄩˋ」

古音：ㄏㄨˋ　韻：小雅斯干「除ㄉㄨˋ去ㄎㄨˇ芋ㄏㄨˋ」

夫　丈夫　廣韻「甫無切ㄈㄨ」

古音：ㄅㄨ　韻：小雅出車「車ㄍㄨ所ㄙㄨˇ夫ㄅㄨ」

膚　皮膚　廣韻「同夫」

古音：ㄅㄨ　韻：豳狼跋「胡ㄏㄨˊ膚ㄅㄨ瑕ㄏㄨˊ」

【模】

蒲 蒲蒻 廣韻「薄胡切ㄅㄨˊ」

古音：ㄅㄨˊ 韻：大雅韓奕「祖ㄗㄨˇ屠ㄉㄨˊ壺ㄏㄨˊ魚ㄫㄨˊ蒲ㄅㄨˊ車ㄍㄨ

且ㄗㄨ胥ㄙㄨ」

胡 頷下肉 廣韻「户吳切ㄏㄨˊ」

古音：ㄏㄨˊ 韻：見膚字

乎 辭也 廣韻「同胡」

古音：ㄏㄨˊ 韻：小雅常棣「家ㄍㄨ帑ㄋㄨ圖ㄉㄨˊ乎ㄏㄨˊ」

壺 酒器 廣韻「同胡」

古音：ㄏㄨˊ 韻：見蒲字

狐 狐貉 廣韻「同胡」

古音：ㄏㄨˊ　韻：邶北風「狐ㄏㄨˊ烏ㄨ車ㄍㄨ邪ㄙㄨˊ且ㄗㄨ」

辜　罪也　廣韻「古胡切ㄍㄨ」

古音：ㄍㄨ　韻：小雅巧言「辜ㄍㄨ憮ㄏㄨ」

呱　啼聲　廣韻「同辜」

古音：ㄍㄨ　韻：大雅生民「去ㄎㄨˋ呱ㄍㄨ訏ㄏㄨ路ㄌㄨˋ」

徒　步行　廣韻「同都切ㄉㄨˊ」

古音：ㄉㄨˊ　韻：大雅緜「徒ㄉㄨˊ家ㄍㄨ」

塗　路也　廣韻「同徒」

古音：ㄉㄨˊ　韻：小雅出車「華ㄏㄨ塗ㄉㄨˊ居ㄍㄨ書ㄉㄨ」

圖　謀也　廣韻「同徒」

古音：ㄉㄨˊ　韻：小雅常棣「家ㄍㄨ帑ㄋㄨ圖ㄉㄨˊ乎ㄏㄨ」

屠 殺也　廣韻「同徒」

古音：ㄉㄨˊ　韻：大雅韓奕「祖ㄗㄨˇ屠ㄉㄨˊ壺ㄏㄨˊ」

瘏 病也　廣韻「同徒」

古音：ㄉㄨˊ　韻：周南卷耳「砠ㄘㄨ瘏ㄉㄨˊ痡ㄆㄨ吁ㄏㄨ」

荼 茅花　廣韻「同徒」

古音：ㄉㄨˊ　韻：鄭出其東門「闍ㄉㄨˊ荼ㄉㄨˊ且ㄗㄨ娛ㄫㄨ」

帑 妻帑　廣韻「乃都切ㄋㄨ」

古音：ㄋㄨ　韻：小雅常棣「家ㄍㄨ帑ㄋㄨ圖ㄉㄨˊ乎ㄏㄨˊ」

幠 大也　廣韻「荒烏切ㄏㄨ」

古音：ㄏㄨ　韻：小雅巧言「辜ㄍㄨ憮ㄏㄨ」

租　稅也　廣韻「則吾切ㄗㄨ」

古音：ㄗㄨ　韻：豳鴟鴞「据ㄍㄨ荼ㄍㄨ租ㄗㄨ瘏ㄉㄨ家ㄍㄨ」

徂　往也　廣韻「昨胡切ㄗˊㄨ」

古音：ㄗˊㄨ　韻：魯頌駉「馬ㄇㄨˇ野ㄉㄨˇ者ㄉㄨˇ騢ㄏˊㄨ魚ㄫㄨ祛ㄎㄨ
邪ㄙˊㄨ徂ㄗˊㄨ」

蘓　扶蘇　廣韻「素姑切ㄙㄨ」

古音：ㄙㄨ　韻：鄭山有扶蘇「蘇ㄙㄨ華ㄏㄨ都ㄉㄨ且ㄗㄨ」

烏　烏鴉　廣韻「哀都切ㄨ」

古音：ㄨ　韻：邶北風「狐ㄏˊㄨ烏ㄨ車ㄍㄨ邪ㄙˊㄨ且ㄗㄨ」

都 天子所宮
古音：ㄉㄨ
廣韻「當孤切ㄉㄨ」
韻：鄭有同車「車ㄍㄨ華ㄏㄨ琚ㄍㄨ都ㄉㄨ」

鋪 陳也
古音：ㄆㄨ
廣韻「普胡切ㄆㄨ」
韻：大雅江漢「車ㄍㄨ旟ㄏㄨˊ舒ㄉㄨ鋪ㄆㄨ」

痡 病也
古音：ㄆㄨ
廣韻「同鋪」
韻：周南卷耳「砠ㄘㄨ瘏ㄉㄨˊ痡ㄆㄨ吁ㄏㄨ」

〔麻〕

罝 兔網
古音：ㄗㄨ
廣韻「子邪切ㄗㄧㄚ」
韻：周南兔罝「罝ㄗㄨ夫ㄅㄨ」

華 草木華也
廣韻「況于切ㄏㄩ」

古音：ㄏㄨ　韻：見蘇字

家　扆內　廣韻「古牙切ㄍㄚ」

古音：ㄍㄨ　韻：見孥字

葭　葭蘆　廣韻「同家」

古音：ㄍㄨ　韻：召南騶虞「葭ㄍㄨ豝ㄅㄨ虞ㄫㄨ」

瓜　蓏也　廣韻「古華切ㄍㄨㄚ」

古音：ㄍㄨ　韻：衛木瓜「瓜ㄍㄨ琚ㄍㄨ」

瑕　玉病　廣韻「胡加切ㄏㄚ」

古音：ㄏㄨ　韻：豳狼跋「胡ㄏㄨ膚ㄅㄨ瑕ㄏㄨ」

騢　馬赤白雜色　廣韻「同瑕」

古音：ㄏㄨˊ　韻：見俎字

豝 豕也　廣韻「伯加切ㄅㄚ」

古音：ㄅㄨ　韻：召南騶虞「葭ㄍㄨ豝ㄅㄨ虞ㄫㄨ」

牙 牙齒　廣韻「五加切ㄫㄚ」

古音：ㄫㄨ　韻：小雅祈父「父ㄅㄨˇ牙ㄫㄨ居ㄍㄨ」

闍 闉闍　廣韻「當胡切ㄉㄨ」

古音：ㄉㄨ　韻：鄭出其東門「闍ㄉㄨ荼ㄉㄨˊ且ㄗㄨ藘ㄌㄨ娛ㄫㄨ」

上聲【語】

語 論也　廣韻「魚巨切ㄏˊㄩˇ」

古音：ㄫㄨˊ　韻：大雅公劉「野ㄉㄨˇ處ㄊㄨˇ旅ㄌㄨˇ語ㄫㄨˇ」

圉 圄圉 廣韻「同語」

古音：ㄫㄨˊ 韻：大雅桑柔「宇ㄏㄨˇ怒ㄋㄨˋ處ㄊㄨˇ圉ㄫㄨˇ」

禦 止也 廣韻「同語」

古音：ㄫㄨˊ 韻：大雅烝民「茹ㄋㄨˇ吐ㄊㄨˋ寡ㄍㄨˇ禦ㄫㄨˇ」

旅 師旅 廣韻「力舉切ㄌㄩˇ」

古音：ㄌㄨˊ 韻：大雅常武「父ㄅㄨˇ旅ㄌㄨˇ土ㄊㄨˇ處ㄊㄨˇ緒ㄙㄨˇ」

紵 麻紵 廣韻「直呂切ㄓㄩˇ」

古音：ㄉㄨˊ 韻：陳東門之池「紵ㄉㄨˇ語ㄫㄨˇ」

羜 生羔五月 廣韻「同紵」

古音：ㄉㄨˊ 韻：小雅伐木「許ㄏㄨˇ藇ㄙㄨˇ羜ㄉㄨˇ父ㄅㄨˇ顧ㄍㄨˋ」

予 我也
廣韻「余呂切ㄩˇ」
古音：ㄏㄨˇ
韻：小雅采菽「股ㄍㄨˇ下ㄏㄨˇ紓ㄉㄨ予ㄏㄨˇ」

與 善也
廣韻「同予」
古音：ㄏㄨˇ
韻：召南江有汜「渚ㄉㄨˇ與ㄏㄨˇ處ㄊㄨˇ」

渚 沚也
廣韻「章與切ㄓㄩˇ」
古音：ㄉㄨˇ
韻：見與字

女 你也
廣韻「人渚切ㄖㄩˇ」
古音：ㄋㄨˇ
韻：魯頌閟宮「祖ㄗㄨˇ女ㄋㄨˇ」

茹 乾菜
廣韻「同女」
古音：ㄋㄨˇ
韻：邶柏舟「茹ㄋㄨˇ據ㄍㄨˇ愬ㄙㄨˇ怒ㄋㄨˇ」

暑 熱也 廣韻「舒呂切ㄕㄩˇ」

古音：ㄉㄨˇ 韻：小雅小明「土ㄊㄨˇ暑ㄉㄨˇ苦ㄎㄨˇ雨ㄏㄨˇ罟ㄍㄨˇ」

鼠 獸名 廣韻「同暑」

古音：ㄉㄨˇ 韻：豳七月「股ㄍㄨˇ羽ㄏㄨˇ野ㄉㄨˇ宇ㄏㄨˇ戶ㄏㄨˇ下ㄏㄨˇ鼠ㄉㄨˇ

戶ㄏㄨˇ處ㄊㄨˇ」

黍 禾屬而黏 廣韻「同暑」

古音：ㄉㄨˇ 韻：魯頌閟宮「黍ㄉㄨˇ秬ㄍㄨˇ土ㄊㄨˇ緒ㄙㄨˇ」

處 居也 廣韻「昌與切ㄔㄩˇ」

古音：ㄊㄨˇ 韻：大雅鳧鷖「渚ㄉㄨˇ處ㄊㄨˇ湑ㄙㄨˇ脯ㄅㄨˇ下ㄏㄨˇ」

湑 酒之泲者 廣韻「私呂切ㄙㄩˇ」

古音：ㄙㄨˇ　韻：見處字

女　女子　廣韻「尼呂切ㄋㄩˇ」

古音：ㄋㄨˇ　韻：召南采蘋「下ㄏㄨˇ女ㄋㄨˇ」

許　許可　廣韻「虛呂切ㄏㄩˇ」

古音：ㄏㄨˇ　韻：魯頌閟宮「嘏ㄍㄨ魯ㄌㄨˇ許ㄏㄨˇ宇ㄏㄨˇ」

虡　鐘鼓之柎　廣韻「其呂切ㄍㄩˇ」

古音：ㄍㄨˇ　韻：周頌有瞽「虡ㄍㄨˇ羽ㄏㄨˇ鼓ㄍㄨˇ圉ㄫㄨˇ奏ㄘㄨˋ舉ㄍㄨˇ」

秬　黑黍　廣韻「同虡」

古音：ㄍㄨˇ　韻：魯頌閟宮「黍ㄉㄨˇ秬ㄍㄨˇ土ㄊㄨˇ緒ㄙㄨˇ」

所　處所　廣韻「踈舉切ㄕㄩˇ」

古音：ㄙㄨˆ　韻：鄭大叔于田「馬ㄇㄨˆ組ㄗㄨˆ舞ㄇㄨˆ藪ㄙㄨˆ舉ㄍㄨˆ虎ㄏㄨˆ
所ㄙㄨˆ狃ㄋㄨˆ女ㄋㄨˆ」

楚　荊楚
廣韻「創舉切ㄨ̇ㄩˆ」
古音：ㄘㄨˆ　韻：小雅賓之初筵「楚ㄘㄨˆ旅ㄌㄨˆ」

阻　隔也
廣韻「側呂切ㄓㄩˆ」
古音：ㄗㄨˆ　韻：邶雄雉「羽ㄏ̇ㄨˆ阻ㄗㄨˆ」

沮　止也
廣韻「慈呂切ㄗ̇ㄩˆ」
古音：ㄗ̇ㄨˆ　韻：小雅巧言「怒ㄋㄨˆ沮ㄗ̇ㄨˆ」

舉　擎也
廣韻「居許切ㄍ̇ㄩˆ」
古音：ㄍㄨˆ　韻：見虡字

筥 筐 廣韻「同舉」

古音ㄍㄨˇ 韻：召南采蘋「筥ㄍㄨˇ釜ㄈㄨˇ」

緒 絲耑 廣韻「徐呂切ㄙㄩˇ」

古音ㄙㄨˇ 韻：見秬字

鱮 魚名 廣韻「同緒」

古音ㄙㄨˇ 韻：小雅采綠「鱮ㄙㄨˇ者ㄉㄨˇ」

藇 蕃蕪 廣韻「同緒」

古音ㄙㄨˇ 韻：小雅伐木「許ㄏㄨˇ藇ㄙㄨˇ羜ㄉㄨˇ父ㄅㄨˇ顧ㄍㄨˇ」

【麌】

麌 牡鹿 廣韻「虞矩切ㄫㄩˇ」

古音：兀ㄨˇ　韻：小雅吉日「午兀ㄨˇ馬ㄇㄨ麌兀ㄨˇ所ㄙㄨˇ」

噳衆多　廣韻「同麌」

古音：兀ㄨˇ　韻：大雅韓奕「土ㄊㄨˇ訏ㄏㄨ˙甫ㄅㄨˇ噳兀ㄨˇ虎ㄏㄨˇ譽ㄏㄨˇ」

俁威儀　廣韻「同麌」

古音：兀ㄨˇ　韻：邶簡兮「俁兀ㄨˇ舞ㄇㄨˇ虎ㄏㄨˇ組ㄗㄨˇ」

羽鳥長毛　廣韻「王矩切ㄩˇ」

古音：ㄏㄨˇ　韻：唐鴇羽「羽ㄏㄨˇ栩ㄏㄨˇ盬ㄍㄨˇ黍ㄉㄨˇ怙ㄏㄨˇ所ㄙㄨˇ」

雨水從雲下　廣韻「同羽」

古音：ㄏㄨˇ　韻：小雅正月「雨ㄏㄨˇ輔ㄅㄨ予ㄏㄨˇ」

宇宇宙　廣韻「同羽」

古音：ㄏㄨˇ　韻：魯頌閟宮「嘏ㄍㄨˇ魯ㄌㄨˇ許ㄏㄨˇ宇ㄏㄨˇ」

甫　甫甫大貌　廣韻「方矩切ㄈㄩˇ」

古音：ㄅㄨˇ　韻：見噳字

父　尚父　廣韻「同甫」

古音：ㄅㄨˇ　韻：大雅緜「父ㄅㄨˇ馬ㄇㄨˇ滸ㄏㄨˇ下ㄏㄨˇ女ㄋㄨˇ宇ㄏㄨˇ」

脯　乾肉　廣韻「同甫」

古音：ㄅㄨˇ　韻：大雅鳧鷖「渚ㄉㄨˇ處ㄊㄨˇ湑ㄙㄨˇ脯ㄅㄨˇ下ㄏㄨˇ」

黼　白黑文也　廣韻「同甫」

古音：ㄅㄨˇ　韻：小雅采菽「筥ㄍㄨˇ予ㄏㄨˇ馬ㄇㄨˇ黼ㄅㄨˇ」

武　文武　廣韻「文甫切ㄪㄩˇ」

古音：ㄇㄨˇ 韻：大雅下武「許ㄏㄨˇ武ㄇㄨˇ祜ㄏㄨˇ」

舞歌舞 廣韻「同武」

古音：ㄇㄨˇ 韻：見俁字

務通侮 廣韻「同武」

古音：ㄇㄨˇ 韻：小雅常棣「務ㄇㄨˇ戎ㄋㄨ」

父父母 廣韻「扶雨切ㄈㄨˇ」

古音：ㄅㄨˇ 韻：小雅四牡「下ㄏㄨˇ栩ㄏㄨˇ盬ㄍㄨˇ父ㄅㄨˇ」

釜鍑屬 廣韻「同父」

古音：ㄅㄨˇ 韻：見筥字

輔夾車之木 廣韻「同父」

古音：ㄅㄨ　韻：小雅正月「雨ㄏㄨˇ輔ㄅㄨˇ予ㄏㄨˇ」

冔　殷冠名　廣韻「況羽切ㄏㄩˇ」

古音：ㄏㄨˇ　韻：大雅文王「冔ㄏㄨˇ祖ㄗㄨˇ」

栩　栩櫟　廣韻「同冔」

古音：ㄏㄨˇ　韻：見羽字

訏　大也　廣韻「同冔」

古音：ㄏㄨˇ　韻：見噳字

踽　獨行貌　廣韻「俱雨切ㄍㄩˇ」

古音：ㄍㄨˇ　韻：唐杕杜「杜ㄉㄨˇ湑ㄙㄨˇ踽ㄍㄨˇ父ㄅㄨˇ」

【姥】

土 泥土 廣韻「它魯切ㄊㄨˇ」
古音：ㄊㄨˇ 韻：見噳字
吐 口吐 廣韻「同土」
古音：ㄊㄨˇ 韻：大雅烝民「茹ㄋㄨˇ 吐ㄊㄨˇ 寡ㄍㄨˇ 禦ㄫㄨˇ」
杜 甘棠 廣韻「徒古切ㄉㄨˇ」
古音：ㄉㄨˇ 韻：見踽字
魯 魯鈍也 廣韻「郎古切ㄌㄨˇ」
古音：ㄌㄨˇ 韻：見宇字
虜 虜掠 廣韻「同魯」
古音：ㄌㄨˇ 韻：大雅常武「武ㄇㄨˇ 怒ㄋㄨˇ 虎ㄏㄨˇ 虜ㄌㄨˇ 浦ㄆㄨˇ 所ㄙㄨˇ」

堵 垣堵 廣韻「當古切ㄉㄨˇ」

古音：ㄉㄨˆ 韻：小雅斯干「祖ㄗㄨˇ堵ㄉㄨˇ戶ㄏㄨˇ處ㄊㄨˇ語ㄫㄨˇ」

鼓 樂器 廣韻「公戶切ㄍㄨˇ」

古音：ㄍㄨˆ 韻：周頌有瞽「虡ㄍㄨˇ鼓ㄍㄨˇ圉ㄫㄨˆ舉ㄍㄨˇ」

瞽 盲目 廣韻「同鼓」

古音：ㄍㄨˆ 韻：周頌有瞽「瞽ㄍㄨˇ虡ㄍㄨˆ羽ㄏㄨˇ鼓ㄍㄨˇ圉ㄫㄨˇ奏ㄗㄨˇ舉ㄍㄨˆ」

罟 網罟 廣韻「同鼓」

古音：ㄍㄨˇ 韻：小雅小明「土ㄊㄨˇ野ㄉㄨˇ暑ㄉㄨˆ苦ㄎㄨˇ雨ㄏㄨˇ罟ㄍㄨˆ」

酤 買也 廣韻「同鼓」

古音：ㄍㄨˆ 韻：小雅代木「湑ㄙㄨˇ酤ㄍㄨˇ鼓ㄍㄨˇ舞ㄇㄨˆ暇ㄏㄨ 湑ㄙㄨˆ」

盬 息也　廣韻「同鼓」
古音：ㄍㄨˇ　韻：唐鴇羽「羽ㄏㄨˇ栩ㄏㄨˇ盬ㄍㄨˇ黍ㄉㄨˇ怙ㄏㄨˇ所ㄙㄨˇ」

股 脛上　廣韻「鼓」
古音：ㄍㄨˇ　韻：小雅采菽「股ㄍㄨˇ下ㄏㄨˇ紓ㄉㄨˇ予ㄏㄨˇ」

羖 夏羊牡　廣韻「同鼓」
古音：ㄍㄨˇ　韻：小雅賓之初筵「語ㄫㄨˇ羖ㄍㄨˇ」

五 數也　廣韻「疑古切ㄫㄨˇ」
古音：ㄫㄨˇ　韻：鄘干旄「旟ㄏㄨ都ㄉㄨ組ㄗㄨˇ五ㄫㄨˇ予ㄏㄨˇ」

午 長名　廣韻「同五」
古音：ㄫㄨˇ　韻：小雅吉日「午ㄫㄨˇ馬ㄇㄨˇ麌ㄫㄨ所ㄙㄨˇ」

祖 祖禰 廣韻「則古切 ㄗㄨˇ」

古音：ㄗㄨˇ 韻：小雅信南山「盧ㄌㄨ 瓜ㄍㄨ 菹ㄗㄨ 祖ㄗㄨˇ 祜ㄏㄨˇ」

組 綸組 廣韻「同祖」

古音：ㄗㄨˇ 韻：見五字

虎 獸名 廣韻「呼古切 ㄏㄨˇ」

古音：ㄏㄨˇ 韻：小雅何草不黃「虎ㄏㄨˇ 野ㄉㄨˇ 暇ㄏㄨˇ」

滸 水涯 廣韻「同虎」

古音：ㄏㄨˇ 韻：大雅緜「父ㄅㄨˇ 馬ㄇㄨˇ 滸ㄏㄨˇ 下ㄏㄨˇ 女ㄋㄨˇ 宇ㄏㄨˇ」

許 許々出力聲 廣韻「同虎」

古音：ㄏㄨˇ 韻：小雅伐木「許ㄏㄨˇ 藇ㄙㄨˇ 羜ㄉㄨˇ 父ㄅㄨˇ 顧ㄍㄨˇ」

苦 苦䔕 廣韻「康杜切ㄎㄨˇ」

古音：ㄎㄨˇ 韻：唐采苓「苦ㄎㄨˇ下ㄏㄨˇ與ㄏㄨˇ」

戶 半門 廣韻「侯古切ㄏㄨˇ」

古音：ㄏㄨˇ 韻：豳鴟鴞「雨ㄏㄨˇ土ㄊㄨˇ戶ㄏㄨˇ予ㄏㄨˇ」

祜 福也 廣韻「同戶」

古音：ㄏㄨˇ 韻：小雅桑扈「扈ㄏㄨˇ羽ㄏㄨˇ胥ㄙㄨ祜ㄏㄨˇ」

岵 山多草木 廣韻「同戶」

古音：ㄏㄨˇ 韻：魏陟岵「岵ㄏㄨˇ父ㄅㄨˇ」

怙 恃怙 廣韻「同戶」

古音：ㄏㄨˇ 韻：見羽字

扈 跋扈 廣韻「同戶」

古音：ㄏㄨˊ 韻：小雅桑扈「扈ㄏㄨˇ羽ㄏㄨˇ胥ㄙㄨ祜ㄏㄨˇ」

浦 濱也 廣韻「滂古切ㄆㄨˇ」

古音：ㄆㄨˇ 韻：大雅常武「父ㄅㄨˇ旅ㄌㄨˇ浦ㄆㄨˇ土ㄊㄨˇ緒ㄙㄨˇ」

補 補綴 廣韻「博古切ㄅㄨˇ」

古音：ㄅㄨˇ 韻：大雅烝民「舉ㄍㄨˇ補ㄅㄨˇ」

【馬】

馬 獸名 廣韻「莫下切ㄇㄚˇ」

古音：ㄇㄨˇ 韻：見滸字

者 語助 廣韻「章也切ㄓㄧㄚˇ」

古音：ㄉㄨˇ　韻：魯頌駉「馬ㄇㄨˇ野ㄉㄨˇ者ㄉㄨˇ騢ㄏㄨ魚ㄫㄨ祛ㄎㄨ

邪ㄙㄨ徂ㄗㄨ」

野　郊外　　廣韻「承與切ㄕㄩˇ」

古音：ㄉㄨˇ　韻：邶燕々「羽ㄏㄨˇ野ㄉㄨˇ雨ㄏㄨˇ」

斝　玉爵　　廣韻「古疋切ㄍㄚˇ」

古音：ㄍㄨˇ　韻：大雅行葦「御ㄫㄨˇ斝ㄍㄨˇ」

嘏　福也　　廣韻「古疋切ㄍㄚˇ」

古音：ㄍㄨˇ　韻：魯頌閟宮「嘏ㄍㄨˇ魯ㄉㄨˇ許ㄏㄨˇ宇ㄏㄨˇ」

夏　春夏　　廣韻「胡駕切ㄏㄚˋ」

古音：ㄏㄨˇ　韻：小雅四月「夏ㄏㄨˇ暑ㄉㄨˇ予ㄏㄨˇ」

下 底也 廣韻「胡雅切ㄏㄚˇ」

古音：ㄏㄨˇ 韻：召南采蘋「下ㄏㄨˇ女ㄋㄨˇ」

寫 除也 廣韻「悉姐切ㄙㄧㄚˇ」

古音：ㄙㄨˇ 韻：小雅蓼蕭「湑ㄙㄨˇ寫ㄙㄨˇ語ㄫㄨˇ處ㄊㄨˇ」

且 多貌 廣韻「促語切ㄘㄩˇ」

古音：ㄘㄨˇ 韻：周頌有客「馬ㄇㄨˇ且ㄘㄨˇ旅ㄌㄨˇ」

舍 止息 廣韻「書冶切ㄕㄧㄚˇ」

古音：ㄉㄨˇ 韻：小雅何人斯「舍ㄉㄨˇ車ㄍㄨˇ盱ㄏㄨ」

寡 鰥寡 廣韻「古瓦切ㄍㄨㄚˇ」

古音：ㄍㄨˇ 韻：小雅鴻雁「野ㄉㄨˇ寡ㄍㄨˇ」

垢　塵垢　【厚】　廣韻「古厚切ㄍㄡˇ」

古音：ㄍㄨˇ　韻：大雅桑柔「谷ㄍㄨˇ　穀ㄍㄨˇ　垢ㄍㄨˇ」

【東】

戎　兵器　廣韻「如融切ㄖㄨㄥˊ」

古音：ㄋㄨˊ　韻：大雅常武「祖ㄗㄨˇ　父ㄈㄨˇ　戎ㄋㄨˊ」

去聲【御】

御　迎也　廣韻「牛倨切ㄩˋ」

古音：ㄫㄨˋ　韻：召南鵲巢「居ㄍㄨ　御ㄫㄨˋ」

據　依也　廣韻「居御切ㄍㄩˋ」

古音：ㄍㄨˇ 韻：邶柏舟「茹ㄋㄨˇ據ㄍㄨˋ愬ㄙㄨˋ怒ㄋㄨˇ」

去 離也 廣韻「丘倨切ㄑㄩˋ」

古音：ㄎㄨˇ 韻：大雅生民「去ㄎㄨˇ呱ㄍㄨ訏ㄏㄨ路ㄌㄨˋ」

庶 衆也 廣韻「商署切ㄕㄩˋ」

古音：ㄉㄨˇ 韻：小雅天保「固ㄍㄨˋ除ㄉㄨˇ庶ㄉㄨˇ」

著 門屏之間 廣韻「直慮切ㄓㄩˋ」

古音：ㄉㄨˇ 韻：齊著「著ㄉㄨˇ素ㄙㄨˋ華ㄏㄨ」

除 去也 廣韻「同著」

古音：ㄉㄨˋ 韻：唐蟋蟀「莫ㄇㄨ除ㄉㄨˇ居ㄍㄨ瞿ㄍㄨˇ」

助 佐也 廣韻「牀據切ㄓㄩˋ」

古音：ㄗㄨˇ　韻：大雅雲漢「沮ㄗㄨˇ所ㄙㄨˇ顧ㄍㄨˋ助ㄗㄨˋ祖ㄗㄨˇ予ㄏㄨˇ」

飫　飽也　廣韻「依倨切ㄩˋ」

古音：ㄏㄨˋ　韻：小雅常棣「豆ㄉㄨˋ飫ㄏㄨˋ具ㄍㄨˋ孺ㄋㄨˋ」

洳　濕地　廣韻「人恕切ㄖㄩˋ」

古音：ㄋㄨˋ　韻：魏汾沮洳「洳ㄋㄨˋ莫ㄇㄨˋ度ㄉㄨˋ路ㄌㄨˋ」

豫　逸也　廣韻「羊洳切ㄩˋ」

古音：ㄏㄨˋ　韻：大雅板「怒ㄋㄨˋ豫ㄏㄨˋ」

譽　稱也　廣韻「同豫」

古音：ㄏㄨˋ　韻：小雅車舝「譽ㄏㄨˋ射ㄉㄨˋ」

【遇】

附 寄附 廣韻「符遇切ㄈㄩˋ」

古音：ㄅㄨˋ 韻：小雅角弓「木ㄇㄨˋ附ㄅㄨˋ屬ㄉㄨˋ」

馵 馬後左足白 廣韻「之戍切ㄓㄩˋ」

古音：ㄉㄨˋ 韻：秦小戎「續ㄙㄨˋ轂ㄍㄨˋ馵ㄉㄨˋ」

瞿 視貌 廣韻「九遇切ㄍㄩˋ」

古音：ㄍㄨˋ 韻：齊東方未明「圃ㄅㄨˋ瞿ㄍㄨˋ夜ㄏㄨˋ莫ㄇㄨˋ」

孺 孺慕 廣韻「而遇切ㄖㄩˋ」

古音：ㄋㄨˋ 韻：小雅常棣「豆ㄉㄨˋ飫ㄏㄨˋ具ㄍㄨˋ孺ㄋㄨˋ」

具 備也 廣韻「其遇切ㄍㄩˋ」

古音：ㄍㄨˋ 韻：見孺字

【暮】

莫 同暮 假為瘼 廣韻「莫故切ㄇㄨˋ」

古音：ㄇㄨˋ 韻：齊東方未明「圃ㄅㄨˇ瞿ㄍㄨˋ夜ㄏㄨˋ莫ㄇㄨˋ」

度 謀 廣韻「徒故切ㄉㄨˋ」

古音：ㄉㄨˋ 韻：魏汾沮洳「洳ㄋㄨˋ莫ㄇㄨˋ度ㄉㄨˋ路ㄌㄨˋ」

斁 猒也 廣韻「當故切ㄉㄨˋ」

古音：ㄉㄨˋ 韻：周頌振鷺「惡ㄨˋ斁ㄉㄨˋ夜ㄏㄨˋ譽ㄏㄨˋ」

路 大道 廣韻「洛故切ㄌㄨˋ」

古音：ㄌㄨˋ 韻：大雅生民「去ㄎㄨˇ呱ㄍㄨ訏ㄏㄨ路ㄌㄨˋ」

露 莛氣凝為露 廣韻「同路」

古音：ㄌㄨˋ 韻：召南行露「露ㄌㄨˋ 夜ㄏㄨˋ」

顧 迴視也 廣韻「古暮切ㄍㄨˋ」

古音：ㄍㄨˋ 韻：小雅伐木「許ㄏㄨˇ 藇ㄙㄨˇ 羜ㄉㄨˇ 父ㄅㄨˇ 顧ㄍㄨˋ」

故 舊也 廣韻「同顧」

古音：ㄍㄨˋ 韻：小雅我行其野「野ㄉㄨˇ 樗ㄊㄨ 故ㄍㄨˋ 居ㄍㄨ 畜ㄊㄨˋ 家ㄍㄨ」

固 堅也 廣韻「同顧」

古音：ㄍㄨˋ 韻：大雅皇矣「椐ㄍㄨ 柘ㄉㄨ 路ㄌㄨˋ 固ㄍㄨˋ」

愬 譖也 廣韻「桒故切ㄙㄨˋ」

古音：ㄙㄨˋ 韻：邶柏舟「茹ㄋㄨˇ 據ㄍㄨˋ 愬ㄙㄨˋ 怒ㄋㄨˋ」

素　色素　廣韻「同愬」

古音：ㄙㄨˋ　韻：齊箸「箸ㄉㄨˋ素ㄙㄨˋ華ㄏㄨ」

怒　恚也　廣韻「奴故切ㄋㄨˋ」

古音：ㄋㄨˋ　韻：見愬字

圃　園圃　廣韻「博故切ㄅㄨˋ」

古音：ㄅㄨˋ　韻：豳七月「圃ㄅㄨˋ稼ㄍㄨˋ穋ㄌㄨˋ夫ㄅㄨ」

惡　憎惡　廣韻「烏路切ㄨˋ」

古音：ㄨˋ　韻：周頌振鷺「惡ㄨˋ斁ㄉㄨˋ夜ㄏㄨˋ譽ㄏㄨˋ」

作　地名　廣韻「臧祚切ㄗㄨˋ」

古音：ㄗㄨˋ　韻：小雅采薇「作ㄗㄨˋ莫ㄇㄨˋ家ㄍㄨ故ㄍㄨˋ居ㄍㄨ故ㄍㄨˋ」

禡 師祭　廣韻「莫駕切ㄇㄚˋ」

古音：ㄇㄨˋ　韻：大雅皇矣「禡ㄇㄨˋ附ㄈㄨˋ侮ㄇㄨˇ」

稼 稼穡　廣韻「古訝切ㄍㄚˋ」

古音：ㄍㄨˋ　韻：豳七月「圃ㄅㄨˇ稼ㄍㄨˋ」

暇 閒也　廣韻「胡駕切ㄏㄚˋ」

古音：ㄏㄨˋ　韻：小雅伐木「暇ㄏㄨˋ湑ㄙㄨˇ」

夜 晝夜　廣韻「羊謝切ㄧㄚˋ」

古音：ㄏㄨˋ　韻：大雅蕩「呼ㄏㄨ夜ㄏㄨˋ」

射 射弓　廣韻「神夜切ㄓㄧㄚˋ」

古音：ㄉㄨˋ　韻：鄭大叔于田「射ㄉㄨˋ御ㄫㄨˋ」

柘木名　廣韻「之夜切ㄓㄧㄚˋ」

古音：ㄉㄨˋ　韻：大雅皇矣「梠ㄍㄨ柘ㄉㄨˋ路ㄉㄨˋ固ㄍㄨˋ」

【侯】

豆籩豆　廣韻「徒候切ㄉㄡˋ」

古音：ㄉㄨˋ　韻：小雅常棣「豆ㄉㄨ飫ㄏㄨ具ㄍㄨˋ孺ㄋㄨˋ」

【鐸】

蒦蕉蒦地名　廣韻「胡郭切ㄏㄛˊ」

古音：ㄏㄨˋ　韻：小雅六月「茹ㄋㄨˊ穫ㄏㄨˋ」

第四部「ㄡ」韻

平声【尤】

憂 愁也 廣韻「於求切ㄧㄡ」

古音：ㄧㄡ 韻：唐蟋蟀「休ㄏㄧㄡ慆ㄊㄡ憂ㄧㄡ休ㄏㄧㄡ」

優 饒也 廣韻「同憂」

古音：ㄧㄡ 韻：商頌長發「球ㄍㄧㄡ旒ㄌㄧㄡ休ㄏㄧㄡ絿ㄍㄧㄡ柔ㄋㄧㄡ
優ㄧㄡ遒ㄗㄧㄡ」

流 水行也 廣韻「力求切ㄌㄧㄡ」

古音：ㄌㄧㄡ 韻：邶柏舟「舟ㄉㄧㄡ流ㄌㄧㄡ憂ㄧㄡ遊ㄧㄡ」

旒 旗旒 廣韻「同流」

古音：ㄌㄧㄡ 韻：見優字

劉　殘餘　廣韻「同流」

古音：ㄌㄧㄡ　韻：大雅桑柔「柔ㄋㄧㄡ劉ㄌㄧㄡ憂ㄧㄡ」

秋　春秋　廣韻「七由切ㄘㄧㄡ」

古音：ㄘㄧㄡ　韻：王采葛「蕭ㄙㄧㄡ秋ㄘㄧㄡ」

猶　同也　廣韻「以周切ㄧㄡ」

古音：ㄧㄡ　韻：召南小星「昴ㄇㄡ裯ㄉㄧㄡ猶ㄧㄡ」

悠　遐也　廣韻「同猶」

古音：ㄧㄡ　韻：鄘載馳「驅ㄎㄡ侯ㄏㄡ悠ㄧㄡ漕ㄗㄡ憂ㄧㄡ」

滺　水流貌　廣韻「同猶」

古音：ㄧㄡ　韻：衛竹竿「滺ㄧㄡ舟ㄉㄧㄡ遊ㄧㄡ憂ㄧㄡ」

游 浮行也　廣韻「同猶」

古音：ㄧㄡ　韻：大雅卷阿「游ㄧㄡ休ㄏㄧㄡ酋ㄗㄧㄡ」

遊 遨遊　廣韻「同猶」

古音：ㄧㄡ　韻：邶柏舟「舟ㄉㄧㄡ流ㄌㄧㄡ憂ㄧㄡ遊ㄧㄡ」

揄 抒臼出　廣韻「同猶」

古音：ㄧㄡ　韻：大雅生民「揄ㄧㄡ蹂ㄋㄧㄡ浮ㄅㄧㄡ」

酋 善終　廣韻「自秋切ㄗㄧㄡ」

古音：ㄗㄧㄡ　韻：大雅卷阿「游ㄧㄡ休ㄏㄧㄡ酋ㄗㄧㄡ」

遒 固也　廣韻「同酋」

古音：ㄗㄧㄡ　韻：豳破斧「銶ㄍㄧㄡ遒ㄗㄧㄡ休ㄏㄧㄡ」

脩 脯也 廣韻「息流切ㄙㄧㄡ」

古音：ㄙㄧㄡ 韻：王中谷有蓷「脩ㄙㄧㄡ 歗ㄙㄧㄡ 淑ㄉㄧㄡ」

抽 拔也 廣韻「丑鳩切ㄔㄧㄡ」

古音：ㄊㄧㄡ 韻：鄭清人「軸ㄉㄧㄡ 陶ㄉㄡ 抽ㄊㄧㄡ 好ㄏㄡ」

妯 心動也 廣韻「同抽」

古音：ㄊㄧㄡ 韻：小雅鼓鐘「鼛ㄍㄡ 洲ㄉㄧㄡ 妯ㄊㄧㄡ 猶ㄧㄡ」

瘳 病愈 廣韻「同抽」

古音：ㄊㄧㄡ 韻：鄭風雨「瀟ㄙㄧㄡ 膠ㄍㄧㄡ 瘳ㄊㄧㄡ」

周 道周路湾也 廣韻「職流切ㄓㄧㄡ」

古音：ㄉㄧㄡ 韻：唐有杕之杜「周ㄉㄧㄡ 遊ㄧㄡ」

洲 渚也 廣韻「同周」
古音：ㄉㄧㄡ 韻：周南關雎「鳩ㄍㄧㄡ洲ㄉㄧㄡ逑ㄍㄧㄡ」
舟 船 廣韻「同周」
古音：ㄉㄧㄡ 韻：小雅菁菁者莪「舟ㄉㄧㄡ浮ㄅ'ㄧㄡ休ㄏㄧㄡ」
讎 答也 廣韻「市流切币ㄧㄡ」
古音：ㄉ'ㄧㄡ 韻：大雅抑「讎ㄉ'ㄧㄡ報ㄅㄡˋ」
醻 醻酢 廣韻「同讎」
古音：ㄉ'ㄧㄡ 韻：小雅瓠葉「炮ㄅ'ㄡ醻ㄉ'ㄧㄡ」
柔 順也 廣韻「耳由切ㄖㄧㄡ」
古音：ㄋㄧㄡ 韻：小雅采薇「柔ㄋㄧㄡ憂ㄧㄡ」

蹂 踏 廣韻「同柔」

古音：ㄋㄧㄡ 韻：大雅生民「揄ㄧㄡ蹂ㄋㄧㄡ浮ㄅㄧㄡ」

收 收受 廣韻「式州切ㄕㄧㄡ」

古音：ㄉㄧㄡ 韻：周頌維天之命「收ㄉㄧㄡ篤ㄉㄧㄡ」

鳩 鳥名 廣韻「居求切ㄍㄧㄡ」

古音：ㄍㄧㄡ 韻：周南關雎「鳩ㄍㄧㄡ洲ㄉㄧㄡ逑ㄍㄧㄡ」

搜 疾快 廣韻「所鳩切ㄕㄧㄡ」

古音：ㄙㄡ 韻：魯頌泮水「觩ㄍㄧㄡ搜ㄙㄡ」

休 福也 廣韻「許尤切ㄏㄧㄡ」

古音：ㄏㄧㄡ 韻：魯頌絲衣「觩ㄍㄧㄡ柔ㄋㄧㄡ敖ㄫㄡ休ㄏㄧㄡ」

囚　俘虜　廣韻「似由切ㄙㄧㄡ」

古音ㄙㄧㄡ　韻：魯頌泮水「陶ㄧㄡ囚ㄙㄧㄡ」

裯　襌被　廣韻「直由切ㄓㄧㄡ」

古音ㄉㄧㄡ　韻：召南小星「昴ㄇㄡ裯ㄉㄧㄡ猶ㄧㄡ」

求　乞也　廣韻「巨鳩切ㄍㄧㄡ」

古音ㄍㄧㄡ　韻：大雅下武「求ㄍㄧㄡ孚ㄅㄧㄡ」

絿　急也　廣韻「同求」

古音ㄍㄧㄡ　韻：商頌長發「球ㄍㄧㄡ旒ㄌㄧㄡ休ㄏㄧㄡ絿ㄍㄧㄡ柔ㄋㄧㄡ

優ㄧㄡ遒ㄗㄧㄡ」

觓　角曲貌　廣韻「同求」

古音：ㄍㄧㄡ　韻：小雅桑扈「觩ㄍㄧㄡ柔ㄋㄧㄡ敖ㄫㄡ求ㄍㄧㄡ」

球 美玉　廣韻「同求」
古音：ㄍㄧㄡ　韻：見絿字

銶 鑿屬　廣韻「同求」
古音：ㄍㄧㄡ　韻：豳破斧「銶ㄍㄧㄡ遒ㄗㄧㄡ休ㄏㄧㄡ」

逑 匹也　廣韻「同求」
古音：ㄍㄧㄡ　韻：見鳩字

仇 怨仇　廣韻「同求」
古音：ㄍㄧㄡ　韻：秦無衣「袍ㄅㄡ矛ㄇㄧㄡ仇ㄍㄧㄡ」

浮 汎也　廣韻「縛謀切ㄈㄧㄡ」

古音：ㄍㄧㄡ　韻：小雅菁々者莪「舟ㄉㄧㄡ浮ㄍㄧㄡ休ㄏㄧㄡ」

罦　覆車網　廣韻「同浮」

古音：ㄍㄧㄡ　韻：王兔爰「罦ㄍㄧㄡ造ㄗㄡ憂ㄧㄡ覺ㄍㄡ」

矛　戈矛　廣韻「莫浮切ㄇㄧㄡ」

古音ㄇㄧㄡ　韻：見仇字

髦　髮至眉　廣韻「莫袍切ㄇㄠ」

古音：ㄇㄧㄡ　韻：鄘柏舟「舟ㄉㄧㄡ髦ㄇㄧㄡ」

【侯】

侯　美也　廣韻「戶鉤切ㄏㄡ」

古音：ㄏㄡ　韻：鄭羔裘「濡ㄋㄧㄡ侯ㄏㄡ渝ㄧㄡ」、

婁 穿着　廣韻「落侯切ㄌㄡ」
古音ㄌㄡ　韻：唐山有樞「樞ㄊㄡ 榆ㄧㄡ 婁ㄌㄡ 驅ㄎㄧㄡ 愉ㄧㄡ」

諏 訪問　廣韻「子侯切ㄗㄡ」
古音ㄗㄡ　韻：小雅皇々者華「駒ㄍㄡ 濡ㄋㄧㄡ 驅ㄎㄧㄡ 諏ㄗㄡ」

裒 変遷　廣韻「薄侯切ㄅㄡ」
古音ㄅㄡ　韻：小雅常棣「裒ㄅㄡ 求ㄍㄧㄡ」

【虞】

愚 不智　廣韻「遇俱切ㄩˊ」
古音ㄫㄡ　韻：大雅抑「隅ㄫㄡ 愚ㄫㄡ」

隅 角也　廣韻「同愚」

古音ㄫㄡ　韻：邶静女「姝ㄊㄧㄡ隅ㄫㄡ蹰ㄉㄧㄡ」

芻　草　廣韻「測隅切ㄔㄩ」

古音ㄘㄡ　韻：唐綢繆「芻ㄘㄡ隅ㄫㄡ逅ㄏㄡ」

濡　潤澤　廣韻「人朱切ㄖㄩ」

古音ㄋㄧㄡ　韻：鄭羔裘「濡ㄋㄧㄡ侯ㄏㄡ渝ㄧㄡ」

株　株林　廣韻「陟輸切ㄓㄩ」

古音ㄉㄧㄡ　韻：陳株林「駒ㄍㄡ株ㄉㄧㄡ」

殳　兵器　廣韻「市朱切ㄕㄩ」

古音ㄉㄡ　韻：衛伯兮「殳ㄉㄡ驅ㄎㄧㄡ」

渝　变也　廣韻「羊朱切ㄩ」

古音：ㄧㄡ　韻：見濡字

榆木名　廣韻「同渝」

古音：ㄧㄡ　韻：見婁字

愉悅也　廣韻「同渝」

古音：ㄧㄡ　韻：見婁字

驅驅馳　廣韻「豈俱切ㄎㄩ」

古音：ㄎㄧㄡ　韻：見婁字

趨走也　廣韻「七逾切ㄘㄩ」

古音：ㄘㄧㄡ　韻：小雅緜蠻「隅ㄫㄡ趨ㄘㄧㄡ」

蔞蒿也　廣韻「落侯切ㄌㄡ」

古音ㄉㄡ 韻：周南漢廣「蔞ㄌㄡ駒ㄍㄡ」

孚 信也 廣韻「芳無切ㄈㄩ」

古音ㄆㄧㄡ 韻：大雅文王「臭ㄊㄧㄡ孚ㄆㄧㄡ」

樞 木名 廣韻「昌朱切ㄨㄩ」

古音ㄊㄧㄡ 韻：見婁字

姝 美麗 廣韻「同樞」

古音ㄊㄧㄡ 韻：邶靜女「姝ㄊㄧㄡ隅ㄫㄡ躕ㄉㄧㄡ」

躕 踟躕 廣韻「直誅切ㄓㄩ」

古音ㄉㄧㄡ 韻：見姝字

駒 馬駒 廣韻「舉朱切ㄍㄩ」

古音：ㄍㄡ　韻：見蔞字

【蕭】

蕭　蒿也　廣韻「蘇彫切ㄙㄧㄠ」

古音：ㄙㄧㄡ　韻：王采葛「蕭ㄙㄧㄡ秋ㄘㄧㄡ」

瀟　瀟々風雨　廣韻「同蕭」

古音：ㄙㄧㄡ　韻：鄭風雨「瀟ㄙㄧㄡ膠ㄍㄧㄡ瘳ㄊㄧㄡ」

條　小枝　廣韻「徒聊切ㄉ'ㄧㄠ」

古音：ㄉ'ㄧㄡ　韻：唐椒聊「聊ㄌㄧㄡ條ㄉ'ㄧㄡ」

聊　語助詞　廣韻「落蕭切ㄌㄧㄠ」

古音：ㄌㄧㄡ　韻：見條字

【宵】

陶 皋陶　廣韻「餘昭切ㄧㄠ」

古音：ㄧㄡ　韻：魯頌泮水「陶ㄧㄡ囚ㄙㄧㄡ」

儦 儦々眾多　廣韻「甫嬌切ㄅㄧㄠ」

古音：ㄅㄧㄡ　韻：齊載驅「滔ㄊㄡ儦ㄅㄧㄡ敖ㄫㄡ」

【肴】

膠 膠漆　廣韻「古肴切ㄍㄧㄠ」

古音：ㄍㄧㄡ　韻：見蕭字

怓 心亂　廣韻「女交切ㄋㄠ」

古音：ㄋㄡ　韻：大雅民勞「休ㄏㄧㄡ逑ㄍㄧㄡ怓ㄋㄡ憂ㄧㄡ休ㄏㄧㄡ」

呶 喧呶　廣韻「同怓」

古音：ㄋㄡ　韻：小雅賓之初筵「呶ㄋㄡ豆ㄉㄡ」

茅 茅草　廣韻「莫交切ㄇㄠ」

古音：ㄇㄡ　韻：豳七月「茅ㄇㄡ綯ㄉㄡ」

包 包裹　廣韻「布交切ㄅㄠ」

古音：ㄅㄡ　韻：召南野有死麕「包ㄅㄡ誘ㄧㄡ」

苞 叢生　廣韻「同包」

古音：ㄅㄡ　韻：小雅斯干「苞ㄅㄡ茂ㄇㄡ好ㄏㄡ猶ㄧㄡ」

匏 瓠也　廣韻「薄交切ㆠㄠ」

古音：ㆠㄡ　韻：大雅公劉「曹ㄗㄡ牢ㄌㄡ匏ㆠㄡ」

炮 合毛炙肉　廣韻「同炰」
古音：ㄆㄡ　韻：小雅瓠葉「首ㄉㄧㄡˇ炮ㄆㄡ酒ㄗㄧㄡˇ醻ㄉㄧㄡ」

【豪】

牢 牛馬圈　廣韻「魯刀切ㄌㄠ」
古音：ㄌㄡ　韻：見匏字

鼛 大鼓　廣韻「古勞切ㄍㄠ」
古音：ㄍㄡ　韻：小雅鼓鍾「鼛ㄍㄡ洲ㄉㄧㄡ妯ㄊㄧㄡ猶ㄧㄡ」

櫜 韜也　廣韻「同鼛」
古音：ㄍㄡ　韻：小雅彤弓「櫜ㄍㄡ好ㄏㄡˇ醻ㄉㄧㄡ」

滔 水流貌　廣韻「土刀切ㄊㄠ」

古音ㄊㄡ　韻ㄟ見儦字

慆　過去　廣韻「同滔」

古音ㄊㄡ　韻ㄟ唐蟋蟀「休ㄏㄧㄡ慆ㄊㄡ憂ㄧㄡ休ㄏㄧㄡ」

騷　擾也　廣韻「蘇遭切ㄙㄠ」

古音ㄙㄡ　韻ㄟ大雅常武「遊ㄧㄡ騷ㄙㄡ」

袍　長襦　廣韻「薄褒切ㄅㄠ」

古音ㄅㄡ　韻ㄟ秦無衣「袍ㄅㄡ矛ㄇㄧㄡ仇ㄍㄧㄡ」

陶　陶々和樂皃　廣韻「徒刀切ㄉㄠ」

古音ㄉㄡ　韻ㄟ王君子陽々「陶ㄉㄡ翿ㄉㄡ敖ㄫㄡ」

綯　繩也　廣韻「同陶」

古音：ㄉㄡ　韻：豳七月「茅ㄇㄡ綯ㄉㄡ」

翿　纛也　廣韻「同陶」

古音：ㄉㄡ　韻：見陶字

敖　游　廣韻「五勞切ㄫㄠ」

古音：ㄫㄡ　韻：見陶字

曹　羣牧　廣韻「昨勞切ㄗㄠ」

古音：ㄗㄡ　韻：見匏字

漕　衛邑　廣韻「同曹」

古音：ㄗㄡ　韻：鄘載馳「驅ㄎㄧㄡ侯ㄏㄡ悠ㄧㄡ漕ㄗㄡ憂ㄧㄡ」

【厚】

叜 淘米声 廣韻「蘇后切ㄙㄡˇ」

古音〻ㄙㄡ 韻〻大雅生民「揄ㄧㄡ蹂ㄋㄧㄡ叟ㄙㄡ浮ㄅㄧㄡ」

上声【有】

柳 木名 廣韻「力久切ㄌㄧㄡˇ」

古音〻ㄌㄧㄡˇ 韻〻小雅菀柳「柳ㄌㄧㄡˇ蹈ㄉㄠˋ」

罶 魚梁 廣韻「同柳」

古音〻ㄌㄧㄡˇ 韻〻小雅魚麗「罶ㄌㄧㄡˇ酒ㄗㄧㄡˇ」

懰 好也 廣韻「同柳」

古音〻ㄌㄧㄡˇ 韻〻陳月出「皓ㄏㄡˇ懰ㄌㄧㄡˇ受ㄉㄧㄡˇ慅ㄘㄡˇ」

杻 木名 廣韻「女久切ㄋㄧㄡ」

古音：ㄋㄧㄡˇ　韻：唐山有樞「栲ㄎㄧㄡˇ杻ㄋㄧㄡˇ埽ㄙㄡˇ考ㄎㄧㄡˇ保ㄅㄡˇ」

狃　相狎　廣韻「同杻」

古音：ㄋㄧㄡˇ　韻：晉輿人誦「狃ㄋㄧㄡˇ咎ㄍㄧㄡˇ」

朽　腐也　廣韻「許久切ㄏㄧㄡˇ」

古音：ㄏㄧㄡˇ　韻：周頌良耜「朽ㄏㄧㄡˇ茂ㄇㄡˇ」

韭　菜名　廣韻「舉有切ㄍㄧㄡˇ」

古音：ㄍㄧㄡˇ　韻：豳七月「蚤ㄗㄡˇ韭ㄍㄧㄡˇ」

首　頭也　廣韻「書九切ㄕㄧㄡˇ」

古音：ㄉㄧㄡˇ　韻：小雅頍弁「首ㄉㄧㄡˇ阜ㄅ゛ㄧㄡˇ舅ㄍㄧㄡˇ」

手　手足　廣韻「同首」

古音：ㄌㄧㄡˇ 韻：邶擊鼓「手ㄌㄧㄡˇ老ㄌㄡˇ」

醜 類也 廣韻「昌久切ㄔㄧㄡˇ」

古音：ㄊㄧㄡˇ 韻：魯頌泮水「茆ㄇㄡˇ酒ㄗㄧㄡˇ老ㄌㄡˇ道ㄉㄡ醜ㄊㄧㄡˇ」

魗 惡也 廣韻「同醜」

古音：ㄊㄧㄡˇ 韻：鄭遵大路「手ㄌㄧㄡˇ魗ㄊㄧㄡˇ好ㄏㄡˇ」

阜 豐也 廣韻「房久切ㄈㄧㄡˇ」

古音：ㄅㄧㄡˇ 韻：見首字

缶 瓦器 廣韻「方久切ㄈㄧㄡˇ」

古音：ㄅㄧㄡˇ 韻：陳宛丘「缶ㄅㄧㄡˇ道ㄉㄡˇ翿ㄉㄡˇ」

舅 甥舅 廣韻「其九切ㄍㄧㄡˇ」

古音〻ㄍㄧㄡˇ　韻〻小雅頍弁「首ㄉㄧㄡˇ阜ㄈㄧㄡˇ舅ㄍㄧㄡˇ」

咎　罪過　　廣韻「同舅」

古音〻ㄍㄧㄡˇ　韻〻小雅北山「酒ㄗㄧㄡˇ咎ㄍㄧㄡ」

誘　引誘　　廣韻「與久切ㄧㄡˇ」

古音〻ㄧㄡˇ　韻〻召南野有死麕「包ㄅㄡ誘ㄧㄡˇ」

莠　害草　　廣韻「同誘」

古音〻ㄧㄡˇ　韻〻小雅大田「阜ㄈㄡˇ好ㄏㄡˇ莠ㄧㄡˇ」

槱　積木燎以祭天　　廣韻「同誘」

古音〻ㄧㄡˇ　韻〻大雅棫樸「槱ㄧㄡˇ趣ㄘㄡˇ」

受　容納也　　廣韻「殖酉切ㄒㄧㄡˇ」

古音：ㄉㄧㄡˋ　韻：小雅巷伯「受ㄉㄧㄡˋ昊ㄏㄡˋ」

壽　壽考　廣韻「同受」

古音：ㄉㄧㄡˋ　韻：豳七月「薁ㄧㄡˋ菽ㄉㄧㄡˋ棗ㄗㄡˇ稻ㄉㄡˇ酒ㄗㄧㄡˇ壽ㄉㄧㄡˋ」

酒　酒醴　廣韻「子酉切ㄗㄧㄡˇ」

古音：ㄗㄧㄡˇ　韻：見壽字

【厚】

厚　不薄　廣韻「胡口切ㄏㄡ」

古音：ㄏㄡˋ　韻：小雅巧言「樹ㄉㄧㄡˋ數ㄙㄡˇ口ㄎㄡˇ厚ㄏㄡˋ」

后　君也　廣韻「同厚」

古音：ㄏㄡˋ　韻：周頌雝「后ㄏㄡˋ後ㄏㄡˋ」

後　先後　廣韻「同厚」

古音：ㄏㄡˇ　韻：見后字

牡　牝牡　廣韻「莫厚切ㄇㄡˇ」

古音：ㄇㄡˇ　韻：邶匏有苦葉「軌ㄍㄧㄡˇ牡ㄇㄡˇ」

斗　十升　廣韻「當口切ㄉㄡˇ」

古音：ㄉㄡˇ　韻：大雅行葦「主ㄉㄡˇ醹ㄋㄡˇ斗ㄉㄡˇ耇ㄍㄡˇ」

耇　老壽　廣韻「古厚切ㄍㄡˇ」

古音：ㄍㄡˇ　韻：小雅南山有臺「枸ㄍㄡˇ楰ㄧㄡ耇ㄍㄡˇ後ㄏㄡ」

笱　魚籠　廣韻「同耇」

古音：ㄍㄡˇ　韻：小雅小弁「笱ㄍㄡˇ後ㄏㄡˇ」

枸　曲木　　廣韻「同耇」

古音：ㄍㄡˇ　韻：見耇字

藪　藪澤　　廣韻「蘇后切ㄙㄡˇ」

古音：ㄙㄡˇ　韻：鄭大叔于田「鴇ㄅㄡˇ首ㄉㄧㄡˇ手ㄉㄡˇ藪ㄙㄡˇ阜ㄅㄧㄡˇ」

口　人所以言食　　廣韻「苦后切ㄎㄡˇ」

古音：ㄎㄡˇ　韻：小雅正月「瘉ㄧㄡˇ後ㄏㄡ口ㄎㄡˇ愈ㄧㄡ侮ㄇㄡˇ」

趣　趣馬　　廣韻「倉苟切ㄘㄡˇ」

古音：ㄘㄡˇ　韻：見棷字

取　收也　　廣韻「同趣」

古音：ㄘㄡˇ　韻：小雅角弓「駒ㄍㄡˇ後ㄏㄡˇ饇ㄡ取ㄘㄡˇ」

【麌】

侮 侮慢 廣韻「文甫切ㄪㄩˇ」

古音ㄇㄡˇ 韻見口字

愈 差也 廣韻「以主切ㄩˇ」

古音ㄧㄡˇ 韻見口字

瘉 病也 廣韻「同愈」

古音ㄧㄡˇ 韻見口字

楰 木名 廣韻「同愈」

古音ㄧㄡˇ 韻見耇字

主 掌也 廣韻「之庾切ㄓㄩˇ」

古音：ㄉㄡˊ　韻：大雅行葦「主ㄉㄡˇ醹ㄋㄡˇ斗ㄉㄡˇ耇ㄍㄡˇ」

醹　厚酒　廣韻「而主切ㄖㄩˇ」

古音：ㄋㄡˊ　韻：見主字

數　計也　廣韻「所矩切ㄕㄩˇ」

古音：ㄙㄡˇ　韻：小雅巧言「樹ㄉㄧㄡˋ數ㄙㄡˇ口ㄎㄡˇ厚ㄏㄡˇ」

【巧】

飽　食多　廣韻「博巧切ㄅㄠˇ」

古音：ㄅㄡˇ　韻：秦權輿「簋ㄍㄧㄡˇ飽ㄅㄡˇ」

卯　辰名　廣韻「莫飽切ㄇㄠˇ」

古音：ㄇㄡˇ　韻：小雅十月之交「卯ㄇㄡˇ醜ㄊㄧㄡˇ」

茆　鳧葵　　廣韻「同卯」

古音ㄇㄡˇ　韻：魯頌泮水「茆ㄇㄡˇ酒ㄗㄧㄡˇ老ㄌㄡˇ道ㄉㄡˇ醜ㄊㄧㄡˇ」

昴　星名　　廣韻「同卯」

古音ㄇㄡˇ　韻：召南小星「昴ㄇㄡˇ裯ㄉㄧㄡ猶ㄧㄡ」

【晧】

昊　夏天　　廣韻「胡老切ㄏㄠˋ」

古音ㄏㄡˋ　韻：小雅巷伯「受ㄉㄧㄡˋ昊ㄏㄡˋ」

皓　明也　　廣韻「同昊」

古音ㄏㄡˋ　韻：唐揚之水「皓ㄏㄡˋ繡ㄙㄧㄡˋ鵠ㄏㄡˋ憂ㄧㄡ」

老　耆老　　廣韻「盧晧切ㄌㄠˇ」

古音：ㄉㄡˆ　韻：邨擊鼓「手ㄉㄧㄡˆ老ㄌㄡˆ」

道　路也　廣韻「徒晧切ㄉㄠ」

古音：ㄉㄡˆ　韻：齊還「茂ㄇㄡ道ㄉㄡˆ牡ㄇㄡˆ好ㄏㄡˆ」

稻　秔稻　廣韻「同道」

古音：ㄉㄡˆ　韻：豳七月「薁ㄧㄡˆ菽ㄉㄧㄡˆ棗ㄗㄡˆ稻ㄉㄡˆ酒ㄗㄧㄡˆ壽ㄉㄡˆ」

埽　埽除　廣韻「蘇老切ㄙㄠˆ」

古音：ㄙㄡˆ　韻：鄘牆有茨「埽ㄙㄡˆ道ㄉㄡˆ醜ㄊㄧㄡˆ」

禱　祝告　廣韻「都晧切ㄉㄠˆ」

古音：ㄉㄡˆ　韻：小雅吉日「戊ㄇㄡ禱ㄉㄡˆ好ㄏㄡˆ阜ㄉㄧㄡˆ醜ㄊㄧㄡˆ」

擣　擣築　廣韻「同禱」

古音〻ㄉㄡˋ 韻〻小雅小弁「道ㄉㄡˇ草ㄘㄡˇ擣ㄉㄡˇ老ㄌㄡˇ首ㄉㄧㄡˇ」

草 百卉也 廣韻「采老切ㄘㄠˇ」

古音〻ㄘㄡˇ 韻〻見擣字

慅 憂也 廣韻「同草」

古音〻ㄘㄡˋ 韻〻陳月出「皓ㄏㄡˇ懰ㄌㄧㄡˇ受ㄌㄧㄡˇ慅ㄘㄡˇ」

蚤 早 廣韻「子晧切ㄗㄠˇ」

古音〻ㄗㄡˇ 韻〻豳七月「蚤ㄗㄡˇ韭ㄍㄧㄡˇ」

棗 果名 廣韻「同蚤」

古音〻ㄗㄡˇ 韻〻見壽字

皁 皁隸 廣韻「昨早切ㄗㄠˋ」

古音ㄗㄡˇ　韻ㄧ小雅大田「皁ㄗㄡˇ好ㄏㄡˇ莠ㄧㄡ」
造　造作　廣韻「同皁」
古音ㄗㄡˇ　韻ㄧ王兎爰「罦ㄈㄧㄡ造ㄗㄡˇ憂ㄧㄡ覺ㄍㄡˇ」
好　善也　廣韻「呼晧切ㄏㄠˇ」
古音ㄏㄡˇ　韻ㄧ小雅斯干「苞ㄅㄡ茂ㄇㄡˇ好ㄏㄡˇ猶ㄧㄡ」
寶　珍宝　廣韻「博抱切ㄅㄠˇ」
古音ㄅㄡˇ　韻ㄧ大雅崧高「寶ㄅㄡˇ舅ㄍㄧㄡˇ保ㄅㄡˇ」
保　守也　廣韻「同寶」
古音ㄅㄡˇ　韻ㄧ見寶字
鴇　本作駂馬名　廣韻「同寶」

古音：ㄅㄡˇ　韻：見藪字

考　撟擊　廣韻「苦浩切ㄎㄠˇ」

古音：ㄎㄧㄡˇ　韻：唐山有栲「栲ㄎㄧㄡˇ杻ㄋㄧㄡˇ埽ㄙㄡˇ考ㄎㄧㄡˇ保ㄅㄡˇ」

栲　木名　廣韻「同考」

古音：ㄎㄧㄡˇ　韻：見考字

【旨】

軌　軌轍　廣韻「居洧切ㄍㄨㄟˇ」

古音：ㄍㄧㄡˇ　韻：邶匏有苦葉「軌ㄍㄧㄡˇ牡ㄇㄡˇ」

簋　祭器　廣韻「同軌」

古音：ㄍㄧㄡˇ　韻：秦權輿「簋ㄍㄧㄡˇ飽ㄅㄡˇ」

去声【候】

廣韻「莫候切ㄇㄡˋ」

戊 辰名
古音：ㄇㄡˋ
韻：小雅吉日「戊ㄇㄡˋ禱ㄉㄡˇ好ㄏㄡˇ阜ㄅ一ㄡˇ醜ㄊ一ㄡˇ」

茂 卉盛
廣韻「同戊」
古音：ㄇㄡˋ
韻：小雅南山有臺「栲ㄎ一ㄡˇ杻ㄋ一ㄡˇ壽ㄉ一ㄡˇ茂ㄇㄡˋ」

【宥】

救 護也
廣韻「居祐切ㄍ一ㄡˋ」
古音：ㄍ一ㄡˋ
韻：邶谷風「舟ㄉ一ㄡ游一ㄡ求ㄍ一ㄡ救ㄍ一ㄡˋ」

究 窮極
廣韻「同救」
古音：ㄍ一ㄡˋ
韻：大雅蕩「祝ㄉ一ㄡˋ究ㄍ一ㄡˋ」

疚　病也　廣韻「同救」

古音ㄍㄧㄡˋ　韻周頌閔予小子「造ㄗㄡˇ疚ㄍㄧㄡˋ考ㄎㄧㄡˇ孝ㄏㄡˋ」

狩　冬獵　廣韻「舒救切币ㄧㄡˋ」

古音ㄉㄧㄡˋ　韻小雅車攻「好ㄏㄡˇ阜ㄅㄧㄡˋ草ㄘㄡˇ狩ㄉㄧㄡˋ」

咮　鳥口　廣韻「陟救切ㄓㄧㄡˋ」

古音ㄉㄧㄡˋ　韻曹候人「咮ㄉㄧㄡˋ媾ㄍㄡˋ」

臭　氣通于鼻曰臭　廣韻「尺救切乂ㄧㄡˋ」

古音ㄊㄧㄡˋ　韻大雅文王「臭ㄊㄧㄡˋ孚ㄆㄧㄡ」

祝　祭主贊詞　廣韻「職救切ㄓㄧㄡˋ」

古音ㄉㄧㄡˋ　韻大雅蕩「祝ㄉㄧㄡˋ究ㄍㄧㄡˋ」

秀　禾吐華　廣韻「息救切ㄙㄧㄡˋ」

古音ㄙㄧㄡˋ　韻之大雅生民「道ㄉㄡˇ草ㄘㄡˇ茂ㄇㄡˋ苞ㄅㄡ褎ㄙㄡˋ秀ㄙㄧㄡˋ好ㄏㄡˇ」

繡　五色備也　廣韻「同秀」

古音ㄙㄧㄡˋ　韻之見晧字

褎　衣袖、袖又作褎　廣韻「似祐切ㄙㄧㄡˋ」

古音ㄙㄧㄡˋ　韻之唐羔裘「褎ㄙㄧㄡˋ究ㄍㄧㄡˋ好ㄏㄡˋ」

售　賣物出手　廣韻「承呪切ㄕㄧㄡˋ」

古音ㄌㄧㄡˋ　韻之邶谷風「慉ㄏㄡˋ讎ㄌㄧㄡ售ㄌㄧㄡˋ」

【候】

鍭　金鏃箭羽　廣韻「胡遘切ㄏㄡˋ」

古音：ㄏㄡˋ　韻：大雅行葦「句ㄍㄡˋ鍭ㄏㄡˊ樹ㄉㄧㄡˋ侮ㄇㄡˇ」

逅　邂逅　廣韻「同鍭」

古音：ㄏㄡˋ　韻：唐綢繆「芻ㄘㄡ隅ㄫㄡ逅ㄏㄡˋ」

豆　籩豆　廣韻「徒候切ㄉㄡˋ」

古音：ㄉㄡˋ　韻：小雅賓之初筵「呶ㄋㄡ豆ㄉㄡˋ」

句　引滿的弓弦　廣韻「古候切ㄍㄡ」

古音：ㄍㄡˋ　韻：見鍭字

媾　寵幸　廣韻「同句」

古音：ㄍㄡˋ　韻：曹候人「咮ㄉㄧㄡˋ媾ㄍㄡˋ」

覯　見也　廣韻「同句」

古音：ㄍㄡˋ　韻：大雅抑「漏ㄌㄡˋ覯ㄍㄡˋ」

漏　漏刻　廣韻「盧候切ㄌㄡˋ」

古音：ㄌㄡˋ　韻：見覯字

【遇】

鏂　飽　廣韻「衣遇切ㄩ」

古音：ㄡˋ　韻：小雅角弓「駒ㄍㄡ後ㄏㄡˋ鏂ㄡˋ取ㄘㄡˋ」

樹　立也　廣韻「常句切ㄕㄩ」

古音：ㄉㄧㄡˋ　韻：小雅巧言「樹ㄉㄧㄡˋ數ㄙㄡˋ口ㄎㄡˇ厚ㄏㄡˋ」

附　寄附　廣韻「符遇切ㄈㄩˋ」

古音：ㄅㄧㄡˋ　韻：大雅綿「附ㄅㄧㄡˋ後ㄏㄡˋ奏ㄗㄡˋ侮ㄇㄡˇ」

裕 饒也 廣韻「羊戍切ㄩˋ」

古音ㄧㄡˋ 韻：小雅角弓「裕ㄧㄡˋ瘉ㄧㄡˇ」

【嘯】

歗 嘯吹声 廣韻「蘇弔切ㄙㄧㄠ」

古音ㄙㄧㄡˋ 韻：王中谷有蓷「脩ㄙㄧㄡ歗ㄙㄧㄡˋ淑ㄉㄧㄡˊ」

【號】

蹈 踐也 廣韻「徒到切ㄉㄠ」

古音ㄉㄡˋ 韻：小雅菀柳「柳ㄌㄧㄡˇ蹈ㄉㄡˇ」

翿 羽翳 廣韻「同蹈」

古音ㄉㄡˋ 韻：陳宛丘「缶ㄅㄧㄡˇ道ㄉㄡˇ翿ㄉㄡˇ」

冒覆也　廣韻「莫報切ㄇㄠˋ」

古音：ㄇㄡˋ　韻：邶日月「冒ㄇㄡˋ好ㄏㄡˇ報ㄅㄡˋ」

報報告　廣韻「博耗切ㄅㄠˋ」

古音：ㄅㄡˋ　韻：鄭女曰雞鳴「好ㄏㄡˇ報ㄅㄡˋ」

好愛好　廣韻「呼到切ㄏㄠˋ」

古音：ㄏㄡˋ　韻：見報字

【效】

覺覺悟　廣韻「古孝切ㄍㄠˋ」

古音：ㄍㄡˋ　韻：王兎爰「罦ㄅㄧㄡ造ㄗㄡˋ憂ㄧㄡ覺ㄍㄡˋ」

孝孝順　廣韻「呼教切ㄏㄠˋ」

古音：ㄏㄡˋ　韻：大雅文王有声「欲ㄧㄡˋ孝ㄏㄡˋ」

第五部「ㄠ」韻

平声【蕭】

恌　輕薄　廣韻「吐彫切ㄊㄧㄠ」

古音：ㄊㄧㄠ　韻：小雅鹿鳴「蒿ㄏㄠ昭ㄉㄧㄠ恌ㄊㄧㄠ傚ㄏㄠˋ敖ㄫㄠ」

苕　苕菜　廣韻「徒聊切ㄉㄧㄠ」

古音：ㄉㄧㄠ　韻：陳防有鵲巢「巢ㄗㄠ苕ㄉㄧㄠ忉ㄉㄠ」

蜩　蟬也　廣韻「同苕」

古音：ㄉㄧㄠ　韻：豳七月「葽ㄧㄠ蜩ㄉㄧㄠ」

僚　好貌　廣韻「落蕭切ㄌㄧㄠ」

古音ㄉ一ㄠ　韻陳月出「照ㄉ一ㄠ僚ㄌ一ㄠ紹ㄉ一ㄠ慘ㄘㄠ」

嘵 哀鳴

古音ㄏ一ㄠ　韻緜鴟鴞「譙ㄕ一ㄠ翛ㄙ一ㄠ翹ㄍ一ㄠ搖一ㄠ嘵ㄏ一ㄠ」　廣韻「許幺切ㄏ一ㄠ」

【宵】

消 地名　廣韻「相邀切ㄙ一ㄠ」

古音ㄙ一ㄠ　韻鄭清人「消ㄙ一ㄠ麃ㄆ一ㄠ喬ㄍ一ㄠ遙一ㄠ」

翛 翛翛飛羽声　廣韻「蘇彫切ㄙ一ㄠ」

古音ㄙ一ㄠ　韻見嘵字

朝 旦也　廣韻「陟遙切ㄉ一ㄠ」

古音ㄉ一ㄠ　韻衛河廣「刀ㄉㄠ朝ㄉ一ㄠ」

朝　朝廷　廣韻「直遙切ㄓㄧㄠ」

古音：ㄉㄧㄠ　韻：小雅漸〻之石「高ㄍㄠ勞ㄌㄠ朝ㄉㄧㄠ」

嚻　喧也　廣韻「許嬌切ㄏㄠ」

古音：ㄏㄧㄠ　韻：大雅板「僚ㄌㄧㄠ嚻ㄏㄠ笑ㄙㄧㄠ蕘ㄋㄧㄠ」

獢　獢犬　廣韻「同嚻」

古音：ㄏㄧㄠ　韻：秦駟驖「鑣ㄅㄧㄠ獢ㄏㄧㄠ」

譙　譙〻羽毛少　廣韻「昨焦切ㄗㄧㄠ」

古音：ㄗㄧㄠ　韻：見嘵字

驕　馬高六尺　廣韻「舉喬切ㄍㄧㄠ」

古音：ㄍㄧㄠ　韻：衛碩人「敖ㄫㄠ郊ㄍㄠ驕ㄍㄧㄠ鑣ㄅㄧㄠ朝ㄉㄧㄠ勞ㄌㄠ」

鷮雉　廣韻「舉喬切ㄐㄧㄠˊ」

古音ㄍㄧㄠ　韻ㄙ小雅車舝「鷮ㄍㄧㄠ教ㄍㄠ」

椒木名　廣韻「即消切ㄗㄧㄠ」

古音ㄗㄧㄠ　韻ㄙ陳東門之枌「荍ㄍㄧㄠ椒ㄗㄧㄠ」

蕘采薪者　廣韻「如招切ㄖㄧㄠ」

古音ㄋㄧㄠ　韻ㄙ見顗字

遥逍遥　廣韻「餘昭切ㄧㄠˊ」

古音ㄧㄠ　韻ㄙ見消字

搖動也　廣韻「同遥」

古音ㄧㄠ　韻ㄙ王黍離「苗ㄇㄧㄠ搖ㄧㄠ」

謠 徒歌　廣韻「同遥」
古音ㄧㄠ　韻ㄧ魏園有桃「桃ㄉㄠ殽ㄏㄠ謠ㄧㄠ驕ㄍㄧㄠ」
瑤 美玉　廣韻「同遥」
古音ㄧㄠ　韻ㄧ衛木瓜「桃ㄉㄠ瑤ㄧㄠ」
昭 明也　廣韻「止遥切ㄓㄧㄠ」
古音ㄉㄧㄠ　韻ㄧ魯頌泮水「藻ㄗㄠ蹻ㄍㄠ昭ㄉㄧㄠ笑ㄙㄧㄠ教ㄍㄠ」
鑣 馬銜　廣韻「甫嬌切ㄅㄧㄠ」
古音ㄅㄧㄠ　韻ㄧ見驕ㄍㄧㄠ字
麃 麃々威武貌　廣韻「同鑣」
古音ㄅㄧㄠ　韻ㄧ鄭清人「消ㄙㄧㄠ麃ㄅㄧㄠ喬ㄍㄧㄠ遥ㄧㄠ」

瀌雪貌　廣韻「同鑣」

古音：ㄅㄧㄠ　韻：小雅角弓「瀌ㄅㄧㄠ消ㄙㄧㄠ驕ㄍㄧㄠ」

苗田苗　廣韻「武瀌切ㄇㄧㄠ」

古音：ㄇㄧㄠ　韻：王黍離「苗ㄇㄧㄠ搖ㄧㄠ」

要身中也　廣韻「於霄切ㄧㄠ」

古音：ㄧㄠ　韻：鄭蘀兮「漂ㄆㄧㄠ要ㄧㄠ」

葽草盛貌　廣韻「同要」

古音：ㄧㄠ　韻：豳七月「葽ㄧㄠ蜩ㄉㄧㄠ」

喬矛的上句　廣韻「舉嬌切ㄍㄧㄠ」

古音：ㄍㄧㄠ　韻：見鷮字

夭　夭々少好貌　廣韻「於喬切ㄧㄠ」

古音々ㄧㄠ　韻々邶凱風「夭ㄧㄠ勞ㄌㄠ」

漂　浮也　廣韻「撫招切ㄆㄧㄠ」

古音々ㄆㄧㄠ　韻々見要字

飄　飄颻　廣韻「同漂」

古音々ㄆㄧㄠ　韻々檜匪風「飄ㄆㄧㄠ嘌ㄆㄧㄠ道ㄉㄠˋ弔ㄉㄧㄠˋ」

嘌　疾吹貌　廣韻「同漂」

古音々ㄆㄧㄠ　韻々見飄字

翹　危險　廣韻「渠遥切ㄍㄧㄠ」

古音々ㄍㄧㄠ　韻々見曉字

菽蕎錦葵　廣韻「同䵅」

古音ㄍㄧㄠ　韻見椒字

燎燒也　廣韻「力昭切ㄌㄧㄠ」

古音ㄌㄧㄠ　韻大雅旱麓「燎ㄌㄧㄠ勞ㄌㄠ」

【肴】

殽相雜錯　廣韻「胡茅切ㄏㄠ」

古音ㄏㄠ　韻魏園有桃「桃ㄉㄠ殽ㄏㄠ謠ㄧㄠ驕ㄍㄧㄠ」

郊邑外　廣韻「古肴切ㄍㄠ」

古音ㄍㄠ　韻見驕ㄍㄧㄠ字

巢鳥巢　廣韻「鉏交切ㄓㄠ」

古音：ㄗㄠ　韻：陳防有鵲巢「巢ㄗㄠ苕ㄉㄧㄠ忉ㄉㄠ」

【豪】

號　大呼也　廣韻「胡刀切ㄏㄠ」

古音：ㄏㄠ　韻：小雅北山「號ㄏㄠ勞ㄌㄠ」

勞　倦也　廣韻「魯刀切ㄌㄠ」

古音：ㄌㄠ　韻：邶凱風「夭ㄧㄠ勞ㄌㄠ」

高　崇也　廣韻「古勞切ㄍㄠ」

古音：ㄍㄠ　韻：小雅漸々之石「高ㄍㄠ勞ㄌㄠ朝ㄉㄧㄠ」

膏　脂也　廣韻「同高」

古音：ㄍㄠ　韻：檜羔裘「膏ㄍㄠ曜ㄧㄠ悼ㄉㄠ」

蒿青蒿　廣韻「呼毛切ㄏㄠ」

古音：ㄏㄠ　韻：小雅鹿鳴「蒿ㄏㄠ昭ㄉㄧㄠ恌ㄊㄧㄡ傚ㄏㄠ敖ㄫㄠ」

毛獸毛　廣韻「莫袍切ㄇㄠ」

古音：ㄇㄠ　韻：小雅信南山「刀ㄉㄠ毛ㄇㄠ膋ㄌㄧㄠ」

旄旗首繫牛尾　廣韻「同毛」

古音：ㄇㄠ　韻：鄘干旄「旄ㄇㄠ郊ㄍㄠ」

刀舠　廣韻「都勞切ㄉㄠ」

古音：ㄉㄠ　韻：衛河廣「刀ㄉㄠ朝ㄉㄧㄠ」

忉憂勞　廣韻「同刀」

古音：ㄉㄠ　韻：齊甫田「驕ㄍㄧㄠ忉ㄉㄠ」

桃　果名　廣韻「徒刀切ㄉㄠ」

古音：ㄉㄠ　韻：見骰字

敖　游也、地名　廣韻「五勞切ㄫㄠ」

古音：ㄫㄠ　韻：小雅車攻「苗ㄇㄧㄠ囂ㄏㄧㄠ旄ㄇㄠ敖ㄫㄠ」

嗷　衆口愁也　廣韻「同敖」

古音：ㄫㄠ　韻：小雅鴻雁「嗷ㄫㄠ勞ㄌㄠ驕ㄍㄧㄠ」

嚻　同嗷、衆多　廣韻「同敖」

古音：ㄫㄠ　韻：小雅十月之交「勞ㄌㄠ嚻ㄫㄠ」

上声【篠】

皎　明亮　廣韻「古了切ㄍㄧㄠ」

古音：ㄍㄧㄠˇ　韻：陳月出「皎ㄍㄧㄠˇ僚ㄌㄧㄠˇ糾ㄍㄧㄠˇ悄ㄘㄧㄠˇ」

鳥禽　廣韻「都了切ㄉㄧㄠˇ」

古音：ㄉㄧㄠˇ　韻：周頌小毖「鳥ㄉㄧㄠˇ蓼ㄌㄠˇ」

僚好貌　廣韻「力小切ㄌㄧㄠˇ」

古音：ㄌㄧㄠˇ　韻：見皎字

蓼苦草　廣韻「盧鳥切ㄌㄧㄠˇ」

古音：ㄌㄧㄠˇ　韻：見鳥字

【小】

小微也　廣韻「私兆切ㄙㄧㄠˇ」

古音：ㄙㄧㄠˇ　韻：邶柏舟「悄ㄘㄧㄠˇ小ㄙㄧㄠˇ少ㄉㄧㄠˇ摽ㄅㄧㄠˇ」

旐　旗旐　廣韻「治小切ㄓㄧㄠˇ」

古音〻ㄉㄧㄠˇ　韻〻小雅出車「郊ㄍㄠ旐ㄉㄧㄠˇ旄ㄇㄠ」

趙　刺也　廣韻「同旐」

古音ㄉㄧㄠˇ　韻〻周頌良耜「糾ㄍㄧㄠˇ趙ㄉㄧㄠˇ蓼ㄌㄠˇ」

沼　池沼　廣韻「之少切ㄓㄧㄠˇ」

古音〻ㄉㄧㄠˇ　韻〻小雅正月「沼ㄉㄠˇ樂ㄫㄠˇ炤ㄉㄧㄠˇ慘ㄘㄠˇ虐ㄫㄧㄠ」

少　不多　廣韻「書沼切ㄕㄧㄠˇ」

古音〻ㄉㄧㄠˇ　韻〻見小字

摽　落也　廣韻「苻少切ㄅㄧㄠˇ」

古音〻ㄅㄧㄠˇ　韻〻見小字

紹 繼也 廣韻「市沼切ㄕㄧㄠˊ」

古音：ㄉㄧㄠˊ 韻：陳月出「照ㄉㄧㄠ 僚ㄌㄧㄠ 紹ㄉㄧㄠˊ 慘ㄘㄠˊ」

蹻 武貌 廣韻「居夭切ㄍㄧㄠˊ」

古音：ㄍㄧㄠˊ 韻：魯頌泮水「藻ㄗㄠˊ 蹻ㄍㄧㄠˊ 昭ㄉㄧㄠ 笑ㄙㄧㄠˊ 教ㄍㄠ」

悄 憂貌 廣韻「親小切ㄘㄧㄠˊ」

古音：ㄘㄧㄠˊ 韻：見少字

【晧】

鎬 鎬京 廣韻「胡老切ㄏㄠˊ」

古音：ㄏㄠˊ 韻：小雅魚藻「藻ㄗㄠˊ 鎬ㄏㄠˊ」

潦 雨水 廣韻「盧晧切ㄌㄠˊ」

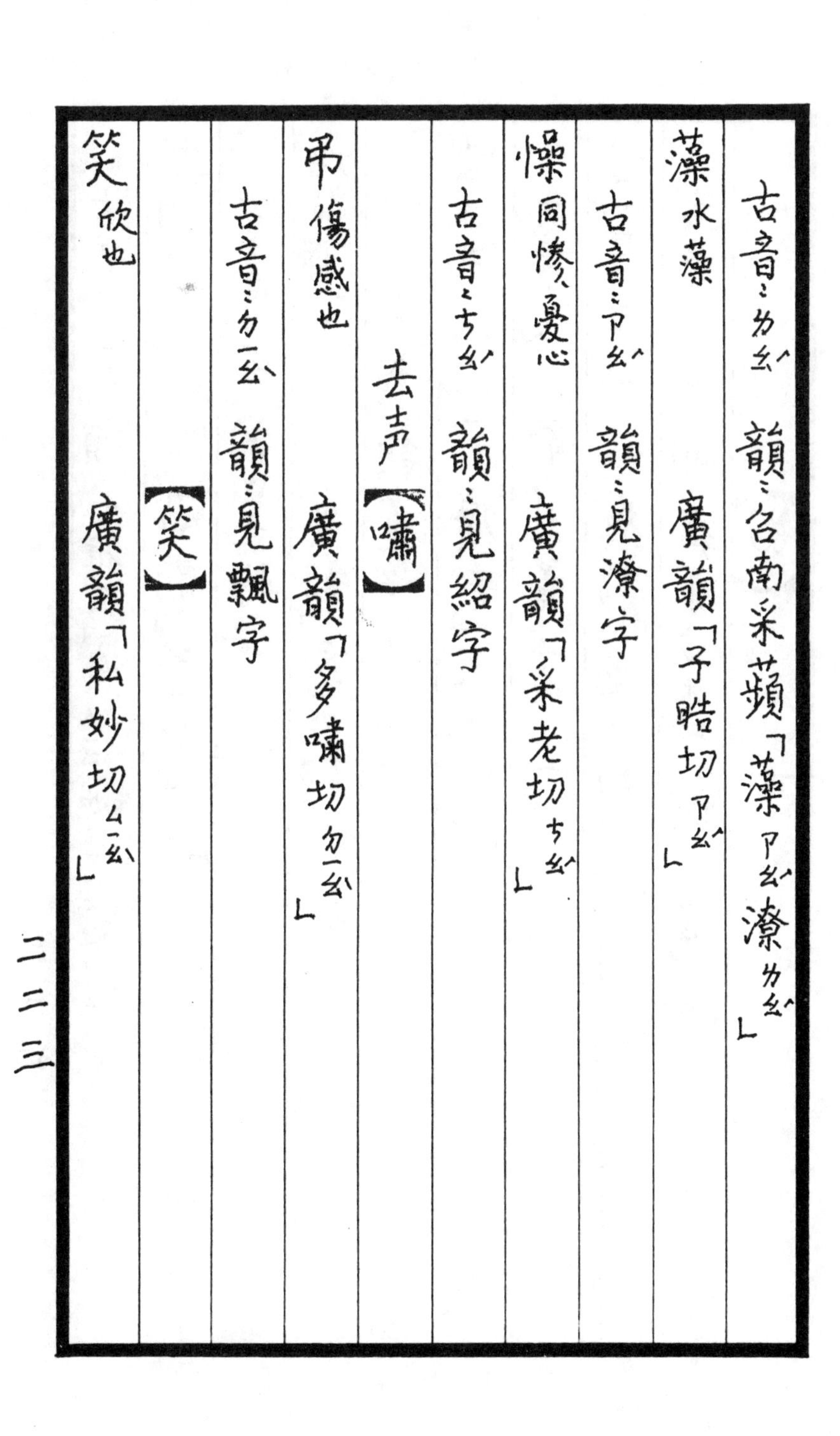
古音：ㄉㄠˇ　韻：名南采蘋「藻ㄗㄠˇ潦ㄌㄠˇ」

藻　水藻　廣韻「子晧切ㄗㄠˇ」

古音：ㄗㄠˇ　韻：見潦字

懆　同慘、憂心　廣韻「采老切ㄘㄠˇ」

古音：ㄘㄠˇ　韻：見紹字

去声【嘯】

弔　傷感也　廣韻「多嘯切ㄉㄧㄠ」

古音：ㄉㄧㄠˋ　韻：見飄字

【笑】

笑　欣也　廣韻「私妙切ㄙㄧㄠ」

古音：ㄙㄧㄠ　韻：大雅板「僚ㄌㄧㄠ 囂ㄏㄧㄠ 笑ㄙㄧㄠ 蕘ㄋㄧㄠ」

照　明也　廣韻「之少切ㄓㄧㄠ」

古音：ㄉㄧㄠ　韻：見懆字

炤　同照　廣韻「同照」

古音：ㄉㄧㄠ　韻：見洛字

曜　末光　廣韻「弋照切ㄧㄠ」

古音：ㄧㄠ　韻：見膏字

召　以言曰召　廣韻「直照切ㄓㄧㄠ」

古音：ㄉㄧㄠ　韻：齊東方未明「倒ㄉㄠ 召ㄉㄧㄠ」

【效】

傚 教也 廣韻「胡教切ㄏㄠ」

古音：ㄏㄠˋ 韻：小雅角弓「教ㄍㄠ傚ㄏㄠ」

教 訓 廣韻「古孝切ㄍㄠ」

古音：ㄍㄠˋ 韻：見傚字

罩 竹籠 廣韻「都教切ㄓㄠ」

古音：ㄉㄠˋ 韻：小雅南有嘉魚「罩ㄉㄠ樂ㄫㄠ」

號

盜 盜賊 廣韻「徒到切ㄉㄠ」

古音：ㄉㄠˋ 韻：小雅巧言「盜ㄉㄠ暴ㄅㄠ」

悼 傷悼 廣韻「同盜」

古音ㄉㄠˋ　韻見曜字

到　至也　廣韻「都導切ㄉㄠ」

古音ㄉㄠ　韻大雅韓奕「到ㄉㄠ樂ㄫㄠ」

倒　顛倒　廣韻「同到」

古音ㄉㄠ　韻見名字

膏　膏潤　廣韻「古到切ㄍㄠ」

古音ㄍㄠ　韻曹下泉「苗ㄇㄧㄠ膏ㄍㄠ勞ㄌㄠ」

敖　倨慢　廣韻「五勞切ㄫㄠ」

古音ㄫㄠ　韻邶終風「暴ㄅㄠˋ笑ㄙㄧㄠ敖ㄫㄠ悼ㄉㄠˋ」

芼　拔取　廣韻「莫報切ㄇㄠ」

古音：ㄇㄠ　韻：周南關雎「芼ㄇㄠ樂ㄫㄠ」

耄　老耄　廣韻「同芼」

古音：ㄇㄠ　韻：大雅抑「藐ㄇㄧㄠ教ㄍㄠ虐ㄫㄧㄠ耄ㄇㄠ」

勞　慰勞　廣韻「郎到切ㄌㄠ」

古音：ㄌㄠ　韻：小雅黍苗「苗ㄇㄧㄠ膏ㄍㄠ勞ㄌㄠ」

暴　暴虐　廣韻「薄報切ㄅㄠ」

古音：ㄅㄠ　韻：小雅巧言「盜ㄉㄠ暴ㄅㄠ」

第六部「ㄣ」韻

平声【真】

振　振々繁盛　廣韻「職鄰切ㄓㄧㄣ」

古音ㄉㄧㄣ 韻：周南螽斯「詵ㄙㄣ振ㄉㄧㄣ」

姻 婚姻 廣韻「於真切ㄧㄣ」

古音ㄧㄣ 韻：鄘蝃蝀「人ㄋㄧㄣ姻ㄧㄣ信ㄙㄧㄣ^命ㄇㄧㄣ」

駰 白馬黑陰 廣韻「同姻」

古音ㄧㄣ 韻：小雅皇皇者華「駰ㄧㄣ均ㄍㄨㄣ詢ㄙㄨㄣ」

禋 祭也 廣韻「同姻」

古音ㄧㄣ 韻：周頌維清「典ㄉㄧㄣ^禋ㄧㄣ」

新 不舊 廣韻「息鄰切ㄙㄧㄣ」

古音ㄙㄧㄣ 韻：大雅文王「天ㄊㄧㄣ新ㄙㄧㄣ」

薪 柴也 廣韻「同新」

古音：ㄙㄧㄣ　韻：小雅大東「薪ㄙㄧㄣ人ㄋㄧㄣ」

辰　時也　廣韻「植鄰切ㄉ゛ㄧㄣ」

古音：ㄉ゛ㄧㄣ　韻：大雅桑柔「慇ㄧㄣ辰ㄉ゛ㄧㄣ」

晨　早也　廣韻「同辰」

古音：ㄉ゛ㄧㄣ　韻：小雅庭燎「晨ㄉ゛ㄧㄣ煇ㄏㄨㄣ旂ㄍ゛ㄧㄣ」

臣　伏也　廣韻「同辰」

古音：ㄉ゛ㄧㄣ　韻：小雅北山「濱ㄅㄧㄣ臣ㄉ゛ㄧㄣ賢ㄏ゛ㄧㄣ」

人　天地人為三才　廣韻「如鄰切ㄖㄧㄣ」

古音：ㄋㄧㄣ　韻：邶燕燕「淵ㄧㄣ身ㄉㄧㄣ人ㄋㄧㄣ」

仁　愛人利物　廣韻「同人」

古音：ㄋㄧㄣ　韻：齊盧令「令ㄌㄧㄣ仁ㄋㄧㄣ」

神　靈也　廣韻「食鄰切ㄓ゛ㄧㄣ」

古音：ㄉ゛ㄧㄣ　韻：大雅崧高「天ㄊㄧㄣ神ㄉ゛ㄧㄣ申ㄉㄧㄣ」

親　愛也　廣韻「七人切ㄘㄧㄣ」

古音：ㄘㄧㄣ　韻：小雅節南山「親ㄘㄧㄣ信ㄙㄧㄣ」

申　國名　廣韻「失人切帀ㄧㄣ」

古音：ㄉㄧㄣ　韻：王揚之水「薪ㄙㄧㄣ申ㄉㄧㄣ」

身　懷孕　廣韻「同申」

古音：ㄉㄧㄣ　韻：見人字

信　通伸　廣韻「同申」

古音〻ㄉㄧㄣ　韻〻邶擊鼓「洵ㄙㄨㄣ信ㄉㄧㄣ」

賓　客也　廣韻「必鄰切ㄅㄧㄣ」

古音〻ㄅㄧㄣ　韻〻小雅信南山「賓ㄅㄧㄣ年ㄋㄧㄣ」

濱　水際　廣韻「同賓」

古音〻ㄅㄧㄣ　韻〻見臣字

粼　粼〻清澈，亦作磷　廣韻「力珍切ㄌㄧㄣ」

古音〻ㄌㄧㄣ　韻〻唐揚之水「粼ㄌㄧㄣ人ㄋㄧㄣ」

陳　堂下道路　廣韻「直珍切ㄓㄧㄣ」

古音〻ㄉㄧㄣ　韻〻小雅何人斯「陳ㄉㄧㄣ身ㄉㄧㄣ人ㄋㄧㄣ天ㄊㄧㄣ」

填　滿也　廣韻「同陳」

古音ㄉㄧㄣ　韻：大雅桑柔「旬ㄙㄨㄣ民ㄇㄧㄣ填ㄉㄧㄣ矜ㄍㄧㄣ」

塵　塵埃　廣韻「同陳」

古音ㄉㄧㄣ　韻：小雅無將大車「塵ㄉㄧㄣ疷ㄇㄧㄣ」

頻　急也　廣韻「符真切ㄉㄧㄣ」

古音ㄉㄧㄣ　韻：大雅桑柔「翩ㄆㄧㄣ泯ㄇㄧㄣ燼ㄙㄧㄣ頻ㄉㄧㄣ」

蘋　大萍　廣韻「同頻」

古音ㄉㄧㄣ　韻：召南采蘋「蘋ㄉㄧㄣ濱ㄅㄧㄣ」

巾　拭布　廣韻「居銀切ㄍㄧㄣ」

古音ㄍㄧㄣ　韻：鄭出其東門「門ㄇㄨㄣ雲ㄧㄣ存ㄗㄨㄣ巾ㄍㄧㄣ員ㄧㄣ」

麕　鹿屬　廣韻「居筠切ㄍㄩㄣ」

古音：ㄍㄨㄣ 韻：召南野有死麕「麕ㄍㄨㄣ春ㄊㄨㄣ」

囷 圓倉 廣韻「去倫切ㄑㄩㄣ」

古音：ㄎㄨㄣ 韻：魏伐檀「輪ㄌㄨㄣ漘ㄉㄨㄣ淪ㄌㄨㄣ囷ㄎㄨㄣ鶉ㄉㄨㄣ飧ㄙㄨㄣ」

民 人民 廣韻「彌鄰切ㄇㄧㄣ」

古音：ㄇㄧㄣ 韻：見填字

泯 沒也 廣韻「同民」

古音：ㄇㄧㄣ 韻：見頻字

緍 釣綫 廣韻「同民」

古音：ㄇㄧㄣ 韻：召南何彼襛矣「緍ㄇㄧㄣ孫ㄙㄨㄣ」

痻 病也同疧 廣韻「同民」

古音：ㄇㄧㄣ 韻：見塵字

貧乏也 廣韻「符巾切ㄅ゛ㄧㄣ」

古音：ㄅ゛ㄧㄣ 韻：邶北門「門ㄇㄨㄣ殷ㄧㄣ貧ㄅ゛ㄧㄣ艱ㄍㄧㄣ」

【諄】

詢咨也 廣韻「相倫切ㄙㄩㄣ」

古音：ㄙㄨㄣ 韻：小雅皇皇者華「均ㄍㄨㄣ詢ㄙㄨㄣ」

洵遠也． 廣韻「同詢」

古音：ㄙㄨㄣ 韻：邶擊鼓「洵ㄙㄨㄣ信ㄉㄧㄣ」

鶉鶉鶉 廣韻「常倫切ㄕ゛ㄩㄣ」

古音：ㄉ゛ㄨㄣ 韻：見困字

漘　水際　廣韻「食倫切ㄓㄩㄣ」

古音〻ㄉㄨㄣ韻〻見囷字

春　四時之首　廣韻「昌脣切ㄨㄩㄣ」

古音〻ㄊㄨㄣ韻〻見麕字

淪　沒也　廣韻「力迍切ㄌㄩㄣ」

古音〻ㄌㄨㄣ韻〻見囷字

輪　車輪　廣韻「同淪」

古音〻ㄌㄨㄣ韻〻見囷字

旬　周徧　廣韻「詳遵切ㄙㄩㄣ」

古音〻ㄙㄨㄣ韻〻見塡字

二三六

鈞平均

古音ㄍㄨㄣ韻大雅行葦「堅ㄍㄧㄣ鈞ㄍㄨㄣ均ㄍㄨㄣ賢ㄏㄧㄣ」

廣韻「居匀切ㄍㄩㄣ」

均均中

古音ㄍㄨㄣ韻見鈞字

廣韻「同鈞」

【臻】

臻至也

古音ㄗㄣ韻小雅雨無正「天ㄊㄧㄣ信ㄙㄧㄣ臻ㄗㄣ身ㄉㄧㄣ天ㄊㄧㄣ」

廣韻「側詵切ㄓㄧㄣ」

榛木名

古音ㄗㄣ韻邶簡兮「榛ㄗㄣ苓ㄌㄧㄣ人ㄋㄧㄣ」

廣韻「同臻」

蓁草盛

廣韻「同臻」

古音：ㄗㄣ 韻：周南桃夭「蓁ㄗㄣ人ㄋㄧㄣ」

溱 溱々眾多 廣韻「同臻」

古音：ㄗㄣ 韻：小雅無羊「年ㄋㄧㄣ溱ㄗㄣ」

莘 國名 廣韻「所臻切ㄕㄧㄣ」

古音：ㄙㄣ 韻：大雅大明「天ㄊㄧㄣ莘ㄙㄣ」

詵 詵々聚集 廣韻「同莘」

古音：ㄙㄣ 韻：周南螽斯「詵ㄙㄣ振ㄉㄧㄣ」

【文】

聞 聽見 廣韻「無分切ㄪㄩㄣ」

古音：ㄇㄨㄣ 韻：王葛藟「漘ㄉㄨㄣ昆ㄍㄨㄣ聞ㄇㄨㄣ」

雲　喻多　廣韻「王分切ㄩㄣ」

古音：ㄧㄣ　韻：齊敝笱「鰥ㄍㄧㄣ雲ㄧㄣ」

云　旋也　廣韻「同雲」

古音：ㄧㄣ　韻：小雅正月「鄰ㄌㄧㄣ云ㄧㄣ慇ㄧㄣ」

耘　耕耘　廣韻「同雲」

古音：ㄧㄣ　韻：周頌載芟「耘ㄧㄣ畛ㄉㄧㄣ」

員　通云　廣韻「同雲」

古音：ㄧㄣ　韻：鄭出其東門「門ㄇㄨㄣ雲ㄧㄣ存ㄗㄨㄣ巾ㄍㄧㄣ員ㄧㄣ」

焚　燒　廣韻「符分切ㄈㄩㄣ」

古音：ㄉㄨㄣ　韻：大雅雲漢「川ㄊㄨㄣ焚ㄉㄨㄣ熏ㄏㄨㄣ聞ㄇㄨㄣ遯ㄉㄨㄣˋ」

羣　隊也

古音：ㄍㄨㄣ　韻：秦小戎「羣ㄍㄨㄣ錞ㄉㄨㄣ苑ㄨㄣˇ」　廣韻「渠云切ㄍㄩㄣ」

熏　熏蒸

古音：ㄏㄨㄣ　韻：見焚字　廣韻「許云切ㄏㄩㄣ」

君　小君

古音：ㄍㄨㄣ　韻：鄘鶉之奔々「奔ㄅㄨㄣ君ㄍㄨㄣ」　廣韻「舉云切ㄍㄩㄣ」

芬　芳

古音：ㄆㄧㄣ　韻：大雅鳧鷖「亹ㄇㄨㄣ熏ㄏㄨㄣ欣ㄏㄧㄣ芬ㄆㄧㄣ艱ㄍㄧㄣ」　廣韻「撫文切ㄈㄩㄣ」

雰　霧氣

古音：ㄆㄧㄣ　韻：小雅信南山「雲ㄑㄣ雰ㄆㄧㄣ」　廣韻「同芬」

【殷】

殷眾也　廣韻「於斤切ㄧㄣ」

古音：ㄧㄣ　韻：郕北門「门ㄇㄨㄣ　殷ㄧㄣ　艱ㄍㄧㄣ」

慇憂也　廣韻「同殷」

古音：ㄧㄣ　韻：見云字

勤勞也　廣韻「巨斤切ㄍㄧㄣ」

古音：ㄍㄧㄣ　韻：鴟鴞「勤ㄍㄧㄣ　閔ㄇㄧㄣ」

芹水菜　廣韻「同勤」

古音：ㄍㄧㄣ　韻：魯頌泮水「芹ㄍㄧㄣ　旂ㄍㄧㄣ」

欣喜也　廣韻「許斤切ㄏㄧㄣ」

古音：ㄈㄣ　韻：見芬字

【魂】

昆　後也　　廣韻「古渾切ㄍㄨㄣ」

古音：ㄍㄨㄣ　韻：見聞字

門　戶　　廣韻「莫奔切ㄇㄨㄣ」

古音：ㄇㄨㄣ　韻：見員字

璊　玉色赤　　廣韻「同門」

古音：ㄇㄨㄣ　韻：王大車「啍ㄉㄨㄣ璊ㄇㄨㄣ奔ㄅㄨㄣ」

亹　水峽　　廣韻「同門」

古音：ㄇㄨㄣ　韻：見芬字

孫 子孫 廣韻「思渾切ㄙㄨㄣ」

古音：ㄙㄨㄣ 韻：小雅楚茨「盡ㄗㄧㄣ孫ㄙㄨㄣ引ㄧㄣ」

飧 夕食 廣韻「同孫」

古音：ㄙㄨㄣ 韻：魏伐檀「輪ㄌㄨㄣ漘ㄉ'ㄨㄣ淪ㄌㄨㄣ囷ㄎㄨㄣ鶉ㄉ'ㄨㄣ飧ㄙㄨㄣ」

存 在也 廣韻「徂尊切ㄗ'ㄨㄣ」

古音：ㄗ'ㄨㄣ 韻：見巾字

錞 戟下銅鐏 廣韻「徒猥切ㄉ'ㄨㄞ」

古音：ㄉㄨㄣ 韻：見羣字

哼 口氣 廣韻「徒渾切ㄉ'ㄨㄣ」

古音：ㄉ'ㄨㄣ 韻：見瑞字

奔 奔走 廣韻「博昆切ㄅㄨㄣ」

古音：ㄅㄨㄣ 韻：見瑞字

【先】

先 先後 廣韻「蘇前切ㄙㄧㄢ」

古音：ㄙㄧㄣ 韻：小雅小弁「先ㄙㄧㄣ墐ㄍㄧㄣ忍ㄋㄧㄣ隕ㄧㄣ」

千 十百 廣韻「蒼先切ㄘㄧㄢ」

古音：ㄘㄧㄣ 韻：小雅甫田「田ㄊㄧㄣ千ㄘㄧㄣ陳ㄉㄧㄣ人ㄋㄧㄣ年ㄋㄧㄣ」

天 上玄 廣韻「他前切ㄊㄧㄢ」

古音：ㄊㄧㄣ 韻：大雅棫樸「天ㄊㄧㄣ人ㄋㄧㄣ」

堅 固 廣韻「古賢切ㄍㄧㄢ」

古音：ㄍㄧㄣ 韻：見鈞字

賢 能也 廣韻「胡田切ㄏㄧㄢ」

古音：ㄏㄧㄣ 韻：小雅北山「濱ㄅㄧㄣ臣ㄉㄧㄣ賢ㄏㄧㄣ」

田 耕作 廣韻「徒年切ㄉㄧㄢ」

古音：ㄉㄧㄣ 韻：小雅信南山「甸ㄉㄧㄣ田ㄉㄧㄣ」

闐 闐々盛貌 廣韻「同田」

古音：ㄉㄧㄣ 韻：小雅采芑「淵ㄧㄣ闐ㄉㄧㄣ」

年 穀熟 廣韻「奴顛切ㄋㄧㄢ」

古音：ㄋㄧㄣ 韻：小雅無羊「年ㄋㄧㄣ溱ㄗㄣ」

顛 頂也 廣韻「都年切ㄉㄧㄢ」

古音：ㄉㄧㄣ 韻：秦車鄰「鄰ㄌㄧㄣ顛ㄉㄧㄣ令ㄌㄧㄣ」

巔 山頂 廣韻「同顛」

古音：ㄉㄧㄣ 韻：唐采苓「苓ㄌㄧㄣ巔ㄉㄧㄣ信ㄙㄧㄣ」

淵 深也 廣韻「烏玄切ㄩㄢ」

古音：ㄧㄣ 韻：邶燕燕「淵ㄧㄣ身ㄉㄧㄣ人ㄋㄧㄣ」

玄 黑也 廣韻「胡涓切ㄏㄩㄢ」

古音：ㄏㄨㄣ 韻：小雅何草不黃「玄ㄏㄨㄣ矜ㄍㄧㄣ民ㄇㄧㄣ」

【僊】

翩 飛貌 廣韻「芳連切ㄆㄧㄢ」

古音：ㄆㄧㄣ 韻：大雅桑柔「翩ㄆㄧㄣ泯ㄇㄧㄣ燼ㄙㄧㄣ頻ㄅㄧㄣ」

川　山川　廣韻「昌緣切ㄔㄩㄢ」

古音ㄊㄨㄣ　韻見焚字

鳶　鴟類　廣韻「與專切ㄩㄢ」

古音ㄧㄣ　韻小雅四月「鳶ㄧㄣ天ㄊㄧㄣ淵ㄧㄣ」

【山】

鰥　六十無妻　廣韻「古頑切ㄍㄨㄢ」

古音ㄍㄧㄣ　韻齊敝笱「鰥ㄍㄧㄣ雲ㄧㄣ」

艱　艱難　廣韻「古閑切ㄍㄢ」

古音ㄍㄧㄣ　韻邶北門「門ㄇㄨㄣ殷ㄧㄣ艱ㄍㄧㄣ」

【微】

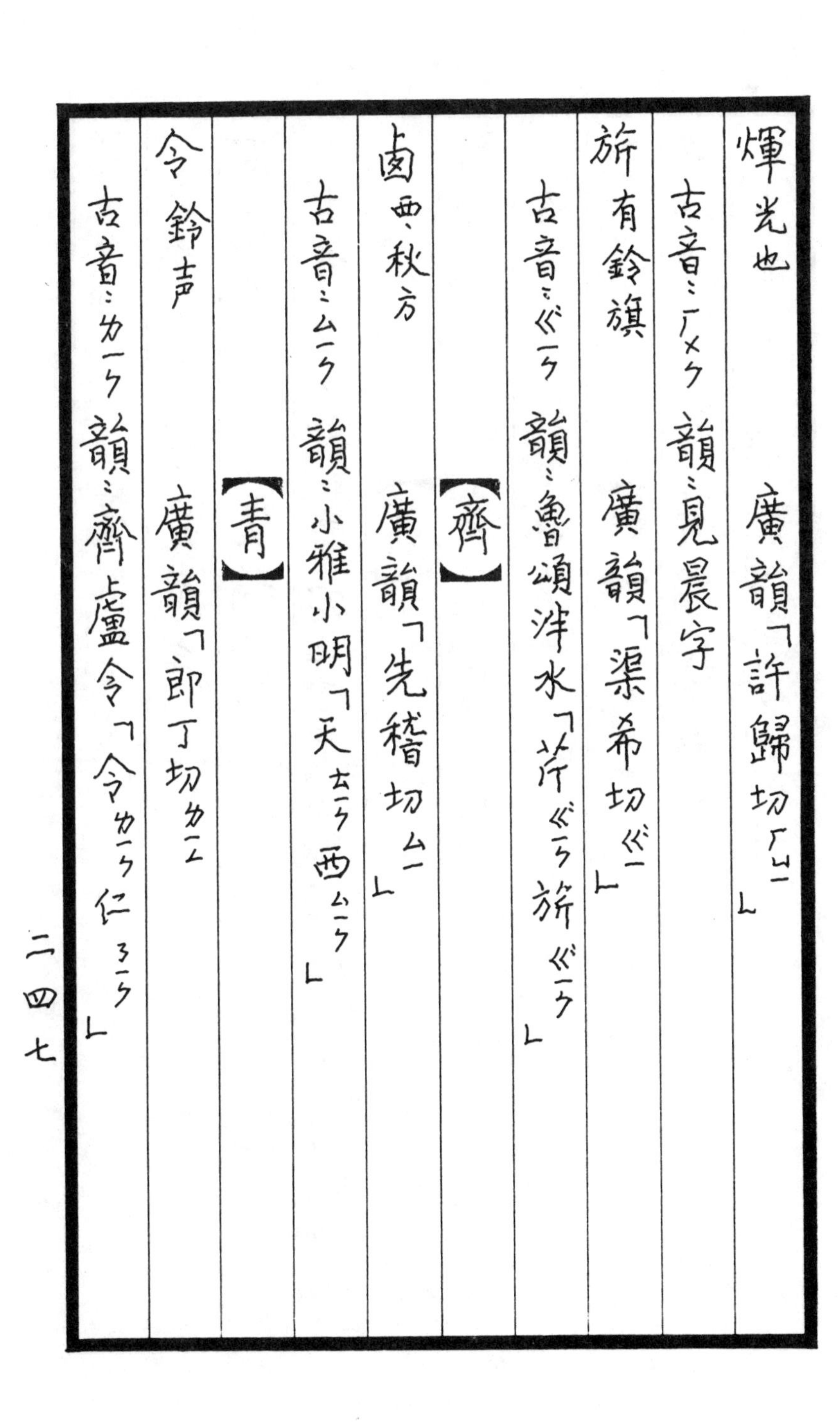

煇光也　廣韻「許歸切ㄏㄩㄧ」

古音：ㄏㄨㄣ　韻：見晨字

旂有鈴旗　廣韻「渠希切ㄍㄧ」

古音：ㄍㄧㄣ　韻：魯頌泮水「芹ㄍㄧㄣ旂ㄍㄧㄣ」

【齊】

卤西秋方　廣韻「先稽切ㄙㄧ」

古音：ㄙㄧㄣ　韻：小雅小明「天ㄊㄧㄣ西ㄙㄧㄣ」

【青】

令鈴声　廣韻「郎丁切ㄌㄧㄥ」

古音：ㄌㄧㄣ　韻：齊盧令「令ㄌㄧㄣ仁ㄋㄧㄣ」

苓茯苓　廣韻「同令」

古音：ㄌㄧㄣ　韻：見巔字

零落也　廣韻「同令」

古音：ㄌㄧㄣ　韻：鄘定之方中「零ㄌㄧㄣ人ㄋㄧㄣ田ㄉㄧㄣ淵ㄧㄣ千ㄘㄧㄣ」

【蒸】

矜矛柄　廣韻「居陵切ㄍㄧㄥ」

古音：ㄍㄧㄣ　韻：見玄字

【軫】

畛田界　廣韻「職鄰切ㄓㄧㄣ」

古音：ㄌㄧㄣ　韻：周頌載芟「耘ㄩㄣ畛ㄌㄧㄣ」

上声【軫】

忍 耐也 廣韻「而軫切ㄖㄧㄣˇ」

古音：ㄋㄧㄣˇ 韻：見先字

盡 竭也 廣韻「慈忍切ㄗㄧㄣˇ」

古音：ㄗㄧㄣˇ 韻：小雅楚茨「盡ㄗㄧㄣˇ 引ㄧㄣˇ」

引 導 廣韻「余忍切ㄧㄣˇ」

古音：ㄧㄣˇ 韻：見盡字

閔 傷也 廣韻「眉殞切ㄇㄧㄣˇ」

古音：ㄇㄧㄣˇ 韻：鴟鴞「勤ㄍㄧㄣ 閔ㄇㄧㄣˇ」

隕 落也 廣韻「于敏切ㄧㄣˇ」

古音ㄧㄣˊ　韻ㄓ衛詆「隕ㄧㄣˊ貧ㄆㄧㄣ」

【混】

壼居也

廣韻「苦本切ㄎㄨㄣˇ」

古音ㄎㄨㄣˇ韻ㄓ大雅旣醉「壼ㄎㄨㄣˇ年ㄋㄧㄣ胤ㄧㄣˋ」

【阮】

苑園苑

廣韻「於阮切ㄩㄢˇ」

古音ㄨㄣˇ　韻ㄓ秦小戎「羣ㄍㄨㄣ錞ㄉㄨㄣ苑ㄨㄣˇ」

去声【震】

信誠信

廣韻「息晉切ㄙㄧㄣˋ」

古音ㄙㄧㄣˋ　韻ㄓ唐采苓「苓ㄌㄧㄣ巔ㄉㄧㄣ信ㄙㄧㄣ」

胤　嗣也　廣韻「羊晉切ㄧㄣˋ」

古音：ㄧㄣ　韻：見壹字

燼　燭餘　廣韻「徐刃切ㄙㄧㄣˋ」

古音：ㄙㄧㄣ　韻：見翩字

墐　路冢也　廣韻「渠遴切ㄍㄧㄣˋ」

古音：ㄍㄧㄣ　韻：見忍字

【稕】

順　從也　廣韻「食閏切ㄓㄩㄣˋ」

古音：ㄉㄨㄣ　韻：大雅抑「人ㄋㄧㄣ　訓ㄏㄨㄣ　順ㄉㄨㄣ」

【問】

問 訊也

古音ㄇㄨㄣ 韻ㄇ鄭女曰雞鳴「順ㄉㄨㄣˋ問ㄇㄨㄣˋ」

廣韻「亡運切ㄪㄩㄣˋ」

訓 誡也

古音ㄏㄨㄣ 韻ㄇ見順字

廣韻「許運切ㄏㄩㄣˋ」

慍 怒也

古音ㄨㄣ 韻ㄇ大雅綿「慍ㄨㄣˋ問ㄇㄨㄣˋ」

廣韻「於問切ㄩㄣˋ」

【慁】

遯 逃也

古音ㄉㄨㄣ 韻ㄇ見焚字

廣韻「徒困切ㄉㄨㄣˋ」

【霰】

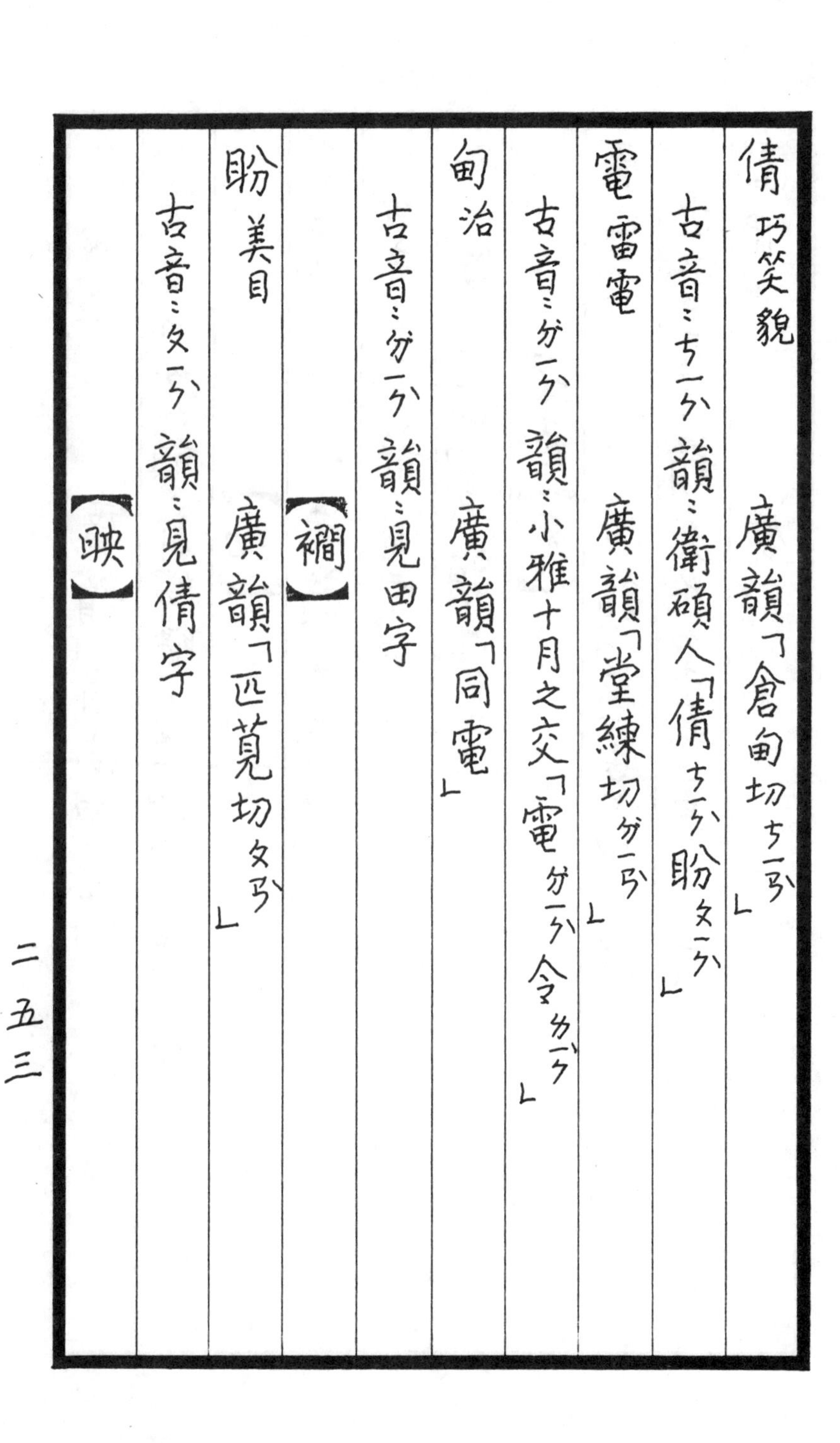
倩　巧笑貌　廣韻「倉甸切ㄘㄧㄢ」

古音：ㄘㄧㄣ　韻：衛碩人「倩ㄘㄧㄣ盼ㄆㄧㄣ」

電　雷電　廣韻「堂練切ㄉㄧㄢ」

古音：ㄉㄧㄣ　韻：小雅十月之交「電ㄉㄧㄣ令ㄌㄧㄣ」

甸　治　廣韻「同電」

古音：ㄉㄧㄣ　韻：見田字

【襇】

盼　美目　廣韻「匹莧切ㄆㄢ」

古音：ㄆㄧㄣ　韻：見倩字

【映】

命命運　廣韻「眉病切ㄇㄧㄥˋ」

古音ㄇㄧㄣ　韻「鄘蝃蝀「人ㄖㄣˊ姻ㄧㄣ信ㄙㄧㄣˋ命ㄇㄧㄣˋ」

【勁】

令善也　廣韻「力政切ㄌㄧㄥˋ」

古音ㄌㄧㄣˋ　韻見電字

第七部「ㄢ」韻

平声【元】

原水泉之本　廣韻「愚袁切ㄩㄢˊ」

古音ㄫㄨㄢ　韻大雅皇矣「泉ㄗㄧㄢ原ㄫㄨㄢ」

園園圃　廣韻「雨元切ㄩㄢˊ」

古音：ㄏㄨㄢ 韻：小雅鶴鳴「園ㄏㄨㄢ檀ㄉㄢ」

垣 垣墉 廣韻「同園」

古音：ㄏㄨㄢ 韻：大雅文王有声「垣ㄏㄨㄢ翰ㄏㄢ」

燔 炙也 廣韻「附袁切ㄈㄩㄢ」

古音：ㄅㄨㄢ 韻：小雅瓠葉「燔ㄅㄨㄢ獻ㄏㄧㄢ」

樊 藩籬 廣韻「同燔」

古音：ㄅㄨㄢ 韻：小雅青蠅「樊ㄅㄨㄢ言ㄫㄧㄢ」

繁 多也 廣韻「同燔」

古音：ㄅㄨㄢ 韻：大雅公劉「原ㄫㄨㄢ繁ㄅㄨㄢ宣ㄙㄨㄢ歎ㄊㄢ」

袢 褻衣 廣韻「同燔」

古音：ㄅ゛ㄨㄢ 韻：鄘君子偕老「展ㄉㄧㄢˋ袢ㄅ゛ㄨㄢ顏ㄫㄢ媛ㄏㄨㄢˋ」

番 數也 廣韻「孚袁切キㄩㄢ」

古音：ㄆㄨㄢ 韻：大雅崧高「番ㄆㄨㄢ嘽ㄊㄢ翰ㄏㄢ憲ㄏㄧㄢˋ」

蕃 蕃屏 廣韻「甫煩切ㄈㄩㄢ」

古音：ㄅㄨㄢ 韻：大雅崧高「翰ㄏㄢ蕃ㄅㄨㄢ宣ㄙㄨㄢ」

幡 翩々也 廣韻「孚袁切キㄩㄢ」

古音：ㄆㄨㄢ 韻：小雅賓之初筵「反ㄅㄨㄢˋ幡ㄆㄨㄢ遷ㄘㄧㄢ僊ㄙㄧㄢ」

藩 屏蔽 廣韻「同蕃」

古音：ㄅㄨㄢ 韻：大雅板「藩ㄅㄨㄢ垣ㄏ゛ㄨㄢ翰ㄏㄢ」

諼 忘也 廣韻「況袁切ㄏㄩㄢ」

古音ㄏㄨㄢ　韻：衛淇奧「咺ㄏㄨㄢˋ諼ㄏㄨㄢ」

貆　貉之子　廣韻「同諼」

古音ㄏㄨㄢ　韻：魏伐檀「檀ㄉㄢˊ干ㄍㄢ漣ㄌㄧㄢ廛ㄉㄧㄢˊ貆ㄏㄨㄢ

餐ㄘㄢ」

言　言語　廣韻「語軒切ㄩㄢˊ」

古音ㄫㄧㄢ　韻：邶泉水「干ㄍㄢ言ㄫㄧㄢ」

軒　軒車　廣韻「虛言切ㄏㄧㄢ」

古音ㄏㄧㄢ　韻：小雅六月「安ㄢ軒ㄏㄢ閑ㄏㄢˊ原ㄫㄨㄢ憲ㄏㄧㄢˋ」

【寒】

翰　屏翰　廣韻「胡安切ㄏㄢˊ」

古音：ㄏㄢ 韻：見蕃字

單 三單 廣韻「都寒切ㄉㄢ」

古音：ㄉㄢ 韻：大雅公劉「泉ㄗㄧㄢ 單ㄉㄢ 原ㄫㄨㄢ」

安 安完 廣韻「烏寒切ㄢ」

古音：ㄢ 韻：見軒字

難 不易 廣韻「那干切ㄋㄢ」

古音：ㄋㄢ 韻：王中谷有蓷「乾ㄍㄢ 嘆ㄊㄢ 難ㄋㄢ」

餐 食也 廣韻「七安切ㄘㄢ」

古音：ㄘㄢ 韻：鄭狡童「言ㄫㄧㄢ 餐ㄘㄢ」

嘆 長息 廣韻「他干切ㄊㄢ」

古音ㄊㄢ　韻見難字

嘽　嘽々衆盛皃　廣韻「同嘆」

古音ㄊㄢ　韻大雅常武「嘽ㄊㄢ翰ㄏㄢ漢ㄏㄢ」

檀　木名　廣韻「徒干切ㄉㄢ」

古音ㄉㄢ　韻見貆字

殘　餘也　廣韻「昨干切ㄗㄢ」

古音ㄗㄢ　韻大雅民勞「安ㄢ殘ㄗㄢ綣ㄑㄩㄢ反ㄅㄨㄢ諫ㄍㄢ」

干　水涯　廣韻「古寒切ㄍㄢ」

古音ㄍㄢ　韻見貆字

乾　乾濕　廣韻「同干」

古音ㄍㄢ　韻見難字

【桓】

丸　彈丸　廣韻「胡官切ㄏㄨㄢ」

古音ㄏㄢ　韻商頌殷武「山ㄙㄢ丸ㄏㄨㄢ遷ㄑㄧㄢ虔ㄍㄧㄢ梴ㄊㄧㄢ閑ㄏㄢ安ㄢ」

完　成也　廣韻「同丸」

古音ㄏㄨㄢ　韻大雅韓奕「完ㄏㄨㄢ蠻ㄇㄨㄢ」

漙　露多貌　廣韻「度官切ㄉㄨㄢ」

古音ㄉㄨㄢ　韻鄭野有蔓草「漙ㄉㄨㄢ婉ㄨㄢˋ願ㄫㄨㄢˋ」

慱　慱慱憂勞　廣韻「同漙」

古音：ㄌㄨㄢ　韻：檜素冠「冠ㄍㄨㄢ欒ㄌㄨㄢ慱ㄌㄨㄢ」

冠　首飾也　廣韻「古丸切ㄍㄨㄢ」

古音：ㄍㄨㄢ　韻：見慱字

欒　木名　廣韻「落官切ㄌㄨㄢ」

古音：ㄌㄨㄢ　韻：見慱字

寬　寬大　廣韻「苦官切ㄎㄨㄢ」

古音：ㄎㄨㄢ　韻：衛考槃「澗ㄍㄢ寬ㄎㄨㄢ言ㄫㄧㄢ諼ㄏㄨㄢ」

【刪】

關　關口　廣韻「古還切ㄍㄨㄢ」

古音：ㄍㄨㄢ　韻：衛氓「垣ㄏㄨㄢ關ㄍㄨㄢ漣ㄌㄧㄢ言ㄫㄧㄢ遷ㄘㄧㄢ」

環 玉環 廣韻「户關切ㄏㄨㄢ」
古音：ㄏㄨㄢ 韻：齊盧令「環ㄏㄨㄢ鬈ㄍㄨㄢ」
蠻 南夷 廣韻「莫還切ㄇㄨㄢ」
古音：ㄇㄨㄢ 韻：見完字
顏 額 廣韻「五姦切ㄫㄢ」
古音：ㄫㄢ 韻：鄘君子偕老「展ㄉㄧㄢ袢ㄆㄨㄢ顏ㄫㄢ媛ㄏㄨㄢ」
菅 草名 廣韻「古顏切ㄍㄢ」
古音：ㄍㄢ 韻：陳東門之池「菅ㄍㄢ言ㄫㄧㄢ」

【山】

山 有石而高者 廣韻「所閑切ㄕㄢ」

古音：ㄙㄢ　韻：小雅斯干「干ㄍㄢ山ㄙㄢ」

閒　中閒　廣韻「古閑切ㄍㄢ」

古音：ㄍㄢ　韻：齊還「還ㄏㄨㄢ閒ㄍㄢ肩ㄍㄧㄢ儇ㄏㄨㄢ」

蕑　蘭也　廣韻「同閒」

古音：ㄍㄢ　韻：鄭溱洧「渙ㄏㄨㄢ蕑ㄍㄢ觀ㄍㄨㄢ」

閑　大也　廣韻「戶閒切ㄏㄢ」

古音：ㄏㄢ　韻：見丸字

【先】

肩　通猏　廣韻「古賢切ㄍㄧㄢ」

古音：ㄍㄧㄢ　韻：見閒字

【僊】

僊 僊々舞貌 廣韻「相然切ㄙㄧㄢ」

古音：ㄙㄧㄢ 韻：小雅賓之初筵「遷ㄘㄧㄢ 僊ㄙㄧㄢ」

遷 去下之高 廣韻「七然切ㄘㄧㄢ」

古音：ㄘㄧㄢ 韻：見僊字

然 是也 廣韻「如延切ㄖㄧㄢ」

古音：ㄋㄧㄢ 韻：唐采苓「旃ㄉㄧㄢ 然ㄋㄧㄢ 言ㄫㄧㄢ 焉ㄧㄢ」

旃 之也 廣韻「諸延切ㄓㄧㄢ」

古音：ㄉㄧㄢ 韻：見然字

梴 木長 廣韻「丑延切ㄔㄧㄢ」

古音ㄊㄧㄢ　韻見丸字

廛　居也　廣韻「直連切ㄓㄧㄢ」

古音ㄉㄧㄢ　韻見貆字

連　續也　廣韻「力延切ㄌㄧㄢ」

古音ㄉㄧㄢ　韻見大雅皇矣「閑ㄏㄢ言ㄫㄧㄢ連ㄌㄧㄢ安ㄢ」

漣　漣漪　廣韻「同連」

古音ㄉㄧㄢ　韻見貆字

泉　水源　廣韻「疾緣切ㄗㄩㄢ」

古音ㄗㄧㄢ　韻見邶泉水「泉ㄗㄧㄢ歎ㄊㄢ」

宣　布也　廣韻「須緣切ㄙㄩㄢ」

古音ㄙㄨㄢ韻見繁字

儇 智也 廣韻「許緣切ㄏㄩㄢ」

古音ㄏㄨㄢ 韻齊還「還ㄙㄨㄢ 閒ㄍㄢ 肩ㄍㄧㄢ 儇ㄏㄨㄢ」

還 返、同旋 廣韻「似宣切ㄙㄩㄢ」

古音ㄙㄨㄢ 韻見儇字

悁 憂悒 廣韻「於緣切ㄩㄢ」

古音ㄧㄢ 韻陳澤陂「蕑ㄍㄢ 卷ㄍㄨㄢ 悁ㄧㄢ」

虔 恭也 廣韻「渠焉切ㄑㄧㄢ」

古音ㄑㄧㄢ 韻見丸字

愆 過也 廣韻「去乾切ㄎㄧㄢ」

古音：ㄎㄧㄢ　韻：小雅伐木「阪ㄅㄨㄢˊ衍ㄧㄢ踐ㄗㄧㄢˊ遠ㄏㄨㄢˊ愆ㄎㄧㄢ」

卷　通鬈　廣韻「巨員切ㄍㄩㄢ」

古音：ㄍㄨㄢ　韻：見悁字

鬈　鬈須鬈鬢美好　廣韻「同卷」

古音：ㄍㄨㄢ　韻：齊盧令「環ㄏㄨㄢ鬈ㄍㄨㄢ」

焉　何也　廣韻「於乾切ㄧㄢ」

古音：ㄧㄢ　韻：唐采苓「旃ㄉㄧㄢ然ㄋㄧㄢ言ㄫㄧㄢ焉ㄧㄢ」

【願】

憲　欣樂　廣韻「許建切ㄏㄧㄢˋ」

古音：ㄏㄧㄢ　韻：大雅板「難ㄋㄢ憲ㄏㄧㄢ

上声【阮】

遠遙遠 廣韻「雲阮切ㄩㄢˇ」

古音ㄏㄨㄢˇ 韻：小雅角弓「遠ㄏㄨㄢˇ然ㄋㄧㄢ」

反反々慎也 廣韻「府遠切ㄈㄩㄢˇ」

古音ㄅㄨㄢˇ 韻：周頌執競「簡ㄍㄢˇ反ㄅㄨㄢˇ」

阪不平 廣韻「同反」

古音ㄅㄨㄢˇ 韻：鄭東门之墠「墠ㄉㄧㄢˇ阪ㄅㄨㄢˇ遠ㄏㄨㄢˇ」

婉順也 廣韻「於阮切ㄩㄢˇ」

古音ㄨㄢˇ 韻：齊猗嗟「孌ㄌㄨㄢˇ婉ㄨㄢˇ選ㄙㄨㄢˇ貫ㄍㄨㄢˇ反ㄅㄨㄢˇ乱ㄌㄨㄢˇ」

綣繾綣 廣韻「去阮切ㄑㄩㄢˇ」

古音ㄎㄨㄢˇ 韻：大雅民勞「安ㄢ殘ㄗㄢˊ綣ㄎㄨㄢˇ反ㄅㄨㄢˇ諫ㄍㄢˋ」

咺 兒啼不止 廣韻「況晚切ㄏㄩㄢˇ」

古音ㄏㄨㄢˇ 韻：衛淇奧「僩ㄏㄢˇ咺ㄏㄨㄢˇ諼ㄏㄨㄢ」

【旱】

亶 信也 廣韻「多旱切ㄉㄢˇ」

古音ㄉㄢˇ 韻：大雅板「板ㄅㄨㄢˇ癉ㄉㄢ然ㄋㄧㄢ遠ㄏㄨㄢˇ管ㄍㄨㄢˇ亶ㄉㄢˇ

諫ㄍㄢ」

癉 小兒病 廣韻「都寒切ㄉㄢ」

古音ㄉㄢˇ 韻：見亶字

罕 希罕 廣韻「呼旱切ㄏㄢˇ」

古音：ㄏㄢˇ 韻：鄭大叔于田「慢ㄇㄢˇ罕ㄏㄢˇ」

【緩】

管 管々無所依 廣韻「古滿切ㄍㄨㄢˇ」

古音：ㄍㄨㄢˇ 韻：見亶字

館 舍也 廣韻「古玩切ㄍㄨㄢˇ」

古音：ㄍㄨㄢˇ 韻：鄭緇衣「館ㄍㄨㄢˇ粲ㄘㄢˇ」

痯 病也 廣韻「古滿切ㄍㄨㄢˇ」

古音：ㄍㄨㄢˇ 韻：小雅杕杜「幝ㄊㄧㄢˇ痯ㄍㄨㄢˇ遠ㄏㄨㄢˇ」

【潸】

板 板々反常 廣韻「布綰切ㄅㄨㄢˇ」

古音ㄅㄨㄢˇ 韻見亶字

僩 武猛貌 廣韻「下赧切ㄏㄢˇ」

古音ㄏㄢˇ 韻見咺字

【産】

簡 簡々大也 廣韻「古限切ㄍㄢˇ」

古音ㄍㄢˇ 韻見反字

【銑】

殄 絕也 廣韻「徒典切ㄉㄧㄢˇ」

古音ㄉㄧㄢˇ 韻邶新臺「洒ㄙㄧㄢˇ浼ㄇㄧㄢˇ殄ㄉㄧㄢˇ」

【獮】

衍　達也　廣韻「以淺切ㄧㄢˇ」

古音ㄧㄢˊ　韻見愆字

展　舒也　廣韻「知演切ㄓㄢˇ」

古音ㄉㄧㄢˊ　韻見顏字

踐　行列　廣韻「慈演切ㄗㄧㄢˇ」

古音ㄗㄧㄢˊ　韻見衍字

墠　町地　廣韻「常演切ㄕㄧㄢˇ」

古音ㄉㄧㄢˊ　韻見阪字

幝　車敝　廣韻「昌善切ㄔㄧㄢˇ」

古音ㄊㄧㄢˊ　韻見瘖字

巘 山形如甑 廣韻「語偃切」ㄧㄢˇ 古音ㄫㄧㄢˇ 韻讀大雅公劉「原ㄫㄨㄢ 緐ㄈㄨㄢ 宣ㄙㄨㄢ 歎ㄊㄢ 巘ㄫㄧㄢˇ 原ㄫㄨㄢ」

孌 美好 廣韻「力兗切」ㄌㄩㄢˇ 古音ㄌㄨㄢˇ 韻讀齊甫田「婉ㄨㄢˇ 孌ㄌㄨㄢˇ 丱ㄍㄨㄢˇ 弁ㄅㄧㄢ」

轉 動也 廣韻「陟兗切」ㄓㄩㄢˇ 古音ㄉㄨㄢˇ 韻讀邶柏舟「轉ㄉㄨㄢˇ 卷ㄍㄨㄢˇ 選ㄙㄨㄢˇ」

卷 卷舒 廣韻「居轉切」ㄍㄩㄢˇ 古音ㄍㄨㄢˇ 韻讀見轉字

選 擇也 廣韻「思兗切」ㄙㄩㄢˇ 古音ㄙㄨㄢˇ 韻讀見婉字

熯竭盡　廣韻「呼旱切ㄏㄢˇ」
古音ㄏㄢˇ　韻：小雅楚茨「熯ㄏㄢˇ愆ㄎㄧㄢ」

【賄】　廣韻「先禮切ㄙㄧˇ」
洒高峻貌
古音ㄙㄧㄢˇ　韻：邶新臺「洒ㄙㄧㄢˇ浼ㄇㄧㄢˇ殄ㄉㄧㄢˇ」
浼水流平貌　廣韻「武罪切ㄇㄨㄟˇ」
古音ㄇㄧㄢˇ　韻：見洒字

去声【願】
願欲　廣韻「魚怨切ㄩㄢˋ」
古音ㄫㄨㄢˋ　韻：鄭野有蔓草「溥ㄉㄨㄢˊ婉ㄨㄢˇ願ㄫㄨㄢˋ」

怨　恨　廣韻「於願切ㄩㄢˋ」

古音：ㄨㄢˋ　韻：衛琚「怨ㄨㄢˋ岸ㄫㄢˋ泮ㄆㄨㄢˋ晏ㄢˋ旦ㄉㄢˋ反ㄅㄨㄢˇ」

獻　進也　廣韻「許建切ㄏㄧㄢˋ」

古音：ㄏㄧㄢˋ　韻：小雅瓠葉「燔ㄅㄨㄢ獻ㄏㄧㄢˋ」

【翰】

旦　早也　廣韻「得按切ㄉㄢˋ」

古音：ㄉㄢˋ　韻：大雅板「旦ㄉㄢˋ衍ㄧㄢˋ」

岸　水涯高者　廣韻「五旰切ㄫㄢˋ」

古音：ㄫㄢˋ　韻：大雅皇矣「援ㄏㄨㄢ羨ㄙㄧㄢˋ岸ㄫㄢˋ」

衎　樂也　廣韻「苦旰切ㄎㄢˋ」

古音ㄎㄢˋ　韻：大雅南有嘉魚「汕ㄙㄢˋ衎ㄎㄢˋ」

漢　水名　廣韻「呼旰切ㄏㄢˋ」

古音ㄏㄢˋ　韻：大雅常武「嘽ㄊㄢ翰ㄏㄢˋ漢ㄏㄢˋ」

爛　明也　廣韻「郎旰切ㄌㄢˋ」

古音ㄌㄢˋ　韻：鄭女曰雞鳴「旦ㄉㄢˋ爛ㄌㄢˋ雁ㄫㄢˋ」

粲　鮮美也　廣韻「蒼案切ㄘㄢˋ」

古音ㄘㄢˋ　韻：唐葛生「粲ㄘㄢˋ爛ㄌㄢˋ旦ㄉㄢˋ」

【換】

渙　水散　廣韻「火貫切ㄏㄨㄢˋ」

古音ㄏㄨㄢˋ　韻：鄭溱洧「渙ㄏㄨㄢˋ蕑ㄍㄢ觀ㄍㄨㄢ」

貫 穿也 廣韻「古玩切ㄍㄨㄢˋ」

古音ㄍㄨㄢˋ 韻見選字

𢿢 煩也通乱 廣韻「郎段切ㄌㄨㄢˋ」

古音ㄌㄨㄢˋ 韻見婉字

鍛 打鉄 廣韻「丁貫切ㄉㄨㄢˋ」

古音ㄉㄨㄢˋ 韻大雅公劉「館ㄍㄨㄢˇ 乱ㄌㄨㄢˋ 鍛ㄉㄨㄢˋ」

泮 泮宮 廣韻「普半切ㄆㄨㄢˋ」

古音ㄆㄨㄢˋ 韻邶匏有苦葉「雁ㄫㄢˋ 旦ㄉㄢˋ 泮ㄆㄨㄢˋ」

【諫】

諫 諫諍 廣韻「古晏切ㄍㄢˋ」

古音：ㄍㄢ　韻：見綣字

澗　水澗　廣韻「同諫」

古音：ㄍㄢ　韻：衛考槃「澗ㄍㄢ寬ㄎㄨㄢ言ㄫㄧㄢ諼ㄒㄩㄢ」

晏　晚也　廣韻「烏旰切ㄢ」

古音：ㄢ　韻：鄭羔裘「晏ㄢ粲ㄘㄢ彥ㄫㄧㄢ」

鴈　鴻鴈亦作雁　廣韻「五晏切ㄫㄢ」

古音：ㄫㄢ　韻：見泮字

汕　魚浮水上　廣韻「所晏切ㄕㄢ」

古音：ㄙㄢ　韻：見衎字

慢　怠也　廣韻「謨晏切ㄇㄢ」

古音ㄇㄢˋ　韻：鄭大叔于田「慢ㄇㄢˋ罕ㄏㄢˇ」

丱　總角　廣韻「古患切ㄍㄨㄢˋ」

古音ㄍㄨㄢˋ　韻：齊甫田「婉ㄨㄢˇ孌ㄌㄨㄢˇ丱ㄍㄨㄢˋ弁ㄅㄧㄢˋ」

【霰】

霰　雪珠　廣韻「蘇佃切ㄙㄧㄢˋ」

古音ㄙㄧㄢˋ　韻：小雅頍弁「霰ㄙㄧㄢˋ見ㄍㄧㄢˋ宴ㄧㄢˋ」

駽　青驪馬　廣韻「許縣切ㄒㄩㄢˋ」

古音ㄏㄨㄢˋ　韻：魯頌有駜「駽ㄏㄨㄢˋ燕ㄧㄢˋ」

見　視也　廣韻「古電切ㄍㄧㄢˋ」

古音ㄍㄧㄢˋ　韻：見霰字

宴　安也　廣韻「於甸切ㄧㄢˋ」
　古音：ㄧㄢˋ　韻：見霰字
燕　通宴　廣韻「同宴」
　古音：ㄧㄢˋ　韻：見駽字

【線】

彥　美士　廣韻「魚變切广ㄧㄢˋ」
　古音：兀ㄧㄢ　韻：見晏字
援　援引　廣韻「王眷切ㄩㄢˋ」
　古音：ㄏㄨㄢˋ　韻：見岸字
媛　淑媛　廣韻「同援」

古音ニㄏㄨㄢˋ 韻ニ見展字

弁冠 廣韻「皮變切ㄅ゛ㄩㄢ」

古音ニㄅ゛ㄧㄢ 韻ニ見丱字

羨貪慕 廣韻「似面切ㄙ゛ㄧㄢ」

古音ニㄙ゛ㄧㄢ 韻ニ見岸字

第八部「ㄥ」韻之一

平声【庚】

平治 廣韻「符兵切ㄅ゛ㄧㄥ」

古音ニㄅ゛ㄧㄥ 韻ニ小雅常棣「平ㄅ゛ㄧㄥ甯ㄋㄧㄥ生ㄙㄥ」

苹蘋 廣韻「同平」

古音：ㄅ'ㄧㄥ　韻：小雅鹿鳴「鳴ㄇㄧㄥ苹ㄅ'ㄧㄥ笙ㄙㄥ」

鳴　叫　廣韻「武兵切ㄇㄧㄥ」

古音：ㄇㄧㄥ　韻：見苹字

驚　駭　廣韻「舉卿切ㄍㄧㄥ」

古音：ㄍㄧㄥ　韻：大雅常武「霆ㄉ'ㄧㄥ驚ㄍㄧㄥ」

瑩　玉色　廣韻「永兄切ㄧㄥ」

古音：ㄧㄥ　韻：齊著「庭ㄉ'ㄧㄥ青ㄘㄧㄥ瑩ㄧㄥ」

生　友生　廣韻「所庚切ㄕㄥ」

古音：ㄙㄥ　韻：見平字

甥　外甥　廣韻「同生」

古音：ㄙㄥ　韻：齊猗嗟「名ㄇㄧㄥ成ㄉ'ㄧㄥ（清ㄘㄧㄥ）正ㄉㄧㄥ甥ㄙㄥ」

牲　犧牲　廣韻「同生」

古音：ㄙㄥ　韻：大雅雲漢「牲ㄙㄥ聽ㄊㄧㄥ」

笙　樂器　廣韻「同生」

古音：ㄙㄥ　韻：見苹字

【耕】

丁　伐木声　廣韻「中莖切ㄓㄥ」

古音：ㄉㄥ　韻：小雅伐木「丁ㄉㄥ嚶ㄥ鳴ㄇㄧㄥ声ㄉㄧㄥ生ㄙㄥ平ㄉ'ㄧㄥ」

嚶　鳥声　廣韻「烏莖切ㄥ」

古音：ㄥ　韻：見丁字

爭競也　廣韻「側莖切ㄓㄥ」

古音：ㄗㄥ　韻：商頌烈祖「成ㄉㄧㄥ平ㄉㄧㄥ爭ㄗㄥ」

【清】

清不濁　廣韻「七情切ㄘㄧㄥ」

古音：ㄘㄧㄥ　韻：鄭溱洧「清ㄘㄧㄥ盈ㄧㄥ」

菁茂盛　廣韻「子盈切ㄗㄧㄥ」

古音：ㄗㄧㄥ　韻：唐杕杜「菁ㄗㄧㄥ睘ㄍㄧㄥ姓ㄙㄧㄥ」

旌旌旗　廣韻「同菁」

古音：ㄗㄧㄥ　韻：鄘干旄「旌ㄗㄧㄥ城ㄉㄧㄥ」

盈滿也　廣韻「以成切ㄧㄥ」

古音ㄧㄥ　韻齊雞鳴「鳴ㄇㄧㄥ盈ㄧㄥ声ㄉㄧㄥ」

楹　柱也　廣韻「同盈」

古音ㄧㄥ　韻小雅斯干「庭ㄉㄧㄥ楹ㄧㄥ正ㄉㄧㄥ冥ㄇㄧㄥ寧ㄋㄧㄥ」

贏　利也　廣韻「同盈」

古音ㄧㄥ　韻大雅雲漢「星ㄙㄧㄥ贏ㄧㄥ成ㄉㄧㄥ正ㄉㄧㄥ寧ㄋㄧㄥ」

營　造也　廣韻「余傾切ㄩㄥ」

古音ㄧㄥ　韻小雅黍苗「營ㄧㄥ成ㄉㄧㄥ」

楨　楨榦　廣韻「陟盈切ㄓㄧㄥ」

古音ㄉㄧㄥ　韻大雅文王「生ㄙㄥ楨ㄉㄧㄥ寧ㄋㄧㄥ」

禎　祥也　廣韻「同楨」

古音ㄉ一ㄥ　韻：周頌維清「成ㄉ一ㄥ禎ㄉ一ㄥ」

成　就也　廣韻「是征切ㄕ一ㄥ」

古音ㄉ一ㄥ　韻：周南樛木「縈一ㄥ成ㄉ一ㄥ」

城　城郭　廣韻「同成」

古音ㄉ一ㄥ　韻：周南兔罝「丁ㄉㄥ城ㄉ一ㄥ」

程　法也　廣韻「直貞切ㄓ一ㄥ」

古音ㄉ一ㄥ　韻：小雅小旻「程ㄉ一ㄥ經ㄍ一ㄥ聽ㄊ一ㄥ爭ㄗㄥ成ㄉ一ㄥ」

酲　酒病　廣韻「同程」

古音ㄉ一ㄥ　韻：小雅節南山「定ㄉ一ㄥ生ㄙㄥ甯ㄋ一ㄥ酲ㄉ一ㄥ成ㄉ一ㄥ政ㄉ一ㄥ姓ㄙ一ㄥ」

聲　声望　廣韻「書盈切ㄕ一ㄥ」

古音〻ㄉㄧㄥ　韻〻大雅文王有声「声ㄉㄧㄥ甯ㄋㄧㄥ成ㄉㄧㄥ烝ㄉㄧㄥ」

正 朔　廣韻「諸盈切ㄓㄧㄥ」

古音〻ㄉㄧㄥ　韻〻大雅文王「正ㄉㄧㄥ成ㄉㄧㄥ」

征 行也　廣韻「同正」

古音〻ㄉㄧㄥ　韻〻小雅小宛「鳴ㄇㄧㄥ征ㄉㄧㄥ生ㄙㄥ」

名 字　廣韻「武并切ㄇㄧㄥ」

古音〻ㄇㄧㄥ　韻〻見甥字

傾 覆滅　廣韻「去營切ㄎㄧㄥ」

古音〻ㄎㄧㄥ　韻〻大雅蕩「刑ㄏㄧㄥ聽ㄊㄧㄥ傾ㄎㄧㄥ」

睘 睘〻無所依　廣韻「渠營切ㄍㄧㄥ」

古音ㄍㄧㄥ　韻唐杕杜「青ㄗㄧㄥ睘ㄍㄩㄥ姓ㄙㄧㄥ」

縈繞也　廣韻「於營切ㄧㄥ」

古音ㄧㄥ　韻見成字

【青】

青青色　廣韻「倉經切ㄘㄧㄥ」

古音ㄘㄧㄥ　韻見熒字

經常　廣韻「古靈切ㄍㄧㄥ」

古音ㄍㄧㄥ　韻見程字

涇水名　廣韻「同經」

古音ㄍㄧㄥ　韻大雅鳧鷖「涇ㄍㄧㄥ寧ㄋㄧㄥ清ㄘㄧㄥ馨ㄒㄧㄥ成ㄉㄧㄥ」

刑 通型 廣韻「戶經切ㄏㄧㄥ」

古音：ㄏㄧㄥ 韻：見傾字

庭 門庭 廣韻「特丁切ㄉㄧㄥ」

古音：ㄉㄧㄥ 韻：見青字

霆 雷霆 廣韻「同庭」

古音：ㄉㄧㄥ 韻：見驚字

馨 香 廣韻「呼刑切ㄏㄧㄥ」

古音：ㄏㄧㄥ 韻：周頌載芟「馨ㄏㄧㄥ甯ㄋㄧㄥ」

星 星宿 廣韻「桑經切ㄙㄧㄥ」

古音：ㄙㄧㄥ 韻：見贏字

靈　神也　廣韻「郎丁切ㄌㄧㄥ」

古音：ㄌㄧㄥ　韻：大雅生民「靈ㄌㄧㄥ甯ㄋㄧㄥ」

寧　安也　廣韻「奴丁切ㄋㄧㄥ」

古音：ㄋㄧㄥ　韻：見声字

聽　聆也　廣韻「他丁切ㄊㄧㄥ」

古音：ㄊㄧㄥ　韻：大雅雲漢「牲ㄙㄥ聽ㄊㄧㄥ」

冥　幽也　廣韻「莫經切ㄇㄧㄥ」

古音：ㄇㄧㄥ　韻：見楹字

屏　扆也　廣韻「薄經切ㄅㄧㄥ」

古音：ㄅㄧㄥ　韻：大雅板「屏ㄅㄧㄥ甯ㄋㄧㄥ城ㄅㄧㄥ」

上声【迥】

熲 火光 廣韻「古迥切ㄍㄧㄥˇㄴ」

古音：ㄍㄧㄥˇ 韻：小雅無將大車「冥ㄇㄧㄥ熲ㄍㄧㄥˇㄴ」

【靜】

騁 馳騁 廣韻「丑郢切ㄔㄧㄥˇㄴ」

古音：ㄊㄧㄥˇ 韻：小雅節南山「領ㄌㄧㄥˇ騁ㄊㄧㄥˇㄴ」

領 理也 廣韻「良郢切ㄌㄧㄥˇㄴ」

古音：ㄌㄧㄥˇ 韻：見騁字

去声【敬】

敬 恭也 廣韻「居慶切ㄍㄧㄥˋㄴ」

古音ㄟㄍㄧㄥ　韻ㄟ周頌閔予小子「庭ㄉㄧㄥˊ敬ㄍㄧㄥˋ」

【勁】

政　政治　廣韻「之盛切ㄓㄧㄥˋ」

古音ㄟㄉㄧㄥˋ　韻ㄟ見醒字

姓　姓氏　廣韻「息正切ㄙㄧㄥˋ」

古音ㄟㄙㄧㄥ　韻ㄟ唐杕杜「菁ㄗㄧㄥ睘ㄍㄧㄥ姓ㄙㄧㄥ」

聘　訪也　廣韻「匹正切ㄆㄧㄥ」

古音ㄟㄆㄧㄥ　韻ㄟ小雅采薇「定ㄉㄧㄥˋ聘ㄆㄧㄥ」

【徑】

定　額　廣韻「徒徑切ㄉㄧㄥˋ」

古音：ㄉㄧㄥ　韻：周南麟之趾「定ㄉㄧㄥ姓ㄙㄧㄥ」

第九部「ㄥ」韻之二

平声【登】

登　[illegible]声　廣韻「都滕切ㄉㄥ」

古音：ㄉㄥ　韻：大雅緜「陾ㄋㄧㄥ薨ㄏㄥ登ㄉㄥ馮ㄅㄧㄥ興ㄏㄧㄥ勝ㄉㄧㄥ」

登　瓦豆　廣韻「同登」

古音：ㄉㄥ　韻：大雅生民「登ㄉㄥ升ㄉㄧㄥ歆ㄏㄧㄥ」

崩　山壞　廣韻「北滕切ㄅㄥ」

古音：ㄅㄥ　韻：小雅無羊「蒸ㄉㄧㄥ雄ㄏㄧㄥ兢ㄍㄧㄥ崩ㄅㄥ肱ㄍㄥ升ㄉㄧㄥ」

增　增々眾也　廣韻「作滕切ㄗㄥ」

古音ㄗㄥ　韻：魯頌閟宮「增ㄗㄥ膺ㄧㄥ懲ㄉㄧㄥ承ㄉㄧㄥ」

憎　惡也　廣韻「同增」

古音ㄗㄥ　韻：齊雞鳴「薨ㄏㄥ夢ㄇㄥ憎ㄗㄥ」

朋　比倫　廣韻「步崩切ㄅㄥ」

古音ㄅㄥ　韻：唐椒聊「升ㄉㄧㄥ朋ㄅㄥ」

弘　大也　廣韻「胡肱切ㄏㄨㄥ」

古音ㄏㄥ　韻：大雅召旻「弘ㄏㄥ躬ㄍㄨㄥ」

肱　臂也　廣韻「古弘切ㄍㄥ」

古音ㄍㄥ　韻：見崩字

薨　卒　廣韻「呼肱切ㄏㄥ」

古音ㄏㄥ　韻見憎字

騰馳　廣韻「徒登切ㄉㄥ」

古音ㄉㄥ　韻小雅十月之交「騰ㄉㄥ崩ㄅㄥ陵ㄌㄧㄥ懲ㄉㄧㄥ」

縢約也　廣韻「同騰」

古音ㄉㄥ　韻秦小戎「膺ㄧㄥ弓ㄍㄥ縢ㄉㄥ興ㄏㄧㄥ音ㄧㄣ」

恆常也　廣韻「胡登切ㄏㄥ」

古音ㄏㄥ　韻小雅天保「恆ㄏㄥ升ㄉㄧㄥ崩ㄅㄥ承ㄉㄧㄥ」

【東】

弓弓矢　廣韻「居戎切ㄍㄩㄥ」

古音ㄍㄥ　韻鄭大叔于田「掤ㄅㄧㄥ弓ㄍㄥ」

夢 寐中所見　廣韻「莫中切ㄇㄩㄥ」

古音：ㄇㄥ　韻：見憎字

【蒸】

蒸 衆也　廣韻「煑仍切ㄓㄧㄥ」

古音：ㄉㄧㄥ　韻：見雄字

烝 君　廣韻「同蒸」

古音：ㄉㄧㄥ　韻：見声字

承 奉也　廣韻「署陵切ㄕ゛ㄧㄥ」

古音：ㄉ゛ㄧㄥ　韻：見增字

懲 戒也　廣韻「直陵切ㄓ゛ㄧㄥ」

古音ミㄌㄧㄥ　韻ミ見承字

陵　大阜　廣韻「力膺切ㄌㄧㄥ」

古音ミㄌㄧㄥ　韻ミ小雅天保「興ㄏㄧㄥ陵ㄌㄧㄥ增ㄗㄥ」

膺　胷也　廣韻「於陵切ㄧㄥ」

古音ミㄧㄥ　韻ミ見承字

馮　馮々堅実声　廣韻「扶氷切ㄅㄧㄥ」

古音ミㄅㄧㄥ　韻ミ見登字

氷　水凍　廣韻「筆陵切ㄅㄧㄥ」

古音ミㄅㄧㄥ　韻ミ小雅小旻「兢ㄍㄧㄥ氷ㄅㄧㄥ」

掤　矢筩　廣韻「同氷」

古音ㄅ一ㄥ 韻：鄭大叔于田「掤ㄅ一ㄥ弓ㄍㄥ」

繩 繩繩不絕貌 廣韻「食陵切ㄓ一ㄥ」

古音：ㄉ一ㄥ 韻：周南螽斯「薨ㄏㄥ繩ㄉ一ㄥ」

乘 車乘 廣韻「同繩」

古音：ㄉ一ㄥ 韻：魯頌閟宮「乘ㄉ一ㄥ縢ㄉㄥ弓ㄍㄥ綅ㄘ一ㄥ」

升 上也 廣韻「識蒸切ㄕ一ㄥ」

古音：ㄉ一ㄥ 韻：小雅天保「恒ㄏㄥ升ㄉ一ㄥ崩ㄅㄥ承ㄉ一ㄥ」

勝 任也 廣韻「同升」

古音：ㄉ一ㄥ 韻：小雅正月「蒸ㄉ一ㄥ夢ㄇㄥ定ㄉ一ㄥ勝ㄉ一ㄥ憎ㄗㄥ」

陾 衆也 廣韻「如乘切ㄖ一ㄥ」

古音：ㄋㄧㄥ　韻：見馮字

兢　兢々戒慎　廣韻「居陵切ㄍㄧㄥ」

古音：ㄍㄧㄥ　韻：見冰字

興　盛也　廣韻「虛陵切ㄏㄧㄥ」

古音：ㄏㄧㄥ　韻：見陵字

【東】

雄　雌雄　廣韻「羽弓切ㄩㄥ」

古音：ㄧㄥ　韻：見崩字

熊　獸名　廣韻「同雄」

古音：ㄧㄥ　韻：無韻、小雅斯干「維熊維羆、男子之祥」

融 盛明　廣韻「以戎切ㄩㄥ」

古音〻ㄧㄥ　韻〻大雅既醉「融ㄧㄥ終ㄉㄨㄥ」

【鍾】

容 容貌　廣韻「餘封切ㄩㄥ」

古音〻ㄧㄥ　韻〻衛伯兮「東ㄉㄨㄥ蓬ㄆㄨㄥ容ㄧㄥ」

庸 用也　廣韻「同容」

古音〻ㄧㄥ　韻〻見罿字

墉 城也　廣韻「同容」

古音〻ㄧㄥ　韻〻見衝字

鏞 大鐘　廣韻「同容」

古音：ㄧㄥ　韻：大雅靈臺「樅ㄘㄨㄥ鏞ㄧㄥ鐘ㄉㄨㄥ廱ㄧㄥ」

雝　和　廣韻「於容切ㄩㄥ」

古音：ㄧㄥ　韻：召南何彼襛矣「襛ㄋㄨㄥ雝ㄧㄥ」

廱　辟廱　廣韻「同雝」

古音：ㄧㄥ　韻：見鏞字

饔　熟食　廣韻「同雝」

古音：ㄧㄥ　韻：小雅祈父「聰ㄘㄨㄥ饔ㄧㄥ」

【鹽】

縿　絳綫也　廣韻「七林切ㄘㄧㄢ」

古音：ㄘㄧㄥ　韻：魯頌閟宮「乘ㄉㄧㄥ縢ㄉㄥ弓ㄍㄨㄥ縿ㄘㄧㄥ」

【腫】

勇猛也　廣韻「余隴切ㄩㄥˇ」

古音ㄧㄥˇ　韻：見龍字

【用】

用使也　廣韻「余頌切ㄩㄥˋ」

古音ㄧㄥˋ　韻：小雅小旻「從ㄗㄨㄥˊ用ㄧㄥˋ邛ㄍㄨㄥˊ」

誦讀誦　廣韻「似用切ㄙㄩㄥˋ」

古音ㄙㄧㄥˋ　韻：小雅節南山「誦ㄙㄧㄥˋ訩ㄏㄨㄥ邦ㄅㄨㄥ」

訟爭財　廣韻「同誦」

古音ㄙㄧㄥˋ　韻：召南行露「墉ㄧㄥˊ訟ㄙㄧㄥˋ從ㄗㄨㄥ」

第十部「ㄨㄥ」韻

平声【東】

東 春方 廣韻「德紅切ㄉㄨㄥ」

古音：ㄉㄨㄥ 韻：小雅車攻「攻ㄍㄨㄥ同ㄉㄨㄥ龐ㄌㄨㄥ東ㄉㄨㄥ」

同 共也 廣韻「徒紅切ㄉㄨㄥ」

古音：ㄉㄨㄥ 韻：見東字

童 童子 廣韻「同同」，

古音：ㄉㄨㄥ 韻：鄭山有扶蘇「松ㄙㄨㄥ龍ㄌㄨㄥ充ㄊㄨㄥ童ㄉㄨㄥ」

僮 僮々整齊 廣韻「同同」

古音：ㄉㄨㄥ 韻：召南采蘩「僮ㄉㄨㄥ宮ㄍㄨㄥ」

中 中央 廣韻「陟弓切ㄓㄩㄥ」

古音：ㄉㄨㄥ 韻：鄘桑中「中ㄉㄨㄥ宮ㄍㄨㄥ」

蟲 有足曰蟲 廣韻「直弓切ㄓㄩㄥ」

古音：ㄉㄨㄥ 韻：大雅雲漢「蟲ㄉㄨㄥ宮ㄍㄨㄥ宗ㄗㄨㄥ臨ㄌㄨㄥ躬ㄍㄨㄥ」

沖 鑿冰声 廣韻「同蟲」

古音ㄉㄨㄥ 韻 豳七月「沖ㄉㄨㄥ陰ㄧㄥ」

忡 憂也 廣韻「敕中切ㄔㄩㄥ」

古音：ㄊㄨㄥ 韻：邶擊鼓「仲ㄉㄨㄥ宋ㄙㄨㄥ忡ㄊㄨㄥ」

終 極也 廣韻「職戎切ㄓㄩㄥ」

古音：ㄉㄨㄥ 韻：大雅既醉「融ㄈㄥ終：ㄉㄨㄥ」

螽 螽斯 廣韻「同終」

古音：ㄉㄨㄥ 韻：召南草蟲「蟲ㄉㄨㄥ螽ㄉㄨㄥ忡ㄊㄨㄥ降ㄏㄨㄥ」

崇 高也 廣韻「鋤弓切ㄓㄩㄥ」

古音：ㄗㄨㄥ 韻：大雅鳧鷖「潨ㄗㄨㄥ宗ㄗㄨㄥ降ㄏㄨㄥ崇ㄗㄨㄥ」

戎 助也 廣韻「如融切ㄖㄩㄥ」

古音：ㄋㄨㄥ 韻：小雅常棣「朋ㄅㄥ戎ㄋㄨㄥ」

躬 身也 廣韻「居戎切ㄍㄩㄥ」

古音：ㄍㄨㄥ 韻：見蟲字

宮 宮室 廣韻「同躬」

古音：ㄍㄨㄥ 韻：見蟲字

窮 極也 廣韻「渠弓切ㄍㄨㄥ」

古音ㄍㄨㄥ 韻：邶谷風「冬ㄉㄨㄥ 窮ㄍㄨㄥ」

豐 茂也 廣韻「敷隆切キㄩㄥ」

古音ㄆㄨㄥ 韻：大雅文王有声「功ㄍㄨㄥ 崇ㄗㄨㄥ 豐ㄆㄨㄥ」

充 滿也 廣韻「昌終切义ㄩㄥ」

古音ㄊㄨㄥ 韻：見童字

空 虛 廣韻「苦紅切ㄎㄨㄥ」

古音ㄎㄨㄥ 韻：小雅大東「東ㄉㄨㄥ 空ㄎㄨㄥ」

公 公事 廣韻「古紅切ㄍㄨㄥ」

古音ㄍㄨㄥ 韻：召南羔羊「縫ゲㄨㄥ 總ㄗㄨㄥ 公ㄍㄨㄥ」

工 臣工是百官 廣韻「同公」

古音：ㄍㄨㄥ 韻：周頌臣工「工ㄍㄨㄥ 公ㄍㄨㄥ」

功 通工 廣韻「同公」

古音：ㄍㄨㄥ 韻：大雅崧高「邦ㄅㄨㄥ 功ㄍㄨㄥ」

攻 堅也 廣韻「同公」

古音：ㄍㄨㄥ 韻：見東字

蒙 山名 廣韻「莫紅切ㄇㄨㄥ」

古音：ㄇㄨㄥ 韻：魯頌閟宮「蒙ㄇㄨㄥ 東ㄉㄨㄥ 邦ㄅㄨㄥ 同ㄉㄨㄥ 從ㄗㄨㄥ 功ㄍㄨㄥ」

濛 細雨 廣韻「同蒙」

古音：ㄇㄨㄥ 韻：豳東山「東ㄉㄨㄥ 濛ㄇㄨㄥ」

龐 充实 廣韻「盧紅切ㄌㄨㄥ」

古音：ㄌㄨㄥ 韻：見東字

訌 潰也 廣韻「户公切ㄏㄨㄥ」

古音：ㄏㄨㄥ 韻：大雅名旻「訌ㄏㄨㄥ共ㄍㄨㄥ邦ㄅㄨㄥ」

潨 小水入大水 廣韻「徂紅切ㄗㄨㄥ」

古音：ㄗㄨㄥ 韻：見崇字

聰 聰明 廣韻「倉紅切ㄘㄨㄥ」

古音：ㄘㄨㄥ 韻：王兎爰「罿ㄘㄨㄥ庸ㄩㄥ凶ㄏㄨㄥ聰ㄘㄨㄥ」

恫 痛也 廣韻「他紅切ㄊㄨㄥ」

古音：ㄊㄨㄥ 韻：大雅思齊「公ㄍㄨㄥ恫ㄊㄨㄥ邦ㄅㄨㄥ」

豵　豕生三子　廣韻「子紅切 ㄗㄨㄥ」

古音：ㄗㄨㄥ　韻：召南騶虞「蓬ㄆㄨㄥ　豵ㄗㄨㄥ」

蓬　蓬蓬盛貌　廣韻「薄紅切 ㄆㄨㄥ」

古音：ㄆㄨㄥ　韻：衛伯兮「東ㄉㄨㄥ　蓬ㄆㄨㄥ　容ㄧㄥ」

逢　逢逢鼓声　廣韻「同蓬」

古音：ㄆㄨㄥ　韻：大雅靈臺「鐘ㄉㄨㄥ　廱ㄧㄥ　逢ㄆㄨㄥ　公ㄍㄨㄥ」

菶　菶草盛　廣韻「同蓬」

古音：ㄆㄨㄥ　韻：大雅卷阿「菶ㄆㄨㄥ　雝ㄧㄥ」

【冬】

冬　末季　廣韻「都宗切 ㄉㄨㄥ」

古音：ㄉㄨㄥ 韻：見竆字

宗本也 廣韻「作冬切ㄗㄨㄥ」

古音：ㄗㄨㄥ 韻：見崇字

【鍾】

鐘樂器 廣韻「職容切ㄓㄩㄥ」

古音：ㄉㄨㄥ 韻：見逢字

松木名 廣韻「祥容切ㄙㄩㄥ」

古音：ㄙㄨㄥ 韻：鄭山有扶蘇「松ㄙㄨㄥ龍ㄌㄨㄥ充ㄊㄨㄥ童ㄉㄨㄥ」

衝臨衝 廣韻「尺容切ㄔㄩㄥ」

古音：ㄘㄨㄥ 韻：大雅皇矣「衝ㄘㄨㄥ墉ㄧㄥ」

罿 網　廣韻「同衝」

古音：ㄘㄨㄥ　韻：見聰字

葑 菜　廣韻「府容切ㄈㄩㄥ」

古音：ㄅㄨㄥ　韻：唐采苓「葑ㄅㄨㄥ東ㄉㄨㄥ從ㄗㄨㄥ」

凶 不吉　廣韻「許容切ㄏㄩㄥ」

古音：ㄏㄨㄥ　韻：王兔爰「罿ㄘㄨㄥ庸ㄧㄥ凶ㄏㄨㄥ聰ㄘㄨㄥ」

訩 衆語　廣韻「同凶」

古音：ㄏㄨㄥ　韻：小雅節南山「傭ㄊㄨㄥ訩ㄏㄨㄥ」

顒 大　廣韻「魚容切ㄩㄥ」

古音：ㄫㄨㄥ　韻：小雅六月「顒ㄫㄨㄥ公ㄍㄨㄥ」

傭平均　廣韻「丑凶切ㄔㄩㄥ」

古音「ㄊㄨㄥ　韻「小雅節南山「傭ㄊㄨㄥ訩ㄏㄨㄥ」

濃厚　廣韻「女容切ㄬㄩㄥ」

古音「ㄋㄨㄥ　韻「小雅蓼蕭「濃ㄋㄨㄥ沖ㄉㄨㄥ雝ㄧㄥ同ㄉㄨㄥ」

穠茂盛　廣韻「同濃」

古音「ㄋㄨㄥ　韻「見雝字

重累也　廣韻「直容切ㄓㄩㄥ」

古音「ㄉㄨㄥ　韻「小雅無將大車「雝ㄧㄥ重ㄉㄨㄥ」

從就也　廣韻「疾容切ㄗㄩㄥ」

古音「ㄗㄨㄥ　韻「小雅采菽「蓬ㄉㄨㄥ邦ㄅㄨㄥ同ㄉㄨㄥ從ㄗㄨㄥ」

縫 以鍼紩衣 廣韻「符容切ㄈㄩㄥ」

古音：ㄅㄨㄥ 韻：見總字

蜂 螫人飛虫 廣韻「敷容切ㄈㄩㄥ」

古音：ㄆㄨㄥ 韻：周頌小毖「蜂ㄆㄨㄥ 蟲ㄉㄨㄥ」

丰 采 廣韻「同蜂」

古音：ㄆㄨㄥ 韻：鄭丰「丰ㄆㄨㄥ 巷ㄏㄨㄥ 送ㄙㄨㄥ」

邛 病 廣韻「渠容切ㄍㄩㄥ」

古音：ㄍㄨㄥ 韻：小雅巧言「共ㄍㄨㄥ 邛ㄍㄨㄥ」

恭 敬 廣韻「九容切ㄍㄩㄥ」

古音：ㄍㄨㄥ 韻：大雅皇矣「恭ㄍㄨㄥ 邦ㄅㄨㄥ 共ㄍㄨㄥ」

共法　廣韻「同恭」

古音ㄍㄨㄥ　韻見恭字

樅木　廣韻「七恭切ㄘㄩㄥ」

古音ㄘㄨㄥ　韻見鏞字

【江】

厖厚　廣韻「莫江切ㄇㄤ」

古音ㄇㄨㄥ　韻見龍字

邦國　廣韻「博紅切ㄅㄤ」

古音ㄅㄨㄥ　韻見從字

降降伏　廣韻「下江切ㄏㄤ」

古音：ㄏㄨㄥ 韻：召南草虫「蟲ㄉㄨㄥ 螽ㄉㄨㄥ 忡ㄊㄨㄥ 降ㄏㄨㄥ」

雙 偶也 廣韻「所江切币ㄓ」

古音：ㄙㄨㄥ 韻：齊南山「雙ㄙㄨㄥ 庸ㄧㄥ 從ㄗㄨㄥ」

【侵】

臨 来臨 廣韻「力尋切ㄌㄧㄣ」大雅「与爾臨（衝）」韓詩作「隆衝」

古音：ㄌㄨㄥ 韻：大雅雲漢「蟲ㄉㄨㄥ 宮ㄍㄨㄥ 宗ㄗㄨㄥ 臨ㄌㄨㄥ 躬ㄍㄨㄥ」

上声【董】

懞 懞々茂密貌 廣韻「莫孔切ㄇㄨㄥˇ」

古音：ㄇㄨㄥˊ 韻：大雅生民「懞ㄇㄨㄥ 唪ㄉㄨㄥ」

總 聚束也 廣韻「作孔切ㄗㄨㄥˇ」

古音：ㄗㄨㄥˇ　韻：召南羔羊「縫ㄈㄨㄥˊ總ㄗㄨㄥˇ公ㄍㄨㄥ」

唪　大笑也　廣韻「蒲蠓切ㄅㄨㄥˇ」

古音：ㄅㄨㄥˇ　韻：見幪字

動　躁也　廣韻「徒揔切ㄉㄨㄥˇ」

古音：ㄉㄨㄥˊ　韻：見龍字

上声【腫】

龍　通寵　廣韻「丑隴切ㄔㄨㄥˇ」

古音：ㄊㄨㄥˊ　韻：商頌長發「共ㄍㄨㄥˊ厖ㄇㄨㄥˊ龍ㄊㄨㄥˇ勇ㄧㄥˇ動ㄉㄨㄥˇ竦ㄙㄨㄥˊ總ㄗㄨㄥˇ」

尰　足腫病　亦作瘇　廣韻「時宂切ㄕㄩㄥˇ」

古音：ㄉㄨㄥˊ　韻：小雅巧言「勇ㄧㄥˇ尰ㄉㄨㄥˊ」

竦 敬 廣韻「息拱切ㄙㄩㄥˇ」

古音ㄙㄨㄥˇ 韻見龍字

去声【送】

送 遣也 廣韻「蘇弄切ㄙㄩㄥˋ」

古音ㄙㄨㄥˋ 韻鄭大叔于田「控ㄎㄨㄥˋ送ㄙㄨㄥˋ」

控 引也 廣韻「苦貢切ㄎㄨㄥˋ」

古音ㄎㄨㄥˋ 韻見送字

仲 中 廣韻「直衆切ㄓㄩㄥˋ」

古音ㄉㄨㄥˋ 韻小雅出車「蟲ㄉㄨㄥ螽ㄉㄨㄥ忡ㄊㄨㄥ降ㄏㄨㄥˋ仲ㄉㄨㄥˋ戎ㄋㄨㄥ」

【宋】

宋地名　廣韻「蘇統切ㄙㄨㄥ、」

古音ㄙㄨㄥ、韻：邶擊鼓「仲ㄉㄨㄥ、宋ㄙㄨㄥ、忡ㄊㄨㄥ」

【绛】

巷　衖巷　廣韻「胡绛切ㄏㄖ」

古音ㄏㄨㄥ、韻：鄭丰「丰ㄆㄨㄥ、巷ㄏㄨㄥ、送ㄙㄨㄥ、」

第十一部「ㄤ」韻

平声【唐】

唐　兎絲　廣韻「徒郎切ㄉㄤ」

古音ㄉㄤ　韻：鄘桑中「唐ㄉㄤ、鄉ㄏㄧㄤ、姜ㄍㄧㄤ、上ㄉㄧㄤ」

螗　蜩螗　廣韻「同唐」

古音：ㄉㄤ　韻：大雅蕩「商ㄉㄧㄤ螗ㄉㄤ羹ㄍㄤ喪ㄙㄤ行ㄏㄤ方ㄅㄧㄤ」

堂　堂除　廣韻「同唐」

古音：ㄉㄤ　韻：秦終南「堂ㄉㄤ裳ㄉㄧㄤ將ㄗㄧㄤ忘ㄇㄧㄤ」

狼　豺狼　廣韻「魯當切ㄌㄤ」

古音：ㄌㄤ　韻：齊還「昌ㄊㄧㄤ陽ㄧㄤ狼ㄌㄤ臧ㄗㄤ」

稂　草　廣韻「同狼」

古音：ㄌㄤ　韻：曹下泉「稂ㄌㄤ京ㄍㄧㄤ」

倉　穀倉　廣韻「七岡切ㄘㄤ」

古音：ㄘㄤ　韻：「小雅甫田「粱ㄌㄧㄥ京ㄍㄧㄤ倉ㄘㄤ箱ㄙㄧㄤ粱ㄌㄧㄤ

慶ㄎㄧㄤ疆ㄍㄧㄤ」

蒼 蒼々茂也 廣韻「同倉」

古音ㄘㄤ 韻「秦蒹葭「蒼ㄘㄤ霜ㄙㄤ方ㄅㄧㄤ長ㄉㄤ央ㄧㄤ」

岡 山脊 廣韻「古郎切ㄍㄤ」

古音ㄍㄤ 韻「周南卷耳「岡ㄍㄤ黃ㄏㄨㄤ觥ㄍㄨㄤ傷ㄉㄧㄤ」

剛 強也 廣韻「同岡」

古音ㄍㄤ 韻「小雅北山「彭ㄅㄤ傍ㄅㄤ將ㄗㄧㄤ剛ㄍㄤ方ㄅㄧㄤ」

綱 綱紀 廣韻「同岡」

古音ㄍㄤ 韻「大雅卷阿「卬ㄫㄤ璋ㄉㄧㄤ望ㄇㄧㄤ綱ㄍㄤ」

桑 木 廣韻「息郎切ㄙㄤ」

古音ㄙㄤ 韻「鄭將仲子「牆ㄗㄧㄤ桑ㄙㄤ兄ㄏㄨㄤ」

喪　亡也　廣韻「同桑」

古音：ㄙㄤ　韻：大雅皇矣「兄ㄏㄨㄤ慶ㄎㄧㄤ光ㄍㄨㄤ喪ㄙㄤ方ㄅㄧㄤ」

康　樂也　廣韻「苦岡切ㄎㄤ」

古音：ㄎㄤ　韻：大雅民勞「康ㄎㄤ方ㄅㄧㄤ良ㄌㄧㄤ明ㄇㄤ王ㄏㄨㄤ」

荒　荒蕪　廣韻「呼光切ㄏㄨㄤ」

古音：ㄏㄨㄤ　韻：大雅桑柔「王ㄏㄨㄤ痒ㄧㄤ荒ㄏㄨㄤ蒼ㄘㄤ」

黃　色　廣韻「胡光切ㄏㄨㄤ」

古音：ㄏㄨㄤ　韻：見岡字

簧　笙簧　廣韻「同黃」

古音：ㄏㄨㄤ　韻：秦車鄰「桑ㄙㄤ揚ㄧㄤ簧ㄏㄨㄤ亡ㄇㄧㄤ」

皇　大也　廣韻「同黃」

古音：ㄏㄨㄤ　韻：豳破斧「斨ㄑㄧㄤ皇ㄏㄨㄤ將ㄗㄧㄤ」

煌　煌々火明也　廣韻「同黃」

古音：ㄏㄨㄤ　韻：大雅大明「洋ㄧㄤ煌ㄏㄨㄤ彭ㄅㄤ揚ㄧㄤ王ㄏㄨㄤ商ㄉㄧㄤ明ㄇㄤ」

遑　暇也　廣韻「同黃」

古音：ㄏㄨㄤ　韻：召南殷其雷「陽ㄧㄤ遑ㄏㄨㄤ」

光　榮也　廣韻「古黃切ㄍㄨㄤ」

古音：ㄍㄨㄤ　韻：大雅韓奕「彭ㄅㄤ鏘ㄑㄧㄤ光ㄍㄨㄤ」

洸　洸々武貌　廣韻「同光」

古音：ㄍㄨㄤ　韻：大雅江漢「湯ㄉㄧㄤ洸ㄍㄨㄤ方ㄅㄧㄤ王ㄏㄨㄤ」

湯　商王　廣韻「吐郎切ㄊㄤ」

古音：ㄊㄤ　韻：商頌玄鳥「商ㄉㄧㄤ芒ㄇㄤ湯ㄊㄤ方ㄅㄧㄤ」

鏜　鼓声　廣韻「同湯」

古音：ㄊㄤ　韻：邶擊鼓「鏜ㄊㄤ兵ㄅㄤ行ㄏㄤ」

杭　航　廣韻「胡郎切ㄏㄤ」

古音：ㄏㄤ　韻：衛河廣「廣ㄍㄨㄤ杭ㄏㄤ望ㄇㄧㄤ」

頏　頡頏　廣韻「同杭」

古音：ㄏㄤ　韻：邶燕々「頏ㄏㄤ將ㄗㄧㄤ」

芒　草端　廣韻「莫郎切ㄇㄤ」

古音：ㄇㄤ　韻：見湯字

臧　善也　廣韻「則郎切ㄗㄤ」

古音：ㄗㄤ　韻：鄭野有蔓草「瀼ㄋㄧㄤ揚ㄧㄤ臧ㄗㄤ」

牂　茂盛貌　廣韻「同臧」

古音：ㄗㄤ　韻：陳東門之楊「楊ㄧㄤ牂ㄗㄤ煌ㄏㄨㄤ」

囊　代衣也　廣韻「奴當切ㄋㄤ」

古音：ㄋㄤ　韻：大雅公劉「康ㄎㄤ疆ㄍㄧㄤ倉ㄘㄤ糧ㄌㄧㄤ囊ㄋㄤ

光ㄍㄨㄤ張ㄉㄧㄤ揚ㄧㄤ行ㄏㄤ」

雱　雨雪盛貌　廣韻「普郎切ㄆㄤ」

古音：ㄆㄤ　韻：邶北風「涼ㄌㄧㄤ雱ㄆㄤ行ㄏㄤ」

旁 旁々馳驅不息 廣韻「步郎切ㄅㄤ」

古音ㄅㄤ 韻補鄭清人「彭ㄅㄤ旁ㄅㄤ英ㄧㄤ翔ㄙㄧㄤ」

傍 傍々不已 廣韻「同旁」

古音ㄅㄤ 韻補見剛字

卬 卬々尊敬 廣韻「五剛切ㄫㄤ」

古音ㄫㄤ 韻補大雅卷阿「卬ㄫㄤ璋ㄉㄧㄤ望ㄇㄧㄤ綱ㄍㄤ」

藏 隱也 廣韻「昨郎切ㄗㄤ」

古音ㄗㄤ 韻補小雅彤弓「藏ㄗㄤ貺ㄏㄨㄤ饗ㄏㄧㄤ」

【陽】

陽 明也 廣韻「與章切ㄧㄤ」

古音ㄧㄤ 韻、豳七月「陽ㄧㄤ庚ㄍㄤ筐ㄎㄨㄤ行ㄏㄤ桑ㄙㄤ」

楊 蒲柳 廣韻「同陽」

古音ㄧㄤ 韻、見簧字

揚 舉也 廣韻「同陽」

古音ㄧㄤ 韻、小雅沔水「湯ㄉㄧㄤ揚ㄧㄤ行ㄏㄤ忘ㄇㄧㄤ」

鍚 馬頭飾 廣韻「同陽」

古音ㄧㄤ 韻、大雅韓奕「張ㄉㄧㄤ王ㄏㄨㄤ章ㄉㄧㄤ衡ㄏㄤ鍚ㄧㄤ」

羊 通祥、牛羊 廣韻「同陽」

古音ㄧㄤ 韻、豳七月「霜ㄙㄤ場ㄉㄧㄤ饗ㄏㄧㄤ羊ㄧㄤ堂ㄉㄤ觥ㄍㄨㄤ疆ㄍㄧㄤ」

洋　洋々衆多　廣韻「同陽」

古音：ㄧㄤ　韻：魯頌閟宮「嘗ㄉㄧㄤ　衡ㄏㄤ　剛ㄍㄤ　將ㄗㄧㄤ　羹ㄍㄤ

房ㄅㄧㄤ　洋ㄧㄤ　慶ㄎㄧㄤ　昌ㄊㄧㄤ　臧ㄗㄤ　方ㄅㄧㄤ　常ㄉㄧㄤ」

痒　荒廢　廣韻「同陽」

古音：ㄧㄤ　韻：大雅桑柔「王ㄏㄨㄤ　痒ㄧㄤ　荒ㄏㄨㄤ　蒼ㄘㄤ」

詳　審也　廣韻「似羊切ㄙㄧㄤ」

古音：ㄙㄧㄤ　韻：鄘牆有茨「襄ㄙㄧㄤ　詳ㄙㄧㄤ　長ㄉㄧㄤ」

祥　吉也　廣韻「同詳」

古音：ㄙㄧㄤ　韻：大雅大明「祥ㄙㄧㄤ　梁ㄌㄧㄤ　光ㄍㄨㄤ　王ㄏㄨㄤ　京ㄍㄧㄤ」

翔　翺翔　廣韻「同詳」

古音ㄙㄧㄤ　韻ㄟ鄭清人「旁ㄅㄤ英ㄧㄤ翔ㄙㄧㄤ」

良　賢也　廣韻「呂張切ㄌㄧㄤ」

古音ㄌㄧㄤ　韻ㄟ鄘鶉之奔々「彊ㄍㄧㄤ良ㄌㄧㄤ兄ㄏㄨㄤ」

梁　梁棟　廣韻「同良」

古音ㄌㄧㄤ　韻ㄟ見倉字

粱　稻粱　廣韻「同良」

古音ㄌㄧㄤ　韻ㄟ小雅黃鳥「桑ㄙㄤ粱ㄌㄧㄤ明ㄇㄤ兄ㄏㄨㄤ」

糧　粮食　廣韻「同良」

古音ㄌㄧㄤ　韻ㄟ見囊字

涼　寒也　廣韻「同良」

古音：ㄉㄧㄤ　韻：見雱字

香　芳　　廣韻「許良切ㄏㄧㄤ」

古音：ㄏㄧㄤ　韻：商頌載芟「香ㄏㄧㄤ光ㄍㄨㄤ」

鄉　鄉鎮　　廣韻「同香」

古音：ㄏㄧㄤ　韻：小雅采芑「鄉ㄏㄧㄤ央ㄧㄤ衡ㄏㄤ瑲ㄘㄧㄤ皇ㄏㄨㄤ

珩ㄏㄤ」

商　商殷　　廣韻「式羊切ㄕㄧㄤ」

古音：ㄉㄧㄤ　韻：魯頌閟宮「王ㄏㄨㄤ陽ㄧㄤ商ㄉㄧㄤ」

傷　痛也　　廣韻「同商」

古音：ㄉㄧㄤ　韻：見岡字

湯 湯々流貌 廣韻「同商」

古音：ㄉㄧㄤ 韻：見洸字

房 房室 廣韻「符方切ㄈㄧㄤ」

古音：ㄅㄧㄤ 韻：見洋字

魴 魚 廣韻「同房」

古音：ㄅㄧㄤ 韻：豳九罭「魴ㄅㄧㄤ 裳ㄉㄧㄤ」

防 防禦 廣韻「同房」

古音：ㄅㄧㄤ 韻：秦黃鳥「桑ㄙㄤ 行ㄏㄤ 防ㄅㄧㄤ」

章 文章 廣韻「諸良切ㄓㄧㄤ」

古音：ㄉㄧㄤ 韻：小雅都人士「黃ㄏㄨㄤ 章ㄉㄧㄤ 望ㄇㄧㄤ」

璋 半珪 廣韻「同章」

古音ㄉㄧㄤ 韻：小雅斯干「牀ㄗㄤ 裳ㄉㄧㄤ 璋ㄉㄧㄤ 喤ㄏㄨㄤ 皇ㄏㄨㄤ 王ㄏㄨㄤ」

昌 姣好貌 廣韻「尺良切义ㄧㄤ」

古音ㄊㄧㄤ 韻：齊猗嗟「昌ㄊㄧㄤ 長ㄉㄧㄤ 揚ㄧㄤ 蹌ㄘㄧㄤ 臧ㄗㄤ」

羌 西戎 廣韻「去羊切ㄎㄧㄤ」

古音ㄎㄧㄤ 韻：商頌殷武「鄉ㄏㄧㄤ 湯ㄊㄤ 羌ㄎㄧㄤ 享ㄏㄧㄤ 王ㄏㄨㄤ 常ㄉㄧㄤ」

姜 姓 廣韻「居良切ㄍㄧㄤ」

古音ㄍㄧㄤ 韻：鄭有女同車「行ㄏㄤ 英ㄧㄤ 翔ㄧㄤ 將ㄘㄧㄤ 姜ㄍㄧㄤ

忘ㄇㄧㄤ」

疆界也　廣韻「同姜」

古音之ㄍㄧㄤ　韻之大雅崧高「疆ㄍㄧㄤ粻ㄉㄧㄤ行ㄏㄤ」

彊通疆，有伴之意　廣韻「同姜」

古音之ㄍㄧㄤ　韻之鄘鶉之奔奔「彊ㄍㄧㄤ良ㄌㄧㄤ兄ㄏㄨㄤ」

長遠也　廣韻「直良切ㄓㄧㄤ」

古音之ㄉㄧㄤ　韻之秦蒹葭「蒼ㄘㄤ霜ㄙㄤ方ㄆㄧㄤ長ㄉㄧㄤ央ㄧㄤ」

腸　腸胃　廣韻「同長」

古音之ㄉㄧㄤ　韻之大雅桑柔「瞻ㄉㄧㄤ相ㄙㄧㄤ臧ㄗㄤ腸ㄉㄧㄤ狂ㄍㄨㄤ」

場　治穀地　廣韻「同長」

古音：ㄉㄧㄤ 韻：見羊字

張 大也 廣韻「陟良切ㄓㄧㄤ」

古音：ㄉㄧㄤ 韻：見錫字

粻 食米 廣韻「同張」

古音：ㄉㄧㄤ 韻：見鋞字

穰 禾莖 廣韻「汝陽切ㄖㄧㄤ」

古音：ㄋㄧㄤ 韻：周頌執競「喤ㄏㄨㄤ將ㄗㄧㄤ穰ㄋㄧㄤ」

瀼 露濃貌 廣韻「同穰」

古音：ㄋㄧㄤ 韻：鄭野有蔓草「瀼ㄋㄧㄤ揚ㄧㄤ臧ㄗㄤ」

方 舟船 廣韻「府良切ㄈㄧㄤ」

古音：ㄅㄧㄤ　韻：周南漢廣「泳ㄧㄤˋ永ㄧㄤˇ方ㄅㄧㄤ」字　泳上遺廣ㄍㄨㄤˇ

襄　除也　　廣韻「息良切ㄙㄧㄤ」

古音：ㄙㄧㄤ　韻：鄘牆有茨「襄ㄙㄧㄤ詳ㄙㄧㄤˊ長ㄉㄧㄤ」

相　共供也　　廣韻「同襄」

古音：ㄙㄧㄤ　韻：大雅棫樸「章ㄉㄧㄤ相ㄙㄧㄤ王ㄏㄨㄤˊ方ㄅㄧㄤ相ㄙㄧㄤ」

箱　箱籠　　廣韻「同襄」

古音：ㄙㄧㄤ　韻：見梁字

將　送也　　廣韻「子諒切ㄗㄧㄤ」

古音：ㄗㄧㄤ　韻：周南樛木「荒ㄏㄨㄤ將ㄗㄧㄤ」

漿　將水　　廣韻「同將」

古音：ㄗㄧㄤ　韻：小雅大東「將ㄗㄧㄤ長ㄉㄧㄤ襄ㄙㄧㄤ」

亡　已也　廣韻「武方切ㄪㄧㄤ」

古音：ㄇㄧㄤ　韻：邶綠衣「裳ㄉㄧㄤ亡ㄇㄧㄤ」

忘　不記　廣韻「同亡」

古音：ㄇㄧㄤ　韻：見姜字

望　名望　廣韻「同亡」

古音：ㄇㄧㄤ　韻：見卬字

牀　簀也　廣韻「士莊切ㄓ゛ㄧㄤ」

古音：ㄗㄧㄤ　韻：見璋字

常　恆也　廣韻「市羊切ㄕ゛ㄧㄤ」

古音ミㄉㄧㄤ　韻ミ唐鴇羽「行ㄏㄤ桑ㄙㄤ粱ㄌㄧㄤ嘗ㄉㄧㄤ常ㄉㄧㄤ」

裳　下裳
廣韻「同常」

古音ミㄉㄧㄤ　韻ミ邶綠衣「裳ㄉㄧㄤ亡ㄇㄧㄤ」

嘗　秋祭
廣韻「同常」

古音ミㄉㄧㄤ　韻ミ小雅天保「享ㄏㄧㄤ嘗ㄉㄧㄤ王ㄏㄨㄤ疆ㄍㄧㄤ」

霜　凝露
廣韻「色莊切ㄕㄧㄤ」

古音ミㄙㄤ　韻ミ見長字

牆　垣
廣韻「在良切ㄗㄧㄤ」

古音ミㄗㄧㄤ　韻ミ鄭將仲子「牆ㄗㄧㄤ桑ㄙㄤ兄ㄏㄨㄤ」

鏘　鏘々鈴声
廣韻「七羊切ㄘㄧㄤ」

古音：ㄘ一ㄤ　韻：大雅烝民「彭ㄅㄤ鏘ㄘ一ㄤ方ㄅ一ㄤ」

將　將々王佩声　廣韻「同鏘」

古音：ㄘ一ㄤ　韻：見姜字

蹌　動也　廣韻「同鏘」

古音：ㄘ一ㄤ　韻：見昌字

瑲　玉声　廣韻「同鏘」

古音：ㄘ一ㄤ　韻：小雅采芑「央一ㄤ衡ㄏㄤ瑲ㄘ一ㄤ皇ㄏㄨㄤ珩ㄏㄤ」

鶬　鶬鶊　廣韻「七岡切ㄘㄤ」

古音：ㄘㄤ　韻：周頌載見「王ㄏㄨㄤ章ㄉ一ㄤ陽一ㄤ央一ㄤ鶬ㄘㄤ光ㄍㄨㄤ」

斨　方銎斧　廣韻「七羊切ㄘ一ㄤ」

古音：ㄘㄧㄤ 韻：豳破斧「斨ㄘㄧㄤ皇ㄏㄨㄤ將ㄗㄧㄤ」

筐 筐籠 廣韻「去王切ㄎㄩㄤ」

古音：ㄎㄨㄤ 韻：周南卷耳「筐ㄎㄨㄤ行ㄏㄤ」

王 君也 廣韻「雨狂切ㄩㄤ」

古音：ㄏㄨㄤ 韻：見鶬字

央 中 廣韻「於良切ㄧㄤ」

古音：ㄧㄤ 韻：見霜字

狂 病也 廣韻「巨王切ㄍㄩㄤ」

古音：ㄍㄨㄤ 韻：鄘載馳「蝱ㄇㄤ行ㄏㄤ狂ㄍㄨㄤ」

【庚】

庚 倉庚　廣韻「古行切ㄍㄥ」

古音ㄍㄤ　韻：豳七月「陽ㄧㄤ庚ㄍㄤ筐ㄎㄨㄤ行ㄏㄤ桑ㄙㄤ」

羹 羹湯　廣韻「同庚」

古音ㄍㄤ　韻：大雅蕩「商ㄉㄧㄤ螗ㄉㄤ羹ㄍㄤ喪ㄙㄤ行ㄏㄤ方ㄅㄤ」

蝱 貝母　廣韻「武庚切ㄇㄥ」

古音ㄇㄤ　韻：見狂字

喤 泣声　廣韻「户觥切ㄏㄨㄤ」

古音ㄏㄨㄤ　韻：見璋字

祊 廟門傍祭　廣韻「甫盲切ㄅㄥ」

古音ㄅㄤ　韻：小雅楚茨「蹌ㄘㄧㄤ羊ㄧㄤ嘗ㄉㄧㄤ亨ㄆㄤ將ㄗㄧㄤ」

祊ㄅㄤ明ㄇㄤ皇ㄏㄨㄤ鄉ㄏㄧㄤ慶ㄎㄧㄤ𦒻ㄍㄧㄤ」

觵酒器

古音ㄍㄨㄤ　廣韻「古橫切ㄍㄨㄤ」

韻：周南卷耳「罔ㄨㄤ黃ㄏㄨㄤ觵ㄍㄨㄤ傷ㄕㄧㄤ」

彭　彭々壯盛

古音ㄅㄤ　廣韻「薄庚切ㄅㄥ」

韻：大雅烝民「彭ㄅㄤ鏘ㄑㄧㄤ方ㄅㄧㄤ」

英　華也

古音ㄧㄤ　廣韻「於驚切ㄧㄥ」

韻：見姜字

亨　煮也

古音ㄆㄤ　廣韻「撫庚切ㄆㄥ」

韻：見祊字

京　大也

廣韻「舉卿切ㄍㄧㄥ」

古音：ㄍㄧㄤ 韻：曹下泉「稂ㄌㄤ京ㄍㄧㄤ」

明 光也 廣韻「武兵切ㄇㄧㄥ」

古音：ㄇㄤ 韻：小雅黃鳥「桑ㄙㄤ粱ㄌㄧㄤ明ㄇㄤ兄ㄏㄨㄤ」

盟 盟約 廣韻「同明」

古音：ㄇㄤ 韻：小雅巧言「盟ㄇㄤ長ㄉㄧㄤ」

兵 戎也 廣韻「甫明切ㄅㄧㄥ」

古音：ㄅㄤ 韻：邶擊鼓「鏜ㄊㄤ兵ㄅㄤ行ㄏㄤ」

兄 男先 廣韻「許榮切ㄏㄧㄥ」

古音：ㄏㄨㄤ 韻：見牆字

卿 公卿 廣韻「去京切ㄎㄧㄥ」

古音：ㄎㄧㄤ 韻：大雅蕩「明ㄇㄤ卿ㄎㄧㄤ」

衡 平也 廣韻「戶庚切ㄏㄥˊ」

古音：ㄏㄤˊ 韻：大雅韓奕「張ㄉㄧㄤ王ㄏㄨㄤˊ章ㄉㄧㄤ衡ㄏㄤˊ鍚ㄧㄤ」

行 行步 廣韻「戶庚切ㄏㄥˊ」

古音：ㄏㄤˊ 韻 邶北風「涼ㄌㄧㄤ雱ㄆㄤ行ㄏㄤˊ」

珩 佩上玉 廣韻「同行」

古音：ㄏㄤˊ 韻：小雅采芑「央ㄧㄤ衡ㄏㄤˊ瑲ㄘㄧㄤ皇ㄏㄨㄤˊ珩ㄏㄤˊ」

【臨】

瞻 瞻視 廣韻「職廉切ㄓㄧㄢ」

古音：ㄉㄧㄤ 韻：大雅桑柔「瞻ㄉㄧㄤ相ㄙㄧㄤ臧ㄗㄤ腸ㄉㄧㄤ狂ㄍㄨㄤˊ」

上声【蕩】

蕩大也　廣韻「徒朗切ㄉㄤˋ」

古音ㄉㄤˊ　韻：齊南山「兩ㄌㄧㄤ蕩ㄉㄤ」

廣闊也　廣韻「古晃切ㄍㄨㄤˊ」

古音ㄍㄨㄤˊ　韻：衛河廣「廣ㄍㄨㄤ杭ㄏㄤ望ㄇㄧㄤˋ」

【養】

養養々憂心無已　廣韻「餘兩切ㄧㄤ」

古音ㄧㄤ　韻：邶二子乘舟「景ㄍㄧㄤˇ養ㄧㄤˊ」

兩再也　廣韻「良獎切ㄌㄧㄤˊ」

古音ㄌㄧㄤˊ　韻見蕩字

仰　偃仰　廣韻「魚兩切ㄏㄧㄤˇ」

古音：ㄫㄧㄤˇ　韻：小雅車舝「仰ㄫㄧㄤˇ行ㄏㄤˇ」

掌　鞅掌労若失容　廣韻「諸兩切ㄓㄧㄤˇ」

古音：ㄉㄧㄤˇ　韻：小雅北山「仰ㄫㄧㄤˇ掌ㄉㄧㄤˇ」

爽　差也　廣韻「踈兩切ㄕㄧㄤˇ」

古音：ㄙㄤˇ　韻：衛氓「湯ㄉㄧㄤ裳ㄉㄧㄤ爽ㄙㄤˇ行ㄏㄤ」

罔　网罟　廣韻「文兩切ㄇㄧㄤˇ」

古音：ㄇㄧㄤˇ　韻：大雅瞻卬「罔ㄇㄧㄤˇ亾ㄇㄧㄤ」

往　去也　廣韻「于枉切ㄩㄤˇ」

古音：ㄏㄨㄤˇ　韻：大雅桑柔「將ㄗㄧㄤ往ㄏㄨㄤˇ競ㄍㄧㄤˇ梗ㄍㄤˇ」

王 往也 廣韻「同往」

古音：ㄏㄨㄤˆ 韻：大雅板「明ㄇㄤ王ㄏㄨㄤˆ」

享 祭也 廣韻「許兩切ㄏㄧㄤˆ」

古音：ㄏㄧㄤˆ 韻：小雅天保「享ㄏㄧㄤˆ嘗ㄉㄧㄤ王ㄏㄨㄤ疆ㄍㄧㄤ」

饗 歆饗 廣韻「同享」

古音：ㄏㄧㄤˆ 韻：見羊字

【梗】

梗 直也 廣韻「古杏切ㄍㄥˆ」

古音：ㄍㄤˆ 韻：見往字

怲 憂也 廣韻「兵景切ㄅㄧㄥˆ」

古音：ㄅㄤˊ 韻：小雅頍弁「上ㄉㄧㄤˊ怲ㄅㄤˊ臧ㄗㄤ」

景古影字 廣韻「居影切ㄍㄧㄥˇ」

古音：ㄍㄧㄤˇ 韻：見養字

永長也 廣韻「于憬切ㄧㄥˇ」

古音：ㄧㄤˇ 韻：周南漢廣「廣ㄍㄨㄤˇ泳ㄧㄤˋ永ㄧㄤˇ方ㄅㄧㄤ」

去声【宕】

抗張掛 廣韻「苦浪切ㄎㄤˋ」

古音：ㄎㄤˋ 韻：小雅賓之初筵「抗ㄎㄤˋ張ㄉㄧㄤ」

伉伉儷 廣韻「同抗」

古音：ㄎㄤˋ 韻：大雅緜「伉ㄎㄤˋ將ㄗㄧㄤ行ㄏㄤ」

【漾】

讓 退讓 廣韻「人攘切ㄖㄧㄤˋ」

古音：ㄋㄧㄤˋ 韻：小雅角弓「良ㄌㄧㄤ 方ㄅㄧㄤ 讓ㄋㄧㄤˋ 亡ㄇㄧㄤ」

向 地名 廣韻「式亮切ㄕㄧㄤˋ」

古音：ㄉㄧㄤˋ 韻：小雅十月之交「向ㄉㄧㄤˋ 藏ㄗㄤˊ 王ㄗˊㄨㄤ 向ㄉㄧㄤˋ」

上 上下 廣韻「時亮切ㄕˊㄧㄤˋ」

古音：ㄉㄧㄤˋ 韻：鄘桑中「唐ㄉㄤ 鄉ㄏㄧㄤ 姜ㄍㄧㄤ 上ㄉˊㄧㄤˋ」

尚 祚 廣韻「同上」

古音：ㄉㄧㄤˋ 韻：大雅抑「尚ㄉㄧㄤˋ 亡ㄇㄧㄤ 章ㄉㄧㄤ 兵ㄅㄤ 方ㄅㄧㄤ」

望 看望 廣韻「巫放切ㄪㄧㄤˋ」

古音：ㄇㄧㄤˊ　韻：見廣字　廣韻「許訪切ㄏㄧㄤˋ」

貺　賜也　古音：ㄏㄨㄤ　韻：小雅彤弓「藏ㄗㄤ　貺ㄏㄨㄤˋ　饗ㄏㄧㄤˇ」

相　佐輔　廣韻「息亮切ㄙㄧㄤˋ」

古音：ㄙㄧㄤˋ　韻：大雅桑柔「瞻ㄉㄧㄤ　相ㄙㄧㄤˋ　臧ㄗㄤ　腸ㄉㄧㄤ　狂ㄍㄨㄤ」

【映】

慶　賀也　廣韻「丘敬切ㄎㄧㄥˋ」

古音：ㄎㄧㄤˋ　韻：大雅皇矣「兄ㄏㄨㄤ　慶ㄎㄧㄤˋ　光ㄍㄨㄤ　喪ㄙㄤ　方ㄅㄧㄤ」

【敬】

競　爭也　廣韻「渠敬切ㄍㄧㄥˋ」

古音こㄍㄧㄤˋ 韻こ見梗字

泳 游泳 廣韻「爲命切ㄧㄥˋ」

古音こㄧㄤˋ 韻こ見永字

第十二部「ㄣ」韻

平声【侵】

駸 馬行疾 廣韻「七林切ㄘㄧㄣ」

古音こㄘㄧㄣ 韻こ小雅四牡「駸ㄘㄧㄣ諗ㄌㄧㄣˇ」

鬵 鼎 廣韻「徐林切ㄙㄧㄣ」

古音こㄙㄧㄣ 韻こ檜匪風「鬵ㄙㄧㄣ音ㄧㄣ」

林 盛也 廣韻「力尋切ㄌㄧㄣ」

古音：ㄌㄧㄣ　韻：小雅賓之初筵「林ㄌㄧㄣ湛ㄉㄧㄣ」

琛　宝也　　廣韻「丑林切ㄔㄧㄣ」

古音：ㄊㄧㄣ　韻：魯頌泮水「林ㄌㄧㄣ黮ㄉㄧㄣ音ㄧㄣ琛ㄊㄧㄣ金ㄍㄧㄣ」

煁　行竈　　廣韻「氏任切ㄕㄧㄣ」

古音：ㄉㄧㄣ　韻：小雅白華「煁ㄉㄧㄣ心ㄙㄧㄣ」

諶　誠也　　廣韻「同煁」

古音：ㄉㄧㄣ　韻：大雅蕩「諶ㄉㄧㄣ終ㄌㄧㄣ」

深　遠也　　廣韻「式針切ㄕㄧㄣ」

古音：ㄌㄧㄣ　韻：大雅瞻卬「深ㄌㄧㄣ今ㄍㄧㄣ」

心　火藏　　廣韻「息林切ㄙㄧㄣ」

古音ㄙㄧㄣ 韻：鄭子衿「衿ㄍㄧㄣ心ㄙㄧㄣ音ㄧㄣ」

琴 樂器 廣韻「巨金切ㄍㄧㄣ」

古音ㄍㄧㄣ 韻：小雅鹿鳴「芩ㄍㄧㄣ琴ㄍㄧㄣ湛ㄉㄧㄣ心ㄙㄧㄣ」

芩 黄芩 廣韻「同琴」

古音ㄍㄧㄣ 韻：見琴字

欽 欽々憂思不忘 廣韻「去金切ㄎㄧㄣ」

古音ㄎㄧㄣ 韻：秦晨風「林ㄌㄧㄣ欽ㄎㄧㄣ」

衾 被也 廣韻「同欽」

古音ㄎㄧㄣ 韻：名南小星「參ㄙㄣ衾ㄎㄧㄣ」 衾与參句中相韻

參 星 廣韻「所今切ㄕㄧㄣ」

古音：ㄙㄣ韻：見衾字

歆神食氣也　廣韻「許金切ㄏㄧㄣ」

古音：ㄏㄧㄣ韻：大雅生民「歆ㄏㄧㄣ今ㄍㄧㄣ」

今古今　廣韻「居吟切ㄍㄧㄣ」

古音：ㄍㄧㄣ韻：召南標有梅「三ㄙㄣ今ㄍㄧㄣ」

金金宝　廣韻「同今」

古音：ㄍㄧㄣ韻：見琛字

衿交領　廣韻「同今」

古音：ㄍㄧㄣ韻：鄭子衿「衿ㄍㄧㄣ心ㄙㄧㄣ音ㄧㄣ」

音樂器之声　廣韻「於金切ㄧㄣ」

古音ㄧㄣ 韻見衿字

陰 陰陽

古音ㄧㄥ 韻豳七月「沖ㄉㄨㄥ陰ㄧㄥ」

廣韻「同音」

【覃】

驂 驂馬

古音ㄙㄣ 韻秦小戎「中ㄉㄧㄣ驂ㄙㄣ」

廣韻「倉含切ㄘㄢ」

南 方位

古音ㄋㄧㄣ 韻邶凱風「南ㄋㄧㄣ心ㄙㄧㄣ」

廣韻「那含切ㄋㄢ」

男 男子

古音ㄋㄧㄣ 韻大雅思齊「音ㄧㄣ男ㄋㄧㄣ」

廣韻「同南」

湛 樂也 廣韻「丁含切ㄉㄢ」

古音ミㄉ一ㄣ 韻ミ小雅鹿鳴「芩ㄍ一ㄣ琴ㄍ一ㄣ湛ㄉ一ㄣ心ㄙ一ㄣ」

耽 樂也 廣韻「同湛」

古音ミㄉ一ㄣ 韻ミ衛氓「葚ㄉ一ㄣ耽ㄉ一ㄣ」

【談】

三 數名 廣韻「蘇甘切ㄙㄢ」

古音ミㄙ一ㄣ 韻ミ見今字

【東】

風 教也 廣韻「方戎切ㄈㄨㄥ」

古音ミㄅ一ㄣ 韻ミ邶綠衣「風ㄅ一ㄣ心ㄙ一ㄣ」

終 極也
古音ㄉㄧㄤ 韻大雅蕩「諶ㄍㄧㄤ終ㄉㄧㄤ」
廣韻「職戎切ㄓㄨㄥ」

【梌】

僭 不信也
古音ㄗㄧㄤ 韻大雅抑「僭ㄗㄧㄤ心ㄙㄧㄤ」
廣韻「子念切ㄗㄧㄢ」

上声【寢】

寢 室也
古音ㄘㄧㄤˇ 韻小雅斯干「簟ㄉㄧㄤˇ寢ㄘㄧㄤˇ」
廣韻「七稔切ㄘㄧㄣˇ」

枕 枕席
古音ㄉㄧㄤˇ 韻陳澤陂「萏ㄉㄧㄤˇ儼ㄫㄧㄤˇ枕ㄉㄧㄤˇ」
廣韻「章荏切ㄓㄧㄣˇ」

諗告也　廣韻「式荏切ㄕㄧㄋˆ」

古音ㄉㄧㄋˆ　韻小雅四牡「駸ㄘㄧㄋ諗ㄉㄧㄋˆ」

甚劇過也　廣韻「常枕切ㄕ゛ㄧㄋ」

古音ㄉ゛ㄧㄋˆ　韻小雅巷伯「錦ㄍㄧㄋˆ甚ㄉ゛ㄧㄋˆ」

葚桑实　廣韻「食荏切ㄓ゛ㄧㄋˆ」

古音ㄉ゛ㄧㄋˆ　韻見耽字

黮同葚　廣韻「徒感切ㄉ゛巳ˆ」

古音ㄉ゛ㄧㄋˆ　韻魯頌泮水「林ㄌㄧㄋ黮ㄉ゛ㄧㄋˆ音ㄧㄋ琛ㄊㄧㄋ金ㄍㄧㄋ」

錦襄色織文也　廣韻「居飲切ㄍㄧㄋˆ」

古音ㄍㄧㄋˆ　韻見甚字

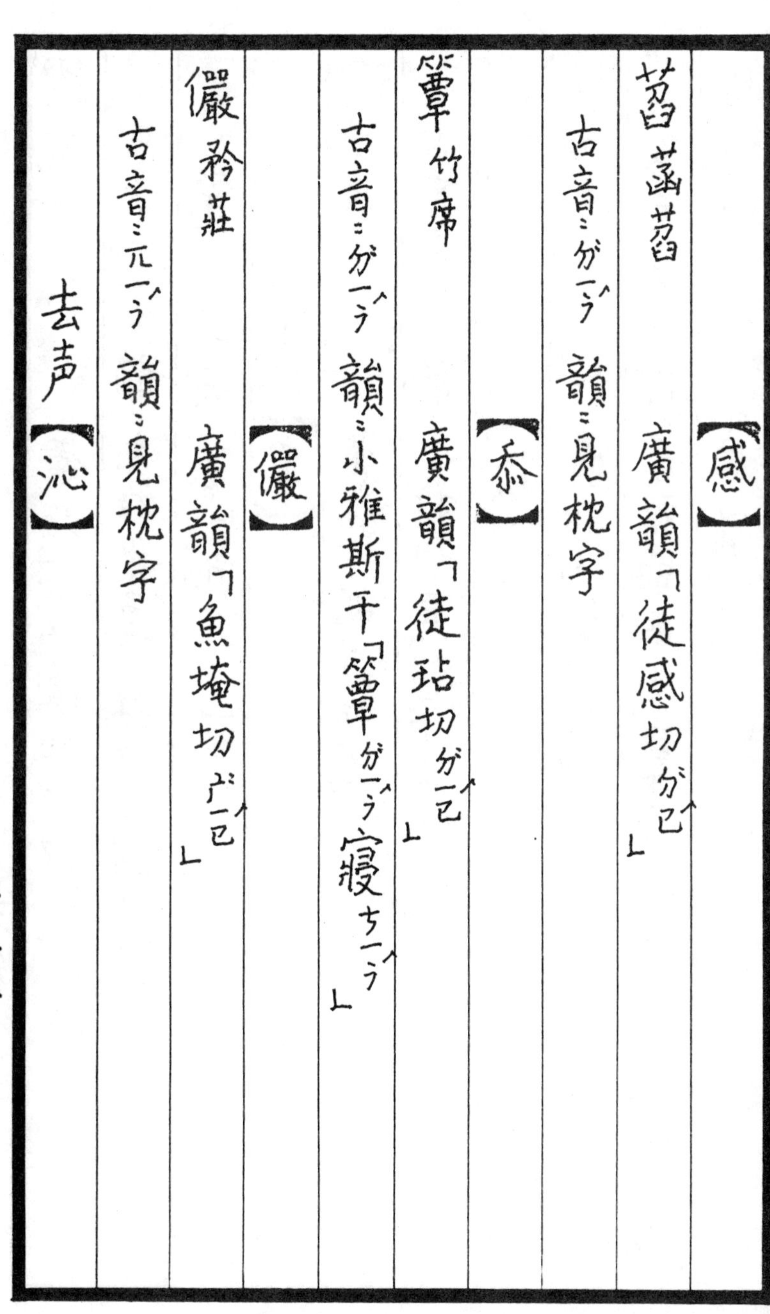

【感】

萏 菡萏　廣韻「徒感切ダ己」

古音ニガ一ブ　韻ニ見枕字

【忝】

簟 竹席　廣韻「徒玷切ダ一己」

古音ニガ一ブ　韻ニ小雅斯干「簟ガ一ブ寢チ一ブ」

【儼】

儼 矜莊　廣韻「魚埯切广一己」

古音ニ兀一ブ　韻ニ見枕字

去声　【沁】

譖讒　廣韻「莊蔭切ㄓㄧㄣˋ」

古音：ㄗㄣˋ 韻：大雅桑柔「林ㄌㄧㄣ 譖ㄗㄣˋ」

第十三部「ㄢ」韻

平声【覃】

涵容受　廣韻「胡男切ㄏㄢ」

古音：ㄏㄢ 韻：小雅巧言「涵ㄏㄢ 讒ㄗㄢ」

【談】

談語　廣韻「徒甘切ㄉㄢ」

古音：ㄉㄢ 韻：小雅節南山「巖ㄫㄢ 瞻ㄉㄧㄢ 惔ㄉㄢ 談ㄉㄢ 監ㄍㄢ」

惔憂也　廣韻「同談」

古音：ㄉㄢ　韻：見談字　廣韻「同談」

餤　進也

古音：ㄉㄢ　韻：小雅巧言「甘ㄍㄢ餤ㄉㄢ」

甘　美味　廣韻「古三切ㄍㄢ」

古音：ㄍㄢ　韻：見餤字

藍　染色　廣韻「魯甘切ㄌㄢ」

古音：ㄌㄢ　韻：小雅采綠「藍ㄌㄢ襜ㄊㄧㄢ詹ㄉㄧㄢ」

【鹽】

詹　至也　廣韻「職廉切ㄓㄧㄢ」

古音：ㄉㄧㄢ　韻：見藍字

瞻 視　廣韻「同詹」

古音：ㄉㄧㄢ　韻：見談字

襜 蔽膝　廣韻「處占切ㄨㄧㄢ」

古音：ㄊㄧㄢ　韻：見藍字

【嚴】

嚴 威也　廣韻「語𩐠切ㄫㄧㄢ」

古音：ㄫㄧㄢ　韻：商頌殷武「監ㄍㄢ嚴ㄫㄧㄢ濫ㄌㄢ」

【咸】

讒 譖也　廣韻「士咸切ㄓ゛ㄢ」

古音：ㄗㄢ　韻：見涵字

【銜】

巖 峯也 廣韻「五銜切兀已」

古音〻兀已 韻〻見談字

上声【敢】

敢 勇力也 廣韻「古覽切〻已」

古音〻〻已 韻〻王大車「檻尸已菼去已敢〻已」

菼 薍 廣韻「吐敢切去已」

古音〻去已 韻〻見敢字

【琰】

貶 損也 廣韻「方斂切夕一已」

古音：ㄅㄧㄢˊ　韻：大雅名是「玷ㄉㄧㄢˊ貶ㄅㄧㄢˊ」

【忝】

玷玉瑕　廣韻「多忝切ㄉㄧㄢˊ」

古音：ㄉㄧㄢˊ　韻：見貶字

【豏】

斬斬絕　廣韻「側減切ㄓㄢˊ」

古音：ㄗㄢˊ　韻：小雅節南山「巖ㄫㄢˊ瞻ㄉㄧㄢ惔ㄉㄢ談ㄉㄢ斬ㄗㄢˊ

監ㄍㄢ」

【檻】

檻闌也　廣韻「胡黤切ㄏㄢˊ」

古音〻ㄕㄢˊ 韻〻見敢字

去声【闞】

濫 汎濫 廣韻「盧瞰切ㄌㄢˋ」

古音〻ㄌㄢˋ 韻〻見嚴字

【鑑】

監 領也 廣韻「格懺切ㄍㄢˋ」

古音〻ㄍㄢ 韻〻見嚴字

第十四部入声

ㄧ、「ㄧ、」韻 ㄧ、ㄨㄧ、ㄧㄝ為同韻。

【質】

質　朴　廣韻「之日切ㄓˋ」

古音：ㄉㄧˋ　韻：小雅天保「弔ㄉㄧˋ福ㄅㄧˋ質ㄉㄧˋ食ㄉㄧˋ德ㄉㄧˋ」

日　太陽　廣韻「人質切ㄖˋ」

古音：ㄋㄧˋ　韻：齊東方之日「日ㄋㄧˋ室ㄉㄧˋ即ㄗㄧˋ」

實　果實　廣韻「神質切ㄕˊ」

古音：ㄉㄧˋ　韻：小雅杕杜「實ㄉㄧˋ日ㄋㄧˋ」

秩　秩序　廣韻「直一切ㄓˋ」

古音：ㄉㄧˋ　韻：小雅賓之初筵「秩ㄉㄧˋ旨ㄉㄧˋ偕ㄍㄧˋ設ㄉㄧˋ逸ㄧˋ」

一　數之始也　廣韻「於悉切ㄧ」

古音：ㄧˋ　韻：曹鳲鳩「七ㄑㄧˋ一ㄧˋ結ㄍㄧˋ」

七　數也　廣韻「親吉切ㄘㄧ」
古音：ㄘㄧ　韻：見一字
漆　膠漆　廣韻「同七」
古音：ㄘㄧ　韻：大雅緜「跌ㄉㄧ漆ㄘㄧ穴ㄒㄧ室ㄉㄧ」
匹　偶也　廣韻「譬吉切ㄆㄧ」
古音：ㄆㄧ　韻：大雅假樂「抑ㄧ秩ㄉㄧ匹ㄆㄧ」
吉　吉利　廣韻「居質切ㄍㄧ」
古音：ㄍㄧ　韻：唐無衣「七ㄘㄧ吉ㄍㄧ」
逸　奔也　廣韻「夷質切ㄧ」
古音：ㄧ　韻：見秩字

栗　果木　廣韻「力質切ㄌㄧˋ」

古音：ㄌㄧ　韻：大雅生民「栗ㄌㄧˊ室ㄉㄧˊ」

慄　戰慄　廣韻「同栗」

古音：ㄌㄧ　韻：秦黃鳥「棘ㄍㄧˊ息ㄙㄧˊ特ㄉㄧˊ穴ㄏㄧˊ慄ㄌㄧˊ」

窒　塞也　廣韻「陟栗切ㄓˋ」

古音：ㄉㄧ　韻：豳東山「垤ㄉㄧˊ室ㄉㄧˊ窒ㄉㄧˊ至ㄉㄧˊ」

挃　割稻声　廣韻「同窒」

古音：ㄉㄧ　韻：周頌良耜「挃ㄉㄧˊ栗ㄌㄧˊ櫛ㄗㄧˊ室ㄉㄧˊ」

疾　病　廣韻「秦悉切ㄗˊ」

古音：ㄗㄧ　韻：衛伯兮「日ㄋㄧˊ疾ㄗㄧˊ」

室 房也　廣韻「式質切ㄕ一ˋ」

古音：ㄉ一ˋ　韻：見室字

畢 竟也　廣韻「卑吉切ㄅ一ˋ」

古音：ㄅ一ˋ　韻：小雅都人士「蹢ㄉ一ˊ畢ㄅ一ˋ」

珌 佩刀上飾　廣韻「同畢」

古音：ㄅ一ˋ　韻：小雅瞻彼洛矣「矣一ˋ止ㄉ一ˋ珌ㄅ一ˋ室ㄉ一ˋ」

韠 蔽膝　廣韻「同畢」

古音：ㄅ一ˋ　韻：檜素冠「韠ㄅ一ˋ結ㄍ一ˋ」

怭 慢也　廣韻「毗必切ㄆ一ˋ」

古音：ㄆ一ˋ　韻：小雅賓之初筵「抑一ˋ怭ㄆ一ˋ秩ㄉ一ˋ」

吉 姞 廣韻「巨乙切ㄍㄧˊ」

古音ㄍㄧˊ 韻：小雅都人士「實ㄉㄧˊ吉ㄍㄧˊ結ㄍㄧˊ」

密 疏密 廣韻「美筆切ㄇㄧˋ」

古音ㄇㄧˋ 韻：大雅篤公劉「密ㄇㄧˋ即ㄗㄧˊ」

【術】

述 循也 廣韻「食聿切ㄓㄩㄝˊ」 史記魯世家「東門遂」世本作述

古音ㄙㄨㄟˋ 韻：邶日月「出ㄊㄧˋ卒ㄗㄧˊ述ㄙㄨㄟˋ」

卒 終 廣韻「子律切ㄗㄩㄝˊ」

古音ㄗㄧˊ 韻：見述字

卒 同崒，山高 廣韻「慈䘏切ㄗㄩㄝˊ」

古音：ㄗㄨㄧˋ 韻：小雅漸漸之石「卒ㄗㄨㄧˊ沒ㄇㄨㄧˋ出ㄊㄧㄝ」

恤 恤閔恤 廣韻「辛聿切ㄙㄩㄝ」

古音：ㄙㄧㄝ 韻：小雅杕杜「來ㄌㄧˊ疚ㄍㄧˋ至ㄉㄧˋ恤ㄙㄧㄝ偕ㄍㄧˊ近ㄍㄧˋ邇ㄋㄧˇ」

律 律律高大 廣韻「呂卹切ㄌㄩㄝ」

古音：ㄌㄧ 韻：小雅蓼莪「律ㄌㄧˋ弗ㄅㄧˊ卒ㄗㄧˊ」

出 出入 廣韻「赤律切ㄨㄩㄝ」

古音：ㄊㄧㄝ 韻：小雅雨無正「出ㄊㄧㄝ瘁ㄗㄨㄧˋ」

【櫛】

櫛 髮梳 廣韻「阻瑟切ㄓㄧˋ」

古音：ㄗㄧˋ 韻：見押字

瑟琴瑟　廣韻「所櫛切ㄕㄧˋ」

古音：ㄙㄧˋ　韻：秦車鄰「漆ㄑㄧˋ栗ㄌㄧˋ瑟ㄙㄧˋ老耋ㄉㄧˋ」

【物】

物一色　廣韻「文弗切ㄪㄩㄝˋ」

古音：ㄇㄧ　韻：小雅無羊「來ㄌㄧ笠ㄌㄧˋ物ㄇㄧˋ」

弗弗々疾貌　廣韻「分物切ㄈㄩㄝˋ」

古音：ㄅㄧˋ　韻：見律字

拂去也　廣韻「敷勿切ㄈㄩㄝ」

古音：ㄅㄧ　韻：大雅皇矣「茀ㄅㄨㄟˋ仡ㄫㄧˋ肆ㄙˋ忽ㄏㄨㄟˋ拂ㄅㄧˋ」

茀茀々強盛　廣韻「同弗」

古音：ㄅㄧˋ　韻：見拂字

茀通芾、蔽膝　廣韻「同弗」

古音：ㄅㄧˋ　韻：曹候人「祋ㄉㄨㄟˋ茀ㄅㄧˋ」

【迄】

仡 壯勇貌　廣韻「魚迄切ㄧˋ」

古音：ㄫㄧˋ　韻：見拂字

【沒】

沒 沈也　廣韻「莫勃切ㄇㄩㄝ」

古音：ㄇㄨㄟˋ　韻：見卒字

忽 倏忽　廣韻「呼骨切ㄏㄩㄝ」

古音：ㄏㄨㄟˋ　韻：見拂字

【屑】

結　締也　廣韻「古屑切ㄍㄧㄝˊ」

古音：ㄍㄧˋ　韻：小雅正月「結ㄍㄧˋ厲ㄌㄧˋ滅ㄇㄧㄝ烕ㄏㄧㄝ」

節　操也　廣韻「子結切ㄗㄧㄝ」

古音：ㄗㄧˋ　韻：邶旄丘「葛ㄍㄜˊ節ㄗㄧˋ日ㄋㄧˋ」

噎　食塞　廣韻「烏結切ㄧㄝ」

古音：ㄧˋ　韻：王黍離「实ㄉㄧˋ噎ㄧˋ」

血　濊也　廣韻「呼決切ㄏㄩㄝ」

古音：ㄏㄧˋ　韻：小雅雨無正「血ㄏㄧˋ疾ㄗㄧˋ室ㄉㄧˋ」

闋 終也 廣韻「苦穴切ㄎㄩㄝ」

古音ㄎㄨㄟ 韻「小雅節南山「惠ㄏㄨㄟ戾ㄌㄧ屆ㄐㄧ闋ㄎㄨㄟ夷ㄧ違ㄨㄟ」

穴 窟也 廣韻「胡決切ㄏㄩㄝ」

古音ㄏㄧ 韻「王大車「室ㄉㄧ穴ㄏㄧ日ㄋㄧ」

垤 蟻封 廣韻「徒結切ㄉㄧㄝ」

古音ㄉㄧ 韻「豳東山「垤ㄉㄧ室ㄉㄧ窒ㄉㄧ至ㄉㄧ」

耋 八十為耋 廣韻「同垤」

古音ㄉㄧ 韻「見瓞字

瓞 瓜瓞 廣韻「同垤」

古音ㄉㄧ 韻「大雅緜「瓞ㄉㄧ漆ㄘㄧ穴ㄏㄧ室ㄉㄧ」

設置也 【薛】廣韻「識列切ㄒㄧㄝˋ」

古音：ㄉㄧˋ 韻：小雅賓之初筵「秩ㄉㄧˋ旨ㄉㄧˇ偕ㄍㄧ設ㄉㄧˋ逸ㄧˋ」

徹通也 廣韻「丑列切ㄔㄧㄝˋ」

古音：ㄊㄧˋ 韻：小雅十月之交「徹ㄊㄧˋ逸ㄧˋ」

【職】

即就也 廣韻「子力切ㄗㄧㄝˋ」

古音：ㄗㄧˋ 韻：鄭東門之墠「栗ㄉㄧˋ室ㄉㄧˋ即ㄗㄧˋ」

【麥】

簀竹席 廣韻「側革切ㄓㄟˋ」

古音：ㄕ一 韻：衛淇奧「簀ㄕ一錫ㄙ一璧ㄅ一」

讁 責也 廣韻「陟革切ㄓㄜˊ」

古音：ㄉ一 韻：邶北門「適ㄉ一益一讁ㄉ一」

適 通讁責也 廣韻「同讁」

古音：ㄉ一 韻：商頌殷武「辟ㄅ一績ㄗ一辟ㄅ一適ㄉ一解ㄍ一」

厄 環也 廣韻「於革切ㄜˋ」

古音：一 韻：大雅蕩「幭ㄇ一厄一」

【昔】

脊 背脊 廣韻「資昔切ㄗ一」

古音：ㄗ一 韻：小雅正月「蹐ㄗ一脊ㄗ一蜴一」

蹐 少步也 廣韻「同脊」

古音：ㄗㄧˋ 韻：見脊字

益 加也 廣韻「伊昔切ㄧˋ」

古音：ㄧˋ 韻：見適字

易 更改 廣韻「羊益切ˋ」

古音：ㄧˋ 韻：大雅韓奕「鮮ㄒㄧˇ易ㄧˋ辟ㄅㄧ」

蜴 蜥蜴 廣韻「同易」

古音：ㄧˋ 韻：見脊字

適 來到 廣韻「施隻切ㄕˋ」

古音：ㄉㄧˋ 韻：見適字

辟 君也　廣韻「必益切ㄅㄧˋ」
古音：ㄅㄧˋ　韻：大雅文王有声「績ㄗㄧˋ辟ㄅㄧˋ」
璧 瑞玉　廣韻「同辟」
古音：ㄅㄧˋ　韻：衛淇奧「簀ㄗㄧˋ錫ㄙㄧˋ璧ㄅㄧˋ」
螫 虫行毒　廣韻「施隻切ㄕㄧˋ」
古音：ㄉㄧˋ　韻：周頌小毖「毖ㄅㄧˋ螫ㄉㄧˋ」

【錫】

錫 鉛錫　廣韻「先擊切ㄙㄧˋ」
古音：ㄙㄧˋ　韻：見辟璧字
晳 白　廣韻「同錫」

古音ㄙㄧˋ 韻：鄘君子偕老「翟ㄉㄧˊ髢ㄊㄧˋ揥ㄊㄧˋ皙ㄙㄧˋ帝ㄉㄧˋ」

蹢 蹄也 廣韻「都歷切ㄉㄧˊ」

古音ㄉㄧˊ 韻：小雅都人士「蹢ㄉㄧˊ畢ㄅㄧˊ」

弔 至也 廣韻「同蹢」

古音ㄉㄧ 韻：小雅天保「弔ㄉㄧˊ福ㄅㄧˊ質ㄉㄧˊ食ㄉㄧˊ德ㄉㄧˊ」

鷊 通虉 小草也 廣韻「五歷切ㄧˋ」

古音ㄫㄧ 韻：陳防有鵲巢「甓ㄉㄧˊ鷊ㄫㄧˊ惕ㄊㄧˋ」

狄 北狄 廣韻「徒歷切ㄉㄧˊ」

古音ㄉㄧ 韻：大雅瞻卬「刺ㄘㄧˋ富ㄆㄨㄟˋ狄ㄉㄧˊ忌ㄍㄧˋ類ㄌㄨㄟˋ

瘁ㄗㄨㄟˋ」

翟　雉羽　廣韻「同狄」
古音：ㄉㄧˊ　韻：見晳字
剔　解骨　廣韻「他歷切ㄊㄧˋ」
古音：ㄊㄧˋ　韻：大雅皇矣「辟ㄆㄧˋ剔ㄊㄧˋ」
惕　憂也　廣韻「同剔」
古音：ㄊㄧˋ　韻：見鶪字
績　絲麻　廣韻「則歷切ㄗㄧˋ」
古音：ㄗㄧˋ　韻：豳七月「鵙ㄍㄧˊ績ㄗㄧˋ」
幭　覆軾　廣韻「莫結切ㄇㄧㄝ」
古音：ㄇㄧˋ　韻：大雅蕩「幭ㄇㄧˋ厄ㄧˋ」

甓瓴甋　廣韻「扶歷切ㄅㄧˊ」

古音ㄅㄧˊ　韻見鷊字

鶪伯勞　廣韻「古闃切ㄍㄧˊ」

古音ㄍㄧˊ　韻見績字

【燭】

局曲躬　廣韻「渠玉切ㄍㄧˊ」

古音ㄍㄧˊ　韻小雅正月「局ㄍㄧˊ蹐ㄗㄧˊ脊ㄗㄧˊ蜴ㄧˊ」

【麥】

麥穀類　廣韻「莫獲切ㄇㄝˋ」

古音ㄇㄧˊ　韻鄘桑中「麥ㄇㄧˊ北ㄅㄧˊ弋ㄧˊ」

馘 截耳 廣韻「古獲切ㄍㄜˊ」

古音：ㄍㄧˋ 韻：魯頌泮水「德ㄉㄧˊ服ㄅㄧˊ馘ㄍㄧˊ」

革 脫毛的皮 廣韻「古核切ㄍㄜˊ」

古音：ㄍㄧˊ 韻：召南羔羊「革ㄍㄧˊ緎ㄧˋ食ㄉㄧˊ」

【職】

織 組織 廣韻「之翼切ㄓ」

古音：ㄉㄧˋ 韻：大雅瞻卬「背ㄅㄧˋ慝ㄊㄧˋ識ㄉㄧˋ織ㄉㄧˋ」

直 正也 廣韻「除力切ㄓˊ」

古音：ㄉㄧˋ 韻：大雅緜「直ㄉㄧˋ載ㄗㄧˋ翼ㄧˋ」

力 筋也 廣韻：林直切ㄌㄧˋ

古音：ㄌㄧ　韻：大雅蕩「極ㄍㄧ背ㄅㄧ利ㄌㄧ克ㄎㄧ適ㄧ力ㄌㄧ」

敕　警戒　廣韻「恥力切 ㄔˋ」

古音：ㄊㄧ　韻：小雅楚茨「食ㄉㄧ福ㄅㄧ式ㄉㄧ稷ㄗㄧ敕ㄊㄧ

極ㄍㄧ億ㄧ」

飭　正也　廣韻「同敕」

古音：ㄊㄧ　韻：小雅六月「飭ㄊㄧ服ㄅㄧ急ㄍㄧ國ㄍㄧ」

食　飲食　廣韻「乘力切 ㄕˊ」

古音：ㄉㄧ　韻：小雅綿蠻「食ㄉㄧ誨ㄏㄨㄧ載ㄗㄧ」

息　止也　廣韻「相即切 ㄒㄧ」

古音：ㄙㄧ　韻：鄭狡童「食ㄉㄧ息ㄙㄧ」

昔韻
誤入職

識 認也 廣韻「賞職切ㄕˋ」
古音ㄉㄧˋ 韻見織字
飾 修飾 廣韻「同識」
古音ㄉㄧˋ 韻見鄭羔裘「飾ㄉㄧˋ力ㄌㄧˋ直ㄉㄧˋ」
式 法也 廣韻「同識」
古音ㄉㄧˋ 韻見敕字
赩 赤色 廣韻「施隻切ㄕˋ」
古音ㄉㄧˋ 韻見小雅采芑「翼ㄧˋ赩ㄉㄧˋ服ㄅㄧˋ革ㄍㄧˋ」
極 至也 廣韻「渠力切ㄍㄧˋ」
古音ㄍㄧˋ 韻見小雅菀柳「息ㄙㄧˋ暱ㄋㄧˋ極ㄍㄧˋ」

暱近也　廣韻「尼質切ㄋㄧˋ」
古音：ㄋㄧˋ　韻：見極字
億十萬　廣韻「於力切ㄧˋ」
古音：ㄧˋ　韻：小雅楚茨「茨ㄗㄧˊ棘ㄍㄧˋ稷ㄗㄧˋ翼ㄧˋ億ㄧˋ祀ㄙㄧˋ福ㄅㄧˋ」
色顏色　廣韻「所力切ㄕㄧˋ」
古音：ㄙㄧˋ　韻：大雅皇矣「德ㄉㄧˋ色ㄙㄧˋ革ㄍㄧˋ則ㄗㄧˋ」
穡稼穡　廣韻「同色」
古音：ㄙㄧˋ　韻：魏伐檀「穡ㄙㄧˋ獵ㄉㄧˋ」
棘小棗　廣韻「紀力切ㄍㄧˋ」
古音：ㄍㄧˋ　韻：見億字

襋 衣領 廣韻「同棘」

古音：ㄍㄧˋ 韻：魏葛屨「襋ㄍㄧˋ服ㄅㄧˋ」

亟 急 廣韻「同棘」

古音：ㄍㄧˋ 韻：大雅靈臺「亟ㄍㄧˋ來ㄌㄧ」

弋 繳射 廣韻「與職切ㄧˋ」

古音：ㄧˋ 韻：鄘桑中「麥ㄇㄧˋ北ㄅㄧˋ弋ㄧˋ」

翼 翄也 廣韻「同弋」

古音：ㄧˋ 韻：小雅六月「翼ㄧˋ服ㄅㄧˋ國ㄧˋ」

稷 五穀之總名 廣韻「子力切ㄗㄧˋ」

古音：ㄗㄧˋ 韻：見億字

蜮短狐虫　廣韻「雨逼切ㄧˋ」

古音：ㄧˋ　韻：小雅何人斯「蜮ㄧˋ得ㄉㄧˋ極ㄍㄧˋ側ㄗㄧˋ」

域邦也　廣韻「同蜮」

古音：ㄧˋ　韻：唐葛生「棘ㄍㄧˋ域ㄧˋ息ㄙㄧˋ」

緎縫也　廣韻「同蜮」

古音：ㄧˋ　韻：召南羔羊「革ㄍㄧˋ緎ㄧˋ食ㄉㄧˋ」

淢城溝　廣韻「況逼切ㄏㄧˋ」

古音：ㄏㄧˋ　韻：大雅文王「淢ㄏㄧˋ匹ㄆㄧˋ」

側傍側　廣韻「阻力切ㄓㄧˋ」

古音：ㄗㄧˋ　韻：周南關雎「得ㄉㄧˋ服ㄅㄧˋ側ㄗㄧˋ」

嶷 峻茂 廣韻「魚力切ㄫㄧˋ」
古音ㄫㄧˋ 韻：大雅生民「匐ㄅㄧˋ嶷ㄫㄧˋ食ㄉㄧˋ」

【德】

德 行之得也 廣韻「多則切ㄉㄝˊ」
古音ㄉㄧˋ 韻：大雅烝民「則ㄗㄧˋ德ㄉㄧˋ」

得 有求而獲 廣韻「同德」
古音ㄉㄧˋ 韻：見側字

則 法則 廣韻「子德切ㄗㄝˊ」
古音ㄗㄧˋ 韻：見色字

忒 變也 廣韻「他德切ㄊㄝˊ」

古音ㄊㄧˋ　韻之大雅瞻卬「忒ㄊㄧˋ背ㄅㄧˋ極ㄍㄧˋ慝ㄊㄧˋ倍ㄅㄧˋ識ㄉㄧˋ

事ㄗˋ織ㄉㄧˋ」

慝　惡也　廣韻「同忒」

古音ㄊㄧˋ　韻見忒字

克　勝也　廣韻「苦得切ㄎㄝˋ」

古音ㄎㄧˋ　韻之小雅正月「特ㄉㄧˋ克ㄎㄧˋ得ㄉㄧˋ力ㄌㄧˋ」

特　配偶　廣韻「徒得切ㄉㄝˋ」

古音ㄉㄧˋ　韻之鄘柏舟「側ㄗㄧˋ特ㄉㄧˋ」

螣　螣蛇　廣韻「同特」

古音ㄉㄧˋ　韻之小雅大田「螣ㄉㄧˋ賊ㄗㄧˋ」

黑 北方色 廣韻「呼北切ㄏㄜˋ」
古音ㄏㄧˋ 韻：小雅大田「止ㄉㄧˋ 子ㄗˋ 敵ㄉㄧˋ 祀ㄙˋ 黑ㄏㄧˋ 稷ㄗㄧˋ 祀ㄙˋ
福ㄅㄧˋ」
賊 盜也 廣韻「昨則切ㄗㄜˊ」
古音ㄗㄧˊ 韻：見螣字
塞 实也 廣韻「蘇則切ㄙㄜˋ」
古音ㄙㄧˋ 韻：大雅常武「塞ㄙㄧˋ 來ㄌㄧˊ」
北 南北 廣韻「博墨切ㄅㄜˇ」
古音ㄅㄧˇ 韻：見弋字
匐 匍匐 廣韻「房六切ㄈㄨˊ」

古音：ㄉㄧˋ 韻：見ㄩ疑字

國 邦 廣韻「古或切ㄍㄝˊ」

古音：ㄧ 韻：見飭字

【屋】

福 祐也 廣韻「方六切ㄈㄩˊ」

古音：ㄅㄧ 韻：大雅既醉「德ㄉㄧ 福ㄅㄧ」

輻 車輻 廣韻「同福」

古音：ㄅㄧ 韻：魏伐檀「輻ㄅㄧ 側ㄗㄧ 直ㄉㄧ 億ㄧ 特ㄉㄧ 食ㄉㄧ」

葍 葍蕮 廣韻「同福」

古音：ㄅㄧ 韻：小雅我行其野「葍ㄅㄧ 特ㄉㄧ 富ㄅㄨㄧ 異ㄧ」

伏藏匿也　廣韻「房六切ㄈㄨˊ」
古音ㄅㄧˋ　韻ㄑ大雅靈臺「囿ㄧˋ伏ㄅㄧˋ」
服　𠬝服　廣韻「同伏」
古音ㄅㄧˋ　韻ㄑ大雅文王有声「北ㄅㄧˋ服ㄅㄧˋ」
稑早穀　廣韻「力竹切ㄌㄨˋ」
古音ㄌㄧˋ　韻ㄑ豳七月「稑ㄌㄧˋ麥ㄇㄧˋ」
彧茂盛貌　廣韻「於六切ㄩˋ」
古音ㄧˋ　韻ㄑ小雅信南山「翼ㄧˋ彧ㄧˋ穡ㄙㄧˋ食ㄕㄧˋ」
牧放也　廣韻「莫六切ㄇㄨˋ」
古音ㄇㄧˋ　韻ㄑ小雅出車「牧ㄇㄧˋ來ㄌㄧˊ載ㄗㄧˋ棘ㄐㄧˊ」

【沃】

告 告戒

古音ㄍㄨ、 廣韻「古沃切ㄍㄨ」

韻ㄍ大雅抑「告ㄍㄨ、則ㄗㄜ、」

【緝】

隰 原隰

古音ㄒㄧ、 廣韻「似入切ㄒㄧ」

韻ㄍ小雅皇皇者華「隰ㄒㄧ、及ㄍㄧ、」

輯 和也

古音ㄗㄧ、 廣韻「秦入切ㄗㄧ、」

韻ㄍ大雅板「輯ㄗㄧ、洽ㄏㄜ、」

集 聚也

古音ㄗㄧ、 廣韻「同輯」

韻ㄍ大雅大明「集ㄗㄧ、合ㄏㄜ、」

入　内也　廣韻「人執切ㄖㄧˋ」

古音：ㄋㄧˋ　韻：大雅思齊「式ㄉㄧˋ入ㄋㄧˋ」

濕　水霑也　廣韻「失入切ㄕˋ」

古音：ㄉㄧˋ　韻：小雅無羊「濈ㄗㄧˋ濕ㄉㄧˋ」

揖　揖揖聚在一處　廣韻「側立切ㄗㄧˋ」

古音：ㄗㄧˋ　韻：周南螽斯「揖ㄗㄧˋ蟄ㄉㄧˋ」

及　至也　廣韻「其立切ㄍㄧˋ」

古音：ㄍㄧˋ　韻：大雅烝民「業ㄫㄧˋ捷ㄗㄧˋ及ㄍㄧˋ」

蟄　蟄蟄多也　廣韻「直立切ㄓㄧˋ」

古音：ㄉㄧˋ　韻：見揖字

笠 雨笠 廣韻「力入切ㄌㄧˋ」

古音ㄌㄧˋ 韻：小雅無羊「来ㄌㄧˊ笠ㄌㄧˋ物ㄇㄧˋ」

急 急疾 廣韻「居立切ㄍㄧˋ」

古音ㄍㄧˋ 韻：小雅六月「飾ㄉㄧˋ服ㄅㄧˋ急ㄍㄧˋ國ㄧˋ」

泣 無声出涕 廣韻「去急切ㄎㄧˋ」

古音ㄎㄧˋ 韻：王中谷有蓷「溼ㄉㄧˋ泣ㄎㄧˋ及ㄍㄧˋ」

翕 聚也 廣韻「許及切ㄏㄧˋ」

古音ㄏㄧˋ 韻：小雅常棣「合ㄏㄛˊ翕ㄏㄧˋ」

戢 和也 廣韻「阻立切ㄓㄧˋ」

古音ㄗㄧˋ 韻見濕字

邑　縣邑　廣韻「於汲切ㄧˋ」

古音ㄧˊ　韻：秦小戎「合ㄏㄧˊ軜ㄋㄧˋ邑ㄧˊ」

【合】

合　合同　廣韻「侯閤切ㄏㄚˊ」

古音ㄏㄧˊ　韻：大雅大明「集ㄗㄧˊ合ㄏㄧˊ」

軜　驂馬內轡　廣韻「奴荅切ㄋㄚˋ」

古音ㄋㄧˋ　韻：見邑字

【葉】

楫　舟楫　廣韻「即葉切ㄗㄧㄝˊ」

古音ㄗㄧˋ　韻：大雅棫樸「楫ㄗㄧˋ及ㄍㄧˊ」

【洽】

洽和也 廣韻「侯夾切ㄏㄚˊ」

古音：ㄏㄧˋ 韻：大雅板「輯ㄗㄧˋ洽ㄏㄧˋ」

二、「ㄧㄝˋ」韻

【月】

月太陰 廣韻「魚厥切ㄩㄝˋ」

古音：ㄫㄧㄝ 韻：大雅生民「月ㄫㄧㄝ達ㄊㄧㄝ副ㄆㄧˋ害ㄏㄧˋ」

伐征伐 廣韻「房越切ㄈㄩㄝˊ」

古音：ㄍㄧㄝˋ 韻：商頌長發「旆ㄍㄨㄟˋ鉞ㄧㄝ烈ㄌㄧㄝ曷ㄏㄧㄝ

櫱ㄫㄧㄝ達ㄊㄧㄝ截ㄗㄧㄝ伐ㄍㄧㄝ桀ㄍㄧㄝ」

越 踰越 廣韻「王伐切ㄩㄝ」
古音ㄧㄝ 韻商頌長發「撥ㄅㄧㄝ達ㄊㄧㄝ越ㄧㄝ發ㄅㄧㄝ
烈ㄌㄧㄝ截ㄗㄧㄝ」

鉞 大斧也 廣韻「同越」
古音ㄧㄝ 韻見伐字

蕨 菜 廣韻「居月切ㄍㄩㄝ」
古音ㄍㄧㄝ 韻召南草虫「蕨ㄍㄧㄝ惙ㄉㄧㄝ悅ㄧㄝ」

闕 城闕 廣韻「去月切ㄍㄩㄝ」
古音ㄎㄧㄝ 韻鄭子衿「達ㄊㄧㄝ闕ㄎㄧㄝ月ㄫㄧㄝ」

髮 首上毛 廣韻「方伐切ㄈㄩㄝ」

古音：ㄅㄧㄝ　韻：小雅都人士「撮ㄘㄧㄝ髮ㄅㄧㄝ說ㄧˋ」

發　出發　廣韻「同髮」

古音：ㄅㄧㄝ　韻：豳七月「發ㄅㄧㄝ烈ㄌㄧㄝ褐ㄏˊㄧㄝ歲ㄙㄨˋㄧ」

揭　根蹶也　廣韻「居竭切ㄍㄧㄝ」

古音：ㄍㄧㄝ　韻：大雅蕩「揭ㄍㄧㄝ害ㄏˊㄧㄝ撥ㄅㄧㄝ世ㄅㄧㄝˋ」

竭　盡也　廣韻「其謁切ㄍˊㄧㄝ」

古音：ㄍˊㄧㄝ　韻：大雅名旻「竭ㄍˊㄧㄝ害ㄏˊㄧㄝ」

【曷】

朅　威武　廣韻「丘竭切ㄎㄧㄝ」

古音：ㄎㄧㄝ　韻：衛伯兮「朅ㄎㄧㄝ桀ㄍˊㄧㄝ」

害　傷害　廣韻「何蓋切ㄏˊㄞ」

古音ㄏㄧㄝ 韻：小雅蓼莪「烈ㄌㄧㄝ發ㄅㄧㄝ害ㄏㄧㄝ」

褐 毛布也 廣韻「胡葛切ㄏㄚˊ」

古音ㄏㄧㄝ 韻：見發字

怛 悲慘也 廣韻「當割切ㄉㄚˊ」

古音ㄉㄧㄝ 韻：檜匪風「發ㄅㄧㄝ偈ㄍㄧㄝ怛ㄉㄧㄝ」

闥 門內 廣韻「他達切ㄊㄚˋ」

古音ㄊㄧㄝ 韻：齊東方之日「月ㄫㄧㄝ闥ㄊㄧㄝ發ㄅㄧㄝ」

達 小羊 廣韻「唐割切ㄉㄚˊ」

古音ㄊㄧˋㄝ 韻：大雅生民「月ㄫㄧㄝ達ㄊㄧㄝ副ㄅㄧˋ害ㄏㄧㄝ」

曷 何也 廣韻「胡葛切ㄏㄚˊ」

古音ㄏㄧˋㄝ　韻見伐字

渴欲飲也

古音ㄎㄧˋㄝ　韻小雅車舝「舝ㄏㄧㄝ逝ㄧㄝ渴ㄎㄧㄝ括ㄍㄧㄝ」

櫱伐木餘也　廣韻「魚列切ㄫㄧㄝ」

古音ㄫㄧˋㄝ　韻見伐字

葛蔓草　廣韻「古達切ㄍㄚˋ」

古音ㄍㄧˋㄝ　韻邶旄丘「葛ㄍㄧㄝ節ㄗㄧㄝ日ㄋㄧ」

【末】

秣飼也　廣韻「莫撥切ㄇㄨㄚˋ」

古音ㄇㄧˋㄝ　韻小雅鴛鴦「秣ㄇㄧˋㄝ艾ㄫㄧˋ」

撥 絶也　廣韻「北末切ㄅㄨㄚˋ」

古音：ㄅㄧㄝˋ　韻：大雅蕩「揭ㄍㄧㄝ害ㄏㄧㄝ撥ㄅㄧㄝ世ㄅㄧㄝˋ」

括 至也　廣韻「古活切ㄍㄨㄚˋ」

古音：ㄍㄧㄝ　韻：王君子于役「役ˊ月ㄫㄧㄝ佸ㄍㄧㄝˋ桀ㄍㄧㄝ括ㄍㄧㄝ渴ㄎㄧㄝ」

佸 會面也　廣韻「同括」

古音：ㄍㄧㄝ　韻：見括字

活 水流声　廣韻「同括」

古音：ㄍㄧㄝ　韻：衛碩人「活ㄍㄧㄝ濊ㄏㄧㄝ發ㄅㄧㄝ揭ㄍㄧㄝˋ孽ㄫㄧㄝ朅ㄍㄧㄝ」

闊 乖闊 廣韻「苦括切ㄎㄨㄚˋ」

古音：ㄎㄧㄝˋ 韻：邶擊鼓「闊ㄎㄧㄝ 活ㄏㄧㄝˊ」

活 不死也 廣韻「戶括切ㄏㄨㄚˊ」

古音：ㄏㄧㄝˊ 韻：見闊字

奪 強取 廣韻「徒活切ㄉㄨㄚˊ」

古音：ㄉㄧㄝ 韻：大雅瞻卬「奪ㄉㄧㄝ 罪ㄗㄨㄟˋ 說ㄊㄧㄝˋ」

濊 濊濊網入水之声 廣韻「呼括切ㄏㄨㄚ」

古音：ㄏㄧㄝ 韻：衛碩人「活ㄍㄧㄝ 濊ㄏㄧㄝ 發ㄅㄧㄝ 揭ㄍㄧㄝ 孽ㄫㄧㄝˋ

朅ㄍㄧㄝ」

撮 緇撮冠也 廣韻「子括切ㄗㄨㄚˋ」

古音：ㄗㄧˋㄝ　韻：小雅都人士「撮ㄗㄧˋㄝ髮ㄅㄧˋㄝ說ˋ」

說 脫　廣韻「他括切ㄊㄨˋㄚ」

古音：ㄊㄧˋㄝ　韻：見奪字

捋 以指壓取　廣韻「郎括切ㄌㄨˋㄚ」

古音：ㄌㄧˋㄝ　韻：周南芣苢「苢ㄧˊ掇ㄉㄧˋㄝ捋ㄌㄧˋㄝ」

掇 拾取也　廣韻「丁括切ㄉㄨˋㄚ」

古音：ㄉㄧˋㄝ　韻：見捋字

茇 草舍也　廣韻「蒲撥切ㄅㄨˋㄚ」

古音：ㄅㄧˋㄝ　韻：召南甘棠「伐ㄅㄧˋㄝ茇ㄅㄧˋㄝ」

軷 祭行道神　廣韻「同茇」

古音ㄉㄧㄝ韻，大雅生民「惟ㄨㄟ脂ㄉㄧ軷ㄉㄧㄝ烈ㄌㄧㄝ歲ㄙㄨㄟ」

【轄】

舝車軸頭上鉄　廣韻「胡瞎切ㄏㄚ」

古音ㄏㄧㄝ韻，小雅車舝「舝ㄏㄧㄝ逝ㄉㄧㄝ渴ㄎㄧㄝ括ㄍㄧㄝ」

【屑】

結締也　廣韻「古屑切ㄍㄧㄝ」

古音ㄍㄧㄝ韻，小雅正月「結ㄍㄧㄝ厲ㄇㄧㄝ滅ㄇㄧㄝ烕ㄏㄧㄝ」

袺用衣衽包之　廣韻「同結」

古音ㄍㄧㄝ韻，周南芣苢「袺ㄍㄧㄝ襭ㄏㄧㄝ」

節枝節　廣韻「子結切ㄗㄧㄝ」

古音：ㄗㄧㄝˋ 韻：邶旄丘「葛ㄍㄧㄝˊ節ㄗㄧㄝˊ日ㄋㄧˋ」

烕 滅也 廣韻「許劣切ㄏㄩㄝ」

古音：ㄏㄧㄝˋ 韻：見結字

襭 扱衣衽於帶 廣韻「胡結切ㄏㄧㄝˊ」

古音：ㄏㄧㄝˊ 韻：見袺字

截 治平也 廣韻「昨結切ㄗㄧㄝˊ」

古音：ㄗㄧㄝˊ 韻：見越字

【薛】

烈 猛也 廣韻「良薛切ㄌㄧㄝ」

古音：ㄌㄧㄝ 韻：見發字

桀夏桀 廣韻「渠列切ㄍㄧㄝˊ」

古音ㄍㄧㄝˊ 韻見伐字

傑壯盛 廣韻「同桀」

古音ㄍㄧㄝ 韻周頌載芟「活ㄏㄧㄝ達ㄉㄧㄝ傑ㄍㄧㄝ」

舌口舌 廣韻「食列切ㄓㄧㄝ」

古音ㄉㄧㄝˋ 韻大雅抑「舌ㄉㄧㄝ逝ㄉㄧ」

孽孽孽盛飾之容貌 廣韻「魚列切ㄏㄧㄝˋ」

古音ㄫㄧㄝ 韻見識字

滅絕也 廣韻「亡列切ㄇㄧㄝ」

古音ㄇㄧㄝ 韻見結字

雪 凝雨 廣韻「相絶切ㄙㄩㄝˋ」

古音：ㄙㄧㄝˋ 韻：曹蜉蝣「閱ㄧˋ：雪ㄙㄧㄝˋ說ㄉㄧㄝˋ」

說 悅 廣韻「弋雪切ㄩㄝˋ」

古音：ㄧˋ 韻：見撮字

閱 穴也 廣韻「同說」

古音：ㄧˋ 韻：見雪字

說 講話 廣韻「失爇切ㄕㄩㄝ」

古音：ㄉㄧㄝ 韻：邶凱風「濶ㄎㄧㄝ說ㄉㄧㄝ」

惙 憂也 廣韻「陟劣切ㄓㄩㄝˋ」

古音：ㄉㄧㄝˋ 韻：名南草虫「蕨ㄍㄧㄝˋ惙ㄉㄧㄝˋ悅ㄧˋ」

偈疾驅貌　廣韻「渠列切ㄍㄧㄝ」

古音ㄍㄧㄝ　韻ㄍ檜匪風「發ㄅㄧㄝ偈ㄍㄧㄝ怛ㄉㄧㄝ」

三、「ㄛ」韻

【藥】

藥治病草　廣韻「以灼切ㄛ」

古音ㄧㄛ　韻ㄍ鄭溱洧「樂ㄌㄛ謔ㄏㄛ藥ㄛ」

籥樂器　廣韻「同藥」

古音ㄧㄛ　韻ㄍ邶簡兮「籥ㄛ翟ㄉㄛ爵ㄗㄛ」

躍跳躍　廣韻「同藥」

古音ㄧㄛ　韻ㄍ大雅靈臺「濯ㄉㄛ翯ㄏㄛ躍ㄛ」

蹻　蹻々驕傲貌　廣韻「其虐切ㄍㄧㄛ」

古音ㄍㄧㄛ　韻：大雅板「虐ㄫㄧㄛ謔ㄏㄧㄛ蹻ㄍㄧㄛ（耄ㄇㄠ）熇ㄏㄛ藥ㄛ」

若　順也　廣韻「而灼切ㄖㄧㄛ」

古音ㄋㄧㄛ　韻：小雅大田「穀ㄍㄛ碩ㄊㄛ若ㄋㄧㄛ」

綽　寬也　廣韻「昌約切乂ㄧㄛ」

古音ㄊㄧㄛ　韻：衛淇奧「綽ㄊㄧㄛ較ㄍㄛ謔ㄏㄧㄛ虐ㄫㄧㄛ」

虐　酷虐　廣韻「魚約切广ㄧㄛ」

古音ㄫㄧㄛ　韻：見綽字

削　刻削　廣韻「息約切ㄙㄧㄛ」

古音ㄙㄧㄛ　韻：大雅桑柔「削ㄙㄧㄛ爵ㄗㄧㄛ濯ㄉㄛ溺ㄫㄧㄛ」

【鐸】

爵　封也　廣韻「即略切ㄗㄧㄛ」
古音ㄗㄧㄛ　韻見削字
臄　口上也　廣韻「其虐切ㄍㄧㄛ」
古音ㄍㄧㄛ　韻大雅行葦「席ㄙㄧㄛ酢ㄗㄛ炙ㄉㄧㄛ臄ㄍㄧㄛ咢ㄫㄛ」
噱　戲噱　廣韻「虛約切ㄏㄧㄛ」
古音ㄏㄧㄛ　韻見綽字
度　度量　廣韻「徒落切ㄉㄛ」
古音ㄉㄛ　韻小雅楚茨「錯ㄘㄛ度ㄉㄛ獲ㄏㄛ格ㄍㄛ酢ㄗㄛ」
莫　莫莫清靜致敬　廣韻「慕各切ㄇㄛ」
古音ㄇㄛ　韻小雅楚茨「踖ㄘㄛ碩ㄊㄛ炙ㄉㄧㄛ莫ㄇㄛ庶ㄉㄛ客ㄎㄛ」

落　落葉　廣韻「盧各切ㄌㄛˋ」

古音：ㄌㄛˋ　韻：衛詆「落ㄌㄛˋ若ㄋㄧㄛˋ」

樂　快樂　廣韻「同落」

古音：ㄌㄛˋ　韻：小雅隰桑「沃ㄨㄛˋ樂ㄌㄛˋ」

駱　白馬黑鬣　廣韻「同落」

古音：ㄌㄛˋ　韻：小雅裳裳者華「白ㄅㄛˊ駱ㄌㄛˋ若ㄋㄧㄛˋ」

雒　鵋鶀鳥　廣韻「同落」

古音：ㄌㄛˋ　韻：魯頌駉「駱ㄌㄛˋ雒ㄌㄛˋ繹ㄧㄛˋ斁ㄧㄛˋ作ㄗㄛˋ」

橐　無底囊　廣韻「他各切ㄊㄛˋ」

古音：ㄊㄛˋ　韻：小雅斯干「閣ㄍㄛˋ橐ㄊㄛˋ」

蘀葉落　廣韻「同槖」

古音：ㄊㄛˋ　韻：小雅鶴鳴「蘀ㄊㄛˋ石ㄊㄛˋ錯ㄘㄛˋ」

作為也　廣韻「則落切ㄗㄛˋ」

古音：ㄗㄛˋ　韻：秦無衣「澤ㄉㄛˋ戟ㄍㄛˋ作ㄗㄛˋ」

鑿鑿々巉岩貌　廣韻「同作」

古音：ㄗㄛˋ　韻：唐揚之水「鑿ㄗㄛˋ襮ㄅㄛˋ沃ㄨㄛˋ樂ㄌㄛˋ」

錯雜也　廣韻「倉各切ㄘㄛˋ」

古音：ㄘㄛˋ　韻：見度字

閣樓閣　廣韻「古落切ㄍㄛˋ」

古音：ㄍㄛˋ　韻：見槖字

愘 敬也　廣韻「苦各切ㄎㄜˋ」

古音：ㄎㄜˋ　韻：商頌那「作ㄗㄜˋ夕ㄙㄧˋ愘ㄎㄜˋ」

咢 拍板　廣韻「五各切ㄫㄜˋ」

古音：ㄫㄜˋ　韻：見臄字

惡 不善　廣韻「烏各切ㄜˋ」

古音：ㄜˋ　韻：小雅雨無正「夜ㄧㄜˋ夕ㄙㄧˋ惡ㄜˋ」

薄 厚薄　廣韻「傍各切ㄅㄜˊ」

古音：ㄅㄜˊ　韻：齊載驅「薄ㄅㄜˊ鞹ㄎㄜˋ夕ㄙㄧˋ」

壑 溝也　廣韻「呵各切ㄏㄜˋ」

古音：ㄏㄜˋ　韻：大雅韓奕「貊ㄇㄜˋ伯ㄅㄜˊ壑ㄏㄜˋ籍ㄗㄜˊ皮ㄅㄜˊ羆ㄅㄨㄜ」

熇 熱貌　廣韻「同[illegible]」

古音：ㄏㄛˋ　韻：見蹻字

貉 似狐善睡　廣韻「下各切ㄏㄛˊ」

古音：ㄏㄛˊ　韻：豳七月「穫ㄏㄛˊ蘀ㄊㄛˊ貉ㄏㄛˊ」

酢 酬酢　廣韻「在各切ㄗㄛˊ」

古音：ㄗㄛˊ　韻：見度字

博 廣也　廣韻「補各切ㄅㄛˊ」

古音：ㄅㄛˊ　韻：魯頌泮水「博ㄅㄛˊ斁ㄧㄛˊ逆ㄫㄧㄛˊ獲ㄏㄛˊ」

襮 衣領　廣韻「同博」

古音：ㄅㄛˋ　韻：見鑿字

諾 譍也 廣韻「奴各切ㄋㄛˋ」

古音ㄋㄛˋ 韻魯頌閟宮「諾ㄋㄛˋ 若ㄋㄧㄛˋ」

藿 豆葉 廣韻「虛郭切ㄏㄛˋ」

古音ㄏㄛˋ 韻小雅白駒「藿ㄏㄛˋ 夕ㄙ̇ㄧㄛˋ 客ㄎㄛˋ」

穫 刈也 廣韻「胡郭切ㄏ̇ㄛˋ」

古音ㄏ̇ㄛˋ 韻見貉字

濩 煑 廣韻「同穫」

古音ㄏ̇ㄛˋ 韻周南葛覃「谷ㄍ̇ㄛˋ 莫ㄇㄛˋ 濩ㄏ̇ㄛˋ 綌ㄎ̇ㄧㄛˋ 斁ㄧㄛˋ」

廓 空也 廣韻「苦郭切ㄎㄛˋ」

古音ㄎㄛˋ 韻大雅皇矣「赫ㄏㄛˋ 莫ㄇㄛˋ 獲ㄏ̇ㄛˋ 度ㄉ̇ㄛˋ 廓ㄎㄛˋ 宅ㄉ̇ㄛˋ」

鞹皮去毛　廣韻「同廓」
古音ㄎㄛˋ　韻ㄈ見薄字
【沃】
沃曲沃地名　廣韻「烏酷切ㄨˋ」
古音ㄨㄛˋ　韻ㄈ見鋈字
【覺】
較車箱　廣韻「古岳切ㄍㄛ」
古音ㄍㄛˋ　韻ㄈ衛淇奧「綽ㄊㄧㄛ較ㄍㄛˋ謔ㄏㄧㄛ虐ㄫㄧㄛˋ」
駁梓榆　廣韻「北角切ㄅㄛ」
古音ㄅㄛ　韻ㄈ秦晨風「櫟ㄌㄛˋ駮ㄅㄛˋ樂ㄌㄛˋ何ㄏㄛ多ㄉㄛ」

白　西方色　廣韻「傍陌切ㄅㄝˊ」

古音：ㄅㄛˊ　韻：小雅裳々者華「白ㄅㄛˊ駱ㄌㄛˋ若ㄋㄧㄛˋ」

伯　長也　廣韻「博陌切ㄅㄝˊ」

古音：ㄅㄛˊ　韻：鄭蘀兮「蘀ㄊㄛˋ伯ㄅㄛˊ」

柏　木名　廣韻「同伯」

古音：ㄅㄛˊ　韻：魯頌閟宮「柏ㄅㄛˊ度ㄉㄛˋ尺ㄊㄧㄛˋ舄ㄘㄧㄛˋ碩ㄊㄛˋ

奕ㄧㄛˋ作ㄗㄛˋ若ㄋㄧㄛˋ」

戟　刃戟　廣韻「几劇切ㄍㄝˇ」

古音：ㄍㄛˇ　韻：秦無衣「澤ㄉㄛˊ戟ㄍㄛˇ作ㄗㄛˊ」

柞　木名　廣韻「在各切ㄗㄛˊ」

古音ㄗㄛˊ 韻：周頌載芟「柞ㄗㄛˊ澤ㄉㄛˊ」

綌 絺綌 廣韻「綺戟切ㄎㄝˋ」

古音ㄎㄧㄛˋ 韻：周南葛覃「莫ㄇㄛˋ濩ㄏㄛˋ綌ㄎㄧㄛˋ斁ㄧㄛˋ」

逆 迎也 廣韻「宜戟切ㄫㄝˋ」

古音ㄫㄧㄛˋ 韻：魯頌泮水「博ㄅㄛˊ斁ㄧㄛˋ逆ㄫㄧㄛˋ獲ㄏㄛˋ」

客 賓客 廣韻「苦格切ㄎㄝˋ」

古音ㄎㄛˋ 韻：小雅白駒「藿ㄏㄛˋ夕ㄙㄧㄛˋ客ㄎㄛˋ」

赫 赤也 廣韻「呼格切ㄏㄝˋ」

古音ㄏㄛˋ 韻：大雅皇矣「赫ㄏㄛˋ莫ㄇㄛˋ獲ㄏㄛˋ度ㄉㄛˊ廓ㄎㄛˊ宅ㄉㄛˊ」

格 式也 廣韻「古伯切ㄍㄝˊ」

古音ㄍㄛ　韻見度字

宅居也

廣韻「場伯切ㄓㄜ」

古音ㄉㄛ　韻見赫字

澤潤澤

廣韻「同宅」

古音ㄉㄛ　韻見戟字

【麥】

獲得也

廣韻「胡麥切ㄏㄜ」

古音ㄏㄛ　韻小雅巧言「作ㄗㄛ莫ㄇㄛ度ㄉㄛ獲ㄏㄛ」

【昔】

昔往也

廣韻「思積切ㄙㄧ」

古音：ㄘㄧㄛˋ　韻：商頌那「昔ㄘㄧㄛˋ作ㄗㄛˋ夕ㄙㄧㄛˋ恪ㄎㄛˋ」

舄履也　廣韻「思積切ㄙㄧˋ」

古音：ㄘㄧㄛˋ　韻：小雅車攻「奕ㄧㄛˋ舄ㄘㄧㄛˋ繹ㄧㄛˋ」

踖踖々敬貌　廣韻「資昔切ㄗㄧˋ」

古音：ㄘㄧㄛˋ　韻：小雅楚茨「踖ㄘㄧㄛˋ碩ㄊㄛˋ炙ㄉㄧㄛˋ莫ㄇㄛˋ庶ㄉㄛˋ客ㄎㄛˋ」

繹理也　廣韻「羊益切ㄧˋ」

古音：ㄧㄛˋ　韻：見雒字

奕大也　廣韻「同繹」

古音：ㄧㄛˋ　韻：見舄字

懌悅也　廣韻「同繹」

古音ㄧㄛ 韻：商頌那「斁ㄧㄛ奕ㄧㄛ客ㄎㄛ懌ㄧㄛ昔ㄘㄧㄛ作ㄗㄛ
夕ㄙㄧㄛ恪ㄎㄛ」

斁 猒也 廣韻「同繹」

古音ㄧㄛ 韻：見雒字

射 通斁 廣韻「同繹」

古音ㄧㄛ 韻：大雅抑「格ㄍㄛ度ㄉㄛ射ㄧㄛ」

尺 布手知尺 廣韻「昌石切ㄔㄧ」

古音ㄊㄧㄝ 韻：見柏字

石 山体為石 廣韻「常隻切ㄕㄧ」

古音ㄊㄛ 韻：小雅鶴鳴「蘀ㄊㄛ石ㄊㄛ錯ㄘㄛ」

碩 大也 廣韻「同石」

古音：ㄊㄜˋ 韻：見踖字

炙 炙肉 廣韻「之石切ㄓˋ」

古音：ㄉㄧㄜˋ 韻：見踖字

席 薦席 廣韻「祥易切ㄙㄧˋ」

古音：ㄙㄧㄜ 韻：邶柏舟「石ㄊㄜˋ席ㄙㄜˋ」

蓆 寬大也 廣韻「同席」

古音：ㄙㄧㄜ 韻：鄭緇衣「蓆ㄙㄜˋ作ㄗㄜˋ」

夕 暮也 廣韻「同席」

古音：ㄙㄧㄜ 韻：齊載驅「薄ㄅㄜˋ鞹ㄎㄜˋ夕ㄙㄧㄜˋ」

籍 賦稅 廣韻「秦昔切ㄗ一ˊ」

古音：ㄗㄛˊ 韻：大雅韓奕「貊ㄇㄛˋ伯ㄅㄛˊ壑ㄏㄛˋ籍ㄗㄛˊ皮ㄅㄛˊ羆ㄆㄨㄛˊ」

【錫】

櫟 木名 廣韻「郎擊切ㄌ一ˋ」

古音：ㄌㄛˋ 韻：秦晨風「櫟ㄌㄛˋ駁ㄅㄛˋ樂ㄌㄛˋ何ㄏㄛˊ多ㄉㄛ」

的 射的 廣韻「都歷切ㄉ一ˋ」

古音：ㄉ一ㄛˋ 韻：小雅賓之初筵「的ㄉ一ㄛˋ爵ㄗ一ㄛˋ」

翟 姓 廣韻「場伯切ㄉㄟˊ」

古音：ㄉㄛˊ 韻：邶簡兮「籥一ㄛˋ翟ㄉㄛˊ爵ㄗ一ㄛˋ」

溺 小便 廣韻「而灼切ㄖ一ㄛˋ」

古音ㄋㄧㄛ 韻:大雅桑柔「削ㄙㄧㄛ爵ㄗㄧㄛ濯ㄉㄛ溺ㄋㄧㄛ」

【御】

庶 眾也 廣韻「商署切ㄕㄩ」
古音ㄉㄧㄛ 韻:小雅楚茨「庶ㄉㄧㄛ客ㄎㄛ」

【禡】

夜 暮也 廣韻「羊謝切ㄧㄚ」
古音ㄧㄛ 韻:小雅雨無正「夜ㄧㄛ夕ㄙㄧㄛ惡ㄛ」

四、「ㄨ」韻

【屋】

屋 舍也 廣韻「烏谷切ㄨ」

古音：ㄨˋ　韻：秦小戎「續ㄙㄨˋ轂ㄍㄨˋ馵ㄉㄨˋ玉ㄫㄨˋ屋ㄨˋ曲ㄎㄨˋ」

讀　讀誦　廣韻「徒谷切ㄉㄨˋ」

古音：ㄉㄨˋ　韻：鄘牆有茨「束ㄉㄨˋ讀ㄉㄨˋ辱ㄋㄨˋ」

獨　单獨　廣韻「同讀」

古音：ㄉㄨˋ　韻：小雅正月「屋ㄨˋ穀ㄍㄨˋ祿ㄌㄨˋ椓ㄌㄨˋ獨ㄉㄨˋ」

轂　車轂　廣韻「古祿切ㄍㄨˋ」

古音：ㄍㄨˋ　韻：見屋字

穀　五穀　廣韻「同轂」

古音：ㄍㄨˋ　韻：見獨字

榖　木名　廣韻「同穀」

古音：ㄍㄨˋ　韻：小雅黃鳥「穀ㄍㄨˋ粟ㄙㄨˋ穀ㄍㄨˋ族ㄗㄨˋ」

谷　山谷　廣韻「古祿切ㄍㄨˋ」

古音：ㄍㄨˋ　韻：大雅桑柔「鹿ㄌㄨˋ穀ㄍㄨˋ谷ㄍㄨˋ」

樕　木　廣韻「桑谷切ㄙㄨˋ」

古音：ㄙㄨˋ　韻：召南野有死麕「樕ㄙㄨˋ鹿ㄌㄨˋ束ㄉㄨˋ玉ㄫㄨˋ」

祿　俸　廣韻「盧谷切ㄌㄨˋ」

古音：ㄌㄨˋ　韻：小雅楚茨「奏ㄘㄨˋ祿ㄌㄨˋ」

鹿　獸　廣韻「同祿」

古音：ㄌㄨˋ　韻：見樕字

族　宗族　廣韻「昨木切ㄗㄨˋ」

古音：ㄗㄨˋ　韻：周南麟之趾「角ㄍㄨˇ族ㄗㄨˊ」

僕　侍從人也　廣韻「蒲木切ㄆㄨˊ」

古音：ㄆㄨˊ　韻：大雅既醉「祿ㄌㄨˋ僕ㄆㄨˊ」

卜　卜筮　廣韻「博木切ㄅㄨˇ」

古音：ㄅㄨˇ　韻：小雅小宛「扈ㄏㄨˋ粟ㄙㄨˋ寡ㄍㄨˇ獄ㄫㄨˋ卜ㄅㄨˇ穀ㄍㄨˇ

木ㄇㄨˇ谷ㄍㄨˇ」

木　樹木　廣韻「莫卜切ㄇㄨˇ」

古音：ㄇㄨˇ　韻：小雅伐木「谷ㄍㄨˇ木ㄇㄨˇ」

沐　沐浴　廣韻「同木」

古音：ㄇㄨˇ　韻：小雅采綠「綠ㄌㄨˇ匊ㄍㄨˇ局ㄍㄨˊ沐ㄇㄨˇ」

霂 小雨 廣韻「同木」

古音ㄇㄨˋ 韻：小雅信南山「霂ㄇㄨˋ渥ㄨˋ足ㄗㄨˋ穀ㄍㄨˇ」

育 養也 廣韻「余六切ㄩˋ」

古音ㄧㄨˋ(ㄧㄡˋ)韻：邶谷風「鞠ㄍㄨˇ覆ㄅㄧㄡˋ育ㄧㄨˋ毒ㄉㄨˊ」

腹 肚 廣韻「方六切ㄈㄨˋ」

古音ㄅㄧㄡˋ 韻：小雅蓼莪「鞠ㄍㄨˊ畜ㄈㄨˋ育ㄧㄨˋ復ㄅㄧㄡˋ腹ㄅㄧㄡˋ」

復 重復 廣韻「房六切ㄈㄨˊ」

古音ㄅㄧㄡˊ 韻：大雅桑柔「迪ㄉㄨˊ復ㄅㄧㄡˊ毒ㄉㄨˊ」

覆 顛覆 廣韻「敷六切ㄑㄩˋ」

古音ㄅㄧㄡˋ 韻：見育字

六 數也 廣韻「力竹切ㄌㄩˋ」

古音：ㄌㄧㄨˋ 韻：唐無衣「六ㄌㄧㄨˋ燠ㄧㄨˋ」

陸 陸地 廣韻「同六」

古音：ㄌㄧㄨˋ 韻：豳九罭「陸ㄌㄧㄨˋ復ㄅㄧㄨˋ宿ㄙㄧㄨˋ」

軸 盤桓不行 廣韻「直六切ㄓㄩˋ」

古音：ㄉㄧㄨˋ 韻：衛考槃「陸ㄌㄧㄨˋ軸ㄉㄧㄨˋ宿ㄙㄧㄨˋ告ㄍㄨˋ」

蓫 馬尾草 廣韻「同軸」

古音：ㄉㄧㄨˋ 韻：小雅我行其野「蓫ㄉㄧㄨˋ宿ㄙㄧㄨˋ」

匊 物在手 廣韻「居六切ㄍㄩˋ」

古音：ㄍㄧㄨˋ 韻：見沐字

鞠 育也 廣韻「同匊」

古音〻ㄍㄧㄨˋ 韻〻見育字

淑 善也 廣韻「殊六切 ㄕㄩˋ」

古音〻ㄉㄧㄨˋ 韻〻王中谷有蓷「脩ㄙㄧㄡ 歗ㄙㄧㄡˋ 淑ㄉㄧㄨˋ」

俶 始也 廣韻「昌六切 ㄔㄩˋ」

古音〻ㄊㄧㄨˋ 韻〻大雅既醉「俶ㄊㄧㄨˋ 告ㄍㄨˋ」

祝 巫祝 廣韻「之六切 ㄓㄩˋ」

古音〻ㄉㄧㄨ 韻〻鄘干旄「祝ㄉㄧㄨ 六ㄌㄧㄨˋ 告ㄍㄨˋ」

菽 豆 廣韻「式竹切 ㄕㄩˋ」

古音〻ㄉㄧㄨ˙ 韻〻小雅小明「奧ㄧㄨˋ 蹙ㄗㄨˋ 菽ㄉㄧㄨˋ 戚ㄘㄨˋ 宿ㄙㄨˋ 覆ㄆㄧㄨˋ」

畜 畜養 廣韻「許竹切ㄏㄩˋ」

古音：ㄏㄧˋㄨ 韻：小雅我行其野「遂ㄉㄧˋㄨ 故ㄍㄨˋ 宿ㄙㄧˋㄨ 畜ㄏㄧˋㄨ 復ㄉㄧˋㄨ」

慉 畜養 廣韻「同畜」

古音：ㄏㄧˋㄨ 韻：邶谷風「慉ㄏㄧˋㄨ 讎ㄉㄧㄡ 售ㄉㄧㄡ 鞠ㄍㄧˋㄨ 覆ㄆㄧˋㄨ 育ㄧˋㄨ 毒ㄉㄨˋ」

蹙 急也 廣韻「子六切ㄗㄩˋ」

古音：ㄗㄧˋㄨ 韻：見菽字

燠 煖和 廣韻「於六切ㄩˋ」

古音：ㄧˋㄨ 韻：見六字

奧 煖 廣韻「烏到切ㄠˋ」

古音ㄧㄨ　韻見慼字

蓫蓫薁　廣韻「於六切ㄩ」

古音ㄧㄨ　韻豳七月「蓫ㄧㄨ叔ㄕㄨ菽ㄉㄧㄨ」

肅敬也　廣韻「息逐切ㄙㄩ」

古音ㄙㄧㄨ　韻周頌雝「肅ㄙㄧㄨ穆ㄇㄧㄨ」

夙敬也　廣韻「同肅」

古音ㄙㄧㄨ　韻大雅生民「夙ㄙㄧㄨ育ㄧㄨ稷ㄗㄧ」

宿宿居　廣韻「同肅」

古音ㄙㄧㄨ　韻見畜字

穆儀容　廣韻「莫六切ㄇㄩ」

古音ㄇㄧㄨˋ　韻見肅字

【沃】

毒　害也　廣韻「徒沃切ㄉㄨˊ」

古音ㄉㄨˊ　韻見復字

篤　篤厚　廣韻「冬毒切ㄉㄨˋ」

古音ㄉㄨˋ　韻唐椒聊「匊ㄍㄧㄨˋ篤ㄉㄨˋ」

告　報也　廣韻「古沃切ㄍㄨˋ」

古音ㄍㄨˋ　韻見軸字

【燭】

屬　附也　廣韻「之欲切ㄓㄩˊ」

古音ㄉㄨˋ　韻：小雅角弓「木ㄇㄨˋ附ㄈㄨˋ屬ㄉㄨˋ」

玉　石之美者　廣韻「魚欲切ㄩˋ」

古音ㄫㄨˋ　韻：見屋字

獄　牢　廣韻「同玉」

古音ㄫㄨˋ　韻：小雅小宛「粟ㄙㄨˋ獄ㄫㄨˋ穀ㄍㄨˇ」粟上遺扈ㄏㄨˋ字

蠋　葵中蠶　廣韻「市玉切ㄕㄩˋ」

古音ㄉㄨˋ　韻：豳東山「蠋ㄉㄨˋ野ㄉㄨˇ宿ㄙㄧㄨˋ下ㄏㄨˇ」

辱　恥辱　廣韻「而蜀切ㄖㄩˋ」

古音ㄋㄨˋ　韻：鄘牆有茨「束ㄉㄨˋ讀ㄉㄨˋ辱ㄋㄨˋ」

束　縛也　廣韻「書玉切ㄕㄩˋ」

古音ㄉㄨˊ 韻見樕字

欲 通慾 廣韻「余蜀切ㄩˋ」

古音ㄏㄡˋ同ㄧㄡˋ 韻大雅文王有声「欲ㄧㄡˋ孝ㄏㄡˋ」

綠 同菉 廣韻「力玉切ㄌㄩˋ」

古音ㄌㄨˋ 韻見沐字

曲 委曲 廣韻「丘玉切ㄑㄩ」

古音ㄎㄨˋ 韻秦小戎「續ㄙㄨˋ轂ㄍㄨˇ馵ㄉㄨˋ玉ㄫㄨˋ屋ㄨˋ曲ㄎㄨˋ」

局 促也 廣韻「渠玉切ㄍㄩˊ」

古音ㄍㄨˋ 韻見沐字

足 足够 廣韻「即玉切ㄗㄩˊ」

古音：ㄗㄨˊ　韻：小雅信南山「霢霂ㄇㄨˋ渥ㄨˋ足ㄗㄨˊ穀ㄍㄨˇ」

續　継也　廣韻「似足切ㄙㄩˊ」

古音：ㄙㄨˊ　韻：見曲字

藚　藚斷藥名　廣韻「同續」

古音：ㄙㄨˋ　韻：魏汾沮洳「曲ㄎㄨˇ藚ㄙㄨˋ玉ㄫㄨˋ族ㄗㄨˊ」

粟　禾実　廣韻「相玉切ㄙㄩˋ」

古音：ㄙㄨˋ　韻：見獄字

【覺】

角　獸角　廣韻「古岳切ㄍㄜˊ」

古音：ㄍㄨˋ　韻：周南麟之趾「角ㄍㄨˇ族ㄗㄨˊ」

椓 害也 廣韻「竹角切ㄓㄛˊ」

古音：ㄉㄨˋ 韻：小雅正月「屋ㄨˋ 穀ㄍㄨˇ 祿ㄌㄨˋ 椓ㄉㄨˋ 獨ㄉㄨˊ」

濁 不清也 廣韻「直角切ㄓㄛˊ」

古音：ㄉㄨˊ 韻：見獨字

渥 優渥 廣韻「烏谷切ㄨˋ」

古音：ㄨˋ 韻：見足字

【錫】

迪 進也 廣韻「徒歷切ㄉㄧˊ」

古音：ㄉㄨˊ 韻：大雅桑柔「迪ㄉㄨˊ 復ㄅㄧㄡˋ 毒ㄉㄨˊ」

戚 憂也 廣韻「倉歷切ㄘㄧˋ」

古音ㄘㄧㄡˊ 韻：小雅小明「奥ㄡˋ蹙ㄗㄧㄡˋ菽ㄉㄧㄡˋ戚ㄘㄧㄡˊ宿ㄙㄧㄡˋ覆ㄆㄧㄡˊ」

【侯】

廣韻「則侯切ㄗㄡˋ」

奏進也

古音ㄘㄨˊ 韻：小雅楚茨「奏ㄘㄨˊ祿ㄌㄨˋ」

【屋】

廣韻「力竹切ㄌㄨˋ」

穋後種先熟曰穋 亦作稑

古音ㄌㄧˋ 韻：魯頌閟宮「遲ㄉㄧˋ稷ㄗㄧˋ福ㄅㄧˋ穋ㄌㄧˋ麥ㄇㄧˋ」

補遺目錄

補遺

〔二〕韻

脂　焞衆盛　集韻「通回切ㄊㄨㄟ」

古音ㄊㄨㄧ　韻：小雅采芑「焞ㄊㄨㄧ雷ㄌㄨㄧ威ㄨㄧ」

薺　底下也　廣韻「都礼切ㄉㄧˇ」

古音ㄉㄧˇ　韻：小雅小旻「訿ㄗˇ哀ㄧ違ㄨㄧ依ㄧ底ㄉㄧˇ」

紙　玼鮮盛貌　廣韻「雌氏切ㄘˇ」

古音ㄘˇ　韻：鄘君子偕老「玼ㄘˇ翟ㄉㄧˊ髢ㄊㄧˋ揥ㄊㄧˋ晳ㄙㄧ

帝ㄉㄧˋ」

至　治理也　廣韻「直利切ㄓˋ」

古音：ㄌㄧˋ　韻：邶綠衣「絲ㄙ治ㄌㄧˋ訧ㄧˊ」

坛　率領也　廣韻「所類切ㄕㄩˋ」

古音：ㄌㄨㄧˋ　韻：小雅采芑「試ㄕˋ率ㄌㄨㄧˋ騏ㄑㄧˊ翼ㄧˋ奭ㄕˋ

服ㄅㄧˋ革ㄍㄧˋ」

未　卉百草總名　廣韻「許貴切ㄏㄩˋ」

古音：ㄏㄨㄧˋ　韻：小雅四月「卉ㄏㄨㄧˋ梅ㄇㄨㄧˊ賊ㄗㄧˊ尤ㄧˊ」

霽　涕涕淚　廣韻「他計切ㄊㄧˋ」

古音：ㄊㄧˋ　韻：小雅大東「匕ㄅㄧˋ砥ㄉㄧˋ矢ㄉㄧˋ履ㄌㄧˋ視ㄉㄧˋ涕ㄊㄧˋ」

怪　壞敗也　廣韻「胡怪切ㄏㄨㄞ」

古音：ㄏㄨㄧˋ　韻：大雅板「壞ㄏㄨㄧˋ畏ㄨㄧˋ」

遇　屨屨屬　廣韻「九遇切ㄍㄩˋ」

古音：ㄌㄧˋ　韻：小雅大東「屨ㄌㄧˋ子ㄗˇ來ㄌㄧˊ疚ㄍㄧˋ」

合　答回答　廣韻「都合切ㄉㄚˊ」

古音：ㄉㄨㄟˋ　韻：小雅雨無正「退ㄊㄨㄟˋ遂ㄙㄨㄟˋ瘁ㄗㄨㄟˋ訊ㄙㄨㄟˋ

答ㄉㄨㄟˋ退ㄊㄨㄟˋ」

未　畏畏懼　廣韻「於胃切ㄩㄟˋ」

古音：ㄨㄟˋ　韻：見壞字

〔ㄛ〕韻

歌　蘿女蘿　廣韻「魯何切ㄌㄛ」

古音：ㄌㄛ　韻：小雅頍弁「蘿ㄌㄛ柏ㄅㄛ奕ㄧㄛ懌ㄧㄛ」

支 褵婦人的衣帶 廣韻「呂支切ㄌㄧ」

古音：ㄌㄛ 韻：豳東山「褵ㄌㄛ儀ㄫㄛ嘉ㄍㄛ何ㄏㄛ」

支 吹出氣也 廣韻「昌垂切ㄔㄨㄟ」

古音：ㄊㄨㄛ 韻：鄭蘀兮「蘀ㄊㄛ吹ㄊㄨㄛ伯ㄅㄛ和ㄏㄨㄛ」

紙 侈大也 廣韻「尺氏切ㄔˇ」

古音：ㄊㄛˇ 韻：小雅巷伯「哆ㄉㄛ侈ㄊㄛ」

紙 哆張口貌 廣韻「同侈」

古音：ㄊㄛˇ 韻：見侈字

号 耄老耄 廣韻「莫報切ㄇㄠˋ」

古音：ㄇㄛˋ 韻：大雅板「虐ㄫㄧㄛˋ謔ㄏㄧㄛˋ蹻ㄍㄧㄛˋ耄ㄇㄛˋ謔ㄏㄧㄛˋ」

熇ㄏㄜˋ藥ㄧㄠˋ」

〔ㄨ〕韻

侯　餱乾糧　廣韻「户鉤切ㄏㄡˊ」

古音ㄏㄨˊ　韻：小雅無羊「餱ㄏㄨˊ具ㄍㄨˋ」

麌　庾倉庾　廣韻「以主切ㄩˇ」

古音ㄏㄨˇ　韻：小雅甫田「稼ㄍㄨˇ庾ㄏㄨˇ」

厚　藪藪澤　廣韻「蘇后切ㄙㄡˇ」

古音ㄙㄨˇ　韻：鄭大叔于田「藪ㄙㄨˇ舉ㄍㄨˇ虎ㄏㄨˇ所ㄙㄨˇ狃ㄋㄨˇ

女ㄋㄨˇ」

宥　狃習也　廣韻「女救切ㄋㄧㄡˋ」

古音ㄋㄨˋ 韻見數字

遇

懼 怖懼 廣韻「其遇切ㄍㄩˋ」

古音ㄍㄨˋ 韻見小雅谷風「雨ㄏㄨˇ懼ㄍㄨˋ女ㄋㄨˇ予ㄏㄨˇ」

遇

賦 敷布 廣韻「方遇切ㄈㄩˋ」

古音ㄅㄨˋ 韻見大雅蒸民「若ㄋㄨˇ賦ㄅㄨˋ」

暮

鷺 鳥名 廣韻「洛故切ㄌㄨˋ」

古音ㄌㄨˋ 韻見魯頌有駜「鷺ㄌㄨˋ下ㄏㄨˇ舞ㄇㄨˇ」

[又]韻

尤

輈 車轅也 廣韻「張流切ㄓㄧㄡ」

古音ㄉㄧㄡ 韻見秦小戎「收ㄉㄧㄡ輈ㄉㄧㄡ驅ㄎㄧㄡ」

尤

牟通麰　廣韻「莫浮切ㄇㄧㄡ」

古音ㄇㄧㄡ　韻：周頌臣工「求ㄍㄧㄡ牟ㄇㄧㄡ」

幽

幽深也　廣韻「於虯切ㄧㄡ」

古音ㄧㄡ　韻：小雅隰桑「幽ㄧㄡ膠ㄍㄧㄡ」

嘯

釣釣魚　廣韻「多嘯切ㄉㄧㄠ」

古音ㄉㄧㄡˋ　韻：小雅采綠「狩ㄉㄧㄡˋ釣ㄉㄧㄡˋ」

〔幺〕韻

黝

糾糾纏　廣韻「居黝切ㄍㄧㄡˇ」

古音ㄍㄧㄠˇ　韻：陳月出「皎ㄍㄧㄠˇ僚ㄌㄧㄠ糾ㄍㄧㄠˇ悄ㄘㄧㄡ」

蕭

膋腸間脂也　廣韻「落蕭切ㄌㄧㄠ」

皓 古音：ㄉㄧㄠ 韻：小雅信南山「刀ㄉㄠ毛ㄇㄠ膋ㄌㄧㄠ」

保 守也 廣韻「博抱切ㄅㄠˇ」

古音：ㄅㄠˇ 韻：大雅思齊「廟ㄇㄠ保ㄅㄠˇ」

覺 藐 遠也 廣韻「亡沼切ㄇㄧㄠˇ」

古音：ㄇㄧㄠˇ 韻：大雅抑「昭ㄉㄠ樂ㄫㄠ慘ㄘㄠˇ藐ㄇㄧㄠˇ教ㄍㄠ

虐ㄫㄧㄠ耄ㄇㄠ」

笑 廟 宗廟 廣韻「眉召切ㄇㄧㄠ」

古音：ㄇㄧㄠ 韻：見保字

效 樂 好也 廣韻「五教切ㄫㄠ」

古音：ㄫㄠ 韻：周南關雎「芼ㄇㄠ樂ㄫㄠ」

藥　虐　酷虐　廣韻「魚約切ㄫㄧㄛ」

古音：ㄫㄧㄠ　韻：見藐字

〔ㄣ〕韻

真　鄰　近也　廣韻「力珍切ㄌㄧㄣ」

古音：ㄌㄧㄣ　韻：小雅正月「鄰ㄌㄧㄣ云ㄧㄣ慇ㄧㄣ」

文　濆　水際也　廣韻「符分切ㄈㄩㄣ」

古音：ㄅ゛ㄨㄣ　韻：大雅常武「臣ㄉ゛ㄧㄣ濆ㄅ゛ㄨㄣ」

犉　黃牛黑脣　廣韻「如勻切ㄖㄩㄣ」

諄　古音：ㄋㄨㄣ　韻：小雅無羊「羣ㄍㄨㄣ犉ㄋㄨㄣ」

〔ㄢ〕韻

桓　觀視也　廣韻「古丸切ㄍㄨㄢ」

古音：ㄍㄨㄢ　韻：鄭溱洧「渙ㄏㄨㄢ蕑ㄍㄢ觀ㄍㄨㄢ」

仙　翩翩々往来貌　廣韻「芳連切ㄆㄧㄢ」

古音：ㄆㄧㄢ　韻：小雅巷伯「翩ㄆㄧㄢ言ㄫㄧㄢ」

仙　筵席也　廣韻「以然切ㄧㄢ」

古音：ㄧㄢ　韻：小雅賓之初筵「筵ㄧㄢ反ㄅㄨㄢ幡ㄆㄨㄢ遷ㄘㄧㄢ

僊ㄙㄧㄢ」

「ㄥ」韻

勁　聖聖人　廣韻「式正切ㄕㄧㄥ」

古音：ㄌㄧㄥ　韻：小雅正月「陵ㄌㄧㄥ懲ㄌㄧㄥ夢ㄇㄥ聖ㄌㄧㄥ雄ㄒㄥ」

鍾

龍 鱗虫之長 廣韻「力鍾切ㄌㄩㄥ」

古音ㄌㄨㄥ 韻：鄭 山有扶蘇「松ㄙㄨㄥ 龍ㄌㄨㄥ 充ㄊㄨㄥ 童ㄉㄨㄥ」

〔ㄤ〕韻

侵

中 服馬 廣韻「陟弓切ㄓㄩㄥ」

古音ㄌㄧㄤ 韻：秦小戎「中ㄌㄧㄤ 驂ㄙㄤ」

東

沖 沖々鑿冰之意 廣韻「直弓切ㄓㄩㄥ」

古音ㄉㄧㄤ 韻：豳七月「沖ㄉㄧㄤ 陰ㄧㄤ」

入声〔ㄧ˙〕韻

術

遹 邪僻也 廣韻「餘律切ㄩㄝ」

古音ㄧ˙ 韻：大雅桑柔「極ㄍㄧ˙ 背ㄅㄧ˙ 利ㄌㄧ˙ 克ㄎㄧ 遹ㄧ˙ 力ㄌㄧ˙」

屑 幭帊幞 廣韻「莫結切ㄇㄧㄝ」

古音ㄇㄧ 韻ㄓ大雅韓奕「舄ㄙㄧ幭ㄇㄧ厄ㄧ」

昔 舄履也 廣韻「思積切ㄙㄧ」

古音ㄙㄧ 韻ㄓ見幭字

昔 役戍邊也 廣韻「營隻切ㄧ」

古音ㄧ 韻ㄓ王君子于役「役ㄧ期ㄍㄧ哉ㄗ塒ㄉㄧ来ㄌㄧ役ㄧ思ㄙ」

葉 獵田獵 廣韻「良涉切ㄌㄧㄝ」

古音ㄌㄧ 韻ㄓ魏伐檀「輻ㄅㄧ側ㄗㄧ直ㄉㄧ穡ㄙㄧ億ㄧ獵ㄌㄧ特ㄉㄧ

食ㄉㄧ」

職 抑抑々謹慎也 廣韻「於力切ㄧ」

古音ㄧ 韻：小雅賓之初筵「醉ㄗㄨㄟ 抑ㄧ 怭ㄅㄧ 秩ㄉㄧ」

〔ㄧㄝ〕韻

葉 葉 枝葉 廣韻「與涉切ㄧㄝ」

古音ㄧㄝ 韻：衛芄蘭「葉ㄧㄝ 韘ㄉㄧㄝ 甲ㄍㄧㄝ」

葉 涉 徒行渡水也 廣韻「時攝切ㄕㄧㄝ」

古音ㄉㄧㄝ 韻：邶匏有苦葉「葉ㄧㄝ 涉ㄉㄧㄝ 厲ㄌㄚ 揭ㄎㄚ」

葉 揵 勝也 廣韻「疾葉切ㄗㄧㄝ」

古音ㄗㄧㄝ 韻：小雅采薇「業ㄫㄧㄝ 揵ㄗㄧㄝ」

葉 饁 餉田 廣韻「筠輒切ㄧㄝ」

古音ㄧㄝ 韻：周頌載芟「以ㄧ 饁ㄧㄝ 婦ㄅㄧ 士ㄉㄧ 耜ㄙ」

畝ㄇㄧˊ 活ㄏㄧㄝˊ 達ㄊㄧㄝˊ 傑ㄍㄧㄝˊ」

業

業 業々壯盛也 廣韻「魚怯切ㄏㄧㄝˋ」

古音ㄫㄧㄝˋ 韻ミ見捷字

狎

甲出羣拔類曰 廣韻「古狎切ㄍㄧㄚˋ」

甲

古音ㄍㄧㄝˋ 韻ミ見葉字

覺

濯澣濯

[ㄛˋ]韻

廣韻「直角切ㄓㄛˋ」

古音ㄉㄛˋ 韻ミ大雅靈台「濯ㄉㄛˋ翯ㄏㄛˋ躍ㄧㄛˋ」

覺

翯潔白 廣韻「胡覺切ㄏㄛˋ」

古音ㄏㄛˋ 韻ミ見濯字

〔ㄨˋ〕韻

藥　若 順也　廣韻「而灼切ㄖㄧㄛˋ」

古音ㄋㄨˋ　韻：大雅蒸民「若ㄋㄨˋ賦ㄅㄨˋ」

〔ㄡ〕韻

沃　鵠 鳥名、地名　廣韻「胡沃切ㄏㄨˋ」

古音ㄏㄡ　韻：唐揚之水「皓ㄏㄡˋ繡ㄙㄡˋ鵠ㄏㄡ憂ㄧㄡ」

檢字

廬 131　龐 308　廱 301
（廾）
弁 281
（弋）
弋 385　式 383
（弓）
弓 295　弔 223 378　引 249　弗 370　弘 294　弟 79　張 333　彊 332
（彡）
彥 280　彧 391　彭 340
（彳）
往 344　役 452　征 287　徂 138　律 369　後 193　徒 136　得 387　從 312　御 160　復 428　微 46　徹 374　德 387
（心）
心 350　忘 335　忉 218　忌 94　忍 249　忒 387　忡 304　忽 371　怙 156　怛 399　思 43　怠 81　怨 275　急 394　怲 345　怭 367　怓 183　怒 166　恌 209　恆 295　恃 69　恭 313　恫 308　恪 413　息 382　恤 369　悖 108　悄 222　悁 266　悔 80　悠 170　惔 358　惠 98　惡 166 413　惙 407　惕 379　悼 225　悲 40　悸 90　惟 38　意 95　愚 178　愛 110　愒 101　愆 266　愈 195　愉 180　慄 366　愬 165　慉 431　慆 186　慅 199　慍 252　慇 240　慶 348　慝 388　憂 169　慢 278　慱 260　憩 101　憲 267　憯 294　懌 420　懠 52

參攷書目

陳第毛詩古音考
顧炎武音學五書
江永古韵標準
韻鏡
廣韻
廣韻研究
漢語音韻
文字學音篇
中國聲韻學大綱

中華民國八十一年三月初版

毛诗正古音

實價新台幣六〇〇元

著作者兼發行人：馬　輔
臺北市內湖區大湖街一三一巷二弄廿九號
電話：（〇二）七九〇二七五六

經銷處：文史哲出版社
臺北市羅斯福路一段七十二巷四號
電話：（〇二）三五一一〇二八

國立中央圖書館出版品預行編目資料

毛詩正古音 / 馬輔著. -- 初版. -- 臺北市 :
著者發行 : 文史哲經銷, 民８１
面 ;　公分
ISBN 957-547-113-X(平裝)

1. 中國語言 - 聲韻

802.4　　81001067